高等职业教育公共课系列教材
“互联网+”新形态立体化教学资源特色教材

湖湘文化概论

主　编　唐春艳　陈　琼　刘昕渝
副主编　刘丽群　曾红艳　甘小莉
　　　　夏利平　姚　冰
参　编　郝　友　伍　丹　刘　振

中国轻工业出版社

图书在版编目（CIP）数据

湖湘文化概论 / 唐春艳，陈琼，刘昕渝主编. —北京：中国轻工业出版社，2026.1

高等职业教育公共课系列教材

ISBN 978-7-5184-4216-4

Ⅰ. ①湖… Ⅱ. ①唐… ②陈… ③刘… Ⅲ. ①文化史—湖南—高等职业教育—教材 Ⅳ. ①K296.4

中国版本图书馆CIP数据核字（2022）第242762号

责任编辑：张文佳　李金慧　　责任终审：高惠京　　设计制作：锋尚设计
策划编辑：张文佳　　责任校对：宋绿叶　　责任监印：张　可

出版发行：中国轻工业出版社（北京鲁谷东街5号，邮编：100040）
印　　刷：三河市万龙印装有限公司
经　　销：各地新华书店
版　　次：2026年1月第1版第6次印刷
开　　本：787×1092　1/16　印张：13
字　　数：350千字
书　　号：ISBN 978-7-5184-4216-4　定价：48.00元
邮购电话：010-85119873
发行电话：010-85119832　010-85119912
网　　址：http://www.chlip.com.cn
Email：club@chlip.com.cn

260086J2C106ZBW

前言

习近平总书记指出："文化是一个国家、一个民族的灵魂。文化兴国运兴，文化强民族强。没有高度的文化自信，没有文化的繁荣兴盛，就没有中华民族伟大复兴。""我们要特别重视挖掘中华五千年文明中的精华，弘扬优秀传统文化。"2017年1月，中共中央办公厅、国务院办公厅联合印发《关于实施中华优秀传统文化传承发展工程的意见》指出："实施中华优秀传统文化传承发展工程，是建设社会主义文化强国的重大战略任务，对于传承中华文脉、全面提升人民群众文化素养、维护国家文化安全、增强国家文化软实力、推进国家治理体系和治理能力现代化，具有重要意义。"

中华文化源远流长，博大精深，除了华夏民族的主流文化外，也包括各具特色的地域文化，湖湘文化就是其中的典型代表。湖湘文化是湖南人民在长期的社会实践和精神生活中创造的宝贵财富，在中华文化的星空里熠熠生辉。

传承传统文化、增强大学生的文化自信和价值观自信，最重要的方式就是"把中华优秀传统文化全方位融入思想道德教育、文化知识教育、艺术体育教育、社会实践教育各环节，贯穿于……教育各领域。"结合教育部印发的《完善中华优秀传统文化教育指导纲要》（2014年）内容："鼓励各地各学校充分挖掘和利用本地中华优秀传统文化教育资源，开设专题的地方课程和校本课程"，为了更好地传承中华优秀传统文化，发掘湖湘文化的深厚底蕴，弘扬湖湘文化的优良传统，传承湖湘文化的精神特质，践行湖湘文化的核心理念，结合当代大学生人文素质教育的实际需要，培养当代大学生的高尚品德、文化自信、家国情怀，我们开设了"湖湘文化"课程，编写了这本教材。

湖湘文化是中华优秀传统文化的重要组成部分，其体系博大精深，包括物质文化、制度文化和思想文化等内容，本书主要从湖湘文化基础知识、湖湘文化卓越成就、湖湘历史名人、湖湘旅游文化、湖湘民俗文化、湖湘饮食文化来呈现。

本书采用模块化教学，将内容分为六个模块，每个模块下设二至四个学习任务，为了拓宽学生的知识面，我们在每个模块设置了"课后练习"和"知识链接"两个环节。"课后练习"提升学生的发散思维能力、归纳总结能力、独立思考能力和自主学习能力。"知识链接"通过引用研究文献或著作原文来拓宽学生的文化知识面和佐证介绍内容。

本书由湖南工业职业技术学院唐春艳、陈琼、刘昕渝担任主编，湖南工业职业技术学院刘丽群、曾红艳、甘小莉、夏利平、姚冰担任副主编；湖南艺术职业学院郝友、湖南交通职业技术学院伍丹、湖南高铁职业技术学院刘振参与编写，其中唐春艳编写模块一、模块六，郝友、伍丹参与编写；曾红艳编写模块二，夏利平参与编写；陈琼编写模块三，甘小莉参与编写；刘昕渝编写模块四，姚冰参与编写；刘丽群编写模块五，刘振参与编写，全书由唐春艳统稿。

本书的顺利出版，要特别感谢湖南工业职业技术学院领导的全力支持，感谢编写团队成员的辛勤付出，感谢中国轻工业出版社编辑团队的优质高效工作。在编写过程中，我们参阅了大量国内外专家学者的相关研究成果，在此向他们表示诚挚的感谢和敬意！

由于编者水平有限，时间仓促，教材编写难免出现粗疏纰漏之处，敬请读者批评指正！

编 者

目录

01

模块一

湖湘文化基础知识

任务一

湖湘文化的概念及特征

学习目标

1. 素质目标

（1）爱国守法、崇德向善、文化自信。

（2）爱岗敬业、诚实守信、团结协作。

（3）热爱劳动、积极进取、精益求精。

（4）家国情怀、工匠精神、创新精神。

2. 知识目标

（1）了解文化的内涵和特征。

（2）了解文化的相关理论学说。

（3）熟悉湖湘文化的概念和主要特征。

3. 能力目标

（1）查阅各类资料，收集文化和湖湘文化的概念、特征及发展的相关信息，具有对文化的相关概念进行分析、探讨和总结的能力。

（2）通过对收集到的资料进行分析，了解湖湘文化的来源，理解湖湘文化的精神特征及影响。

任务导入

按照科学思维，世上万事万物都离不开定义。定义能用简明的语言，说明各种事物的本性，并把它们与其他事物区分开来。

文化，当然也需要寻找定义。自从英国学者泰勒开了个头之后，陆陆续续冒出来两百多个文化的定义。其实冒出来的总数还要大得多，只是这两百多个比较像样，因而被留下来了。这些定义都很长，我全都仔仔细细看了一遍。结论是：你们都不要去看了，因为看了一定会头疼。我理解美国学者洛厄尔（A. Lawrence Lowell，1856—1943）的一个感受：为文化下定义，“就像用手去抓空气，你抓不到，但它又无处不在”。

现代的中国学者们也给文化下了很多定义，这里就不一一展示了，只介绍一下它们的汇总状态，那就是我们的大型辞书《辞海》为文化下的定义。这个定义很长：广义指人类在社会实践过程中所获得的物质、精神的生产能力和创造的物质、精神财富的总和。狭义指精神生产能力和精神产品，包括一切社会意识形式：自然科学、技术科学、社会意识形态。有时又专指教育、科学、文学、艺术、卫生、体育等方面的知识和设施。作为一种历史现象，文化的发展有历史的继承性；在阶级社会中，又具有阶级性，同时也具有民族性、地域性。不同民族、不同地域的文化又形成了人类文化的多样性。作为社会意识形态的文化，是一定社会的政治和经济的反映，同时又给予一定社会的政治和经济以巨大的影响。

——节选自余秋雨．中国文化课［M］．北京：中国青年出版社，2019

一、文化概说

文化的概念和特征

“文化”是中国语言系统中古已有之的词汇。

（一）“文”的本意

“文”的本意是指各色交错的纹理。《易·系辞下》记载：“物相杂，故曰文。”《礼记·乐记》称：“五色成文而不乱。”《说文解字》称：“文，错画也，象交文。凡文之属皆从文。”本意为“花纹”“纹理”，后引申为包括语言文字在内的各种象征符号，进而具体化为文物典籍、礼乐制度；由伦理之说导出彩绘、装饰、人文修养之意，指修养中的好品性，即“美”“善”“德行”之义等。

（二）“化”的本意

“化”的本意为改造、生成、造化，如《庄子·逍遥游》：“化而为鸟，其名为鹏”；《易·系辞下》：“男女构精，万物化生”；《黄帝内经·素问》：“化不可代，时不可违”；《礼记·中庸》：“可以赞天地之化育”等，这里的化是指事物形态或性质的改变，后引申为人在社会秩序中的“教行迁善”之义。

（三）“文”与“化”的合用

“文”与“化”的合用始于战国末年儒生编辑的《易・贲卦・彖传》：“刚柔交错，天文也。文明以止，人文也。观乎天文，以察时变。观乎人文，以化成天下。”这里的“文”是“纹理”之义演化而来，意思是天空与人伦社会各种纵横交织的图案和复杂的关系，如君臣、父子、兄弟、朋友等。治国者需观察天文，以了解时序之变化，又需要观察人文，使天下人都能遵守文明礼仪，实现“以化成天下”的目标。“人文”与“化成天下”相联系，可见“以文教化”的思想初步形成。

西汉时期，史学家刘向在《说苑・指武》中将“文”与“化”两词连用，“圣人之治天下也，先文德而后武力。凡武之兴为不服也。文化不改，然后加诛。”这里的“文化”是“以文德教化”，与“武力加焉”相对应，强调圣人治理天下，首先是用礼乐文德进行教化，对教化不服者才用武力征服。南齐诗人王融的《三月三日曲水诗序》“设神理以景俗，敷文化以柔远”、晋代典籍《补亡诗・由仪》“文化内辑，武功外悠”的“文化”均为“文治教化”之义，是封建王朝所实施的文治与教化的总称。

（四）西方学者对“文化”概念的探讨

在西方，“文化”（Culture）一词源于拉丁文的Cultus，本意为“耕作”，即土地的开垦和植物的栽培，意指人们在自然界中劳作并取得收获物的意思。经过16、17世纪的发展和丰富，“文化”一词逐渐转化为对树木、禾苗的培养，进而引申为对人的性情的陶冶、品德的教养，这与中国古代的“文治教化”内涵比较接近。

德国哲学家康德（Immanuel Kant，1724—1804）（图1-1）给文化下的定义是：“有理性的实体为了一定的目的而进行的能力的创造。”这个定义是比较抽象的，是从历史哲学的角度而不是从文化人类学的角度提出。

法国思想家伏尔泰（Voltaire，1694—1778）（图1-2）等学者使用“文化”一词来表

图1-1　康德

图1-2　伏尔泰

示训练和修炼心智（思想、趣味、情操）的结果和状态。后来又用来形容某一位受过教育的人的实际成就，有良好的风度、文字、艺术、科学等，所有这些都被称为“文化”，被认为是通过教育能获得的东西。

1871年，英国人类学家爱德华·泰勒（E.B.Tylor，1832—1917）出版《原始文化》一书，书中第一次将文化作为一个中心概念，系统地表述为“文化是一种复杂体（或称为复合体），它包括知识、信仰、艺术、道德、法律、风俗，以及社会上学得的能力与习惯”。该定义表明了“文化是整个人类生活方式的总和”，其缺陷是“缺少人类所创造的物质文化的内涵”。

（五）我国学术界对“文化”概念的探讨

随着西方文化的传入，国际上关于“文化”概念的讨论也影响了中国学术界。五四新文化运动以来，我国学术界对文化的认识也是仁者见仁、智者见智，对“什么是文化”以及“怎样发展我国的文化”等问题进行了激烈的争论和探讨。1920年梁漱溟先生出版《东西文化及其哲学》，认为文化是“人类生活的样法”，并把人类生活的样法分为精神生活、物质生活和社会生活三大类，文化的内容十分广泛；同年，蔡元培（图1-3）在湖南做《何谓文化》的演讲，认为“文化是人生发展的状况”，列举衣食住行、医疗卫生、政治经济、科学教育、道德等为例加以佐证；1922年，梁启超在《什么是文化》一文中指出：“文化者，人类心能所释放出来之有价值的共业也”，将朝代、种族、政治、法律、教育、交通、国际关系、服饰、饮食、宅居、考工、农事等都列入了《中国文化目录》；1926年，胡适（图1-4）则把文化看成是“一种文明所形成的生活方式”。此外，人们普遍认为文字、文学、思想、学术、教育、出版等为文化，还有的认为文学、教育、科学、道德品格均属文化内涵。

图1-3　蔡元培

图1-4　胡适

二、文化的相关理论学说

（一）文化四层次说

有学者认为“文化是包含一个民族通过长期的体力劳动和脑力劳动所取得的物质的、精神的全部成就”，进而把文化分为四个层次。

1. 物态文化层

物态文化层由物化的知识力量构成，它是人的物质生产活动及其产品的总和，是可感知的、具有物质实体的文化事物。

2. 制度文化层

制度文化层由人类在社会实践中建立的各种社会规范构成，包括社会经济制度、婚姻制度、家族制度、政治法律制度、民族、国家、经济、政治、宗教社团、教育、科技、艺术组织等。

3. 行为文化层

行为文化层以民风民俗形态出现，见之于日常起居动作之中，具有鲜明的民族特色和地域特色。

4. 心态文化层

心态文化层由人类社会实践和意识活动中经过长期孕育而形成的价值观念、审美情趣、思维方式等构成，是文化的核心部分。

（二）文化四态说

文化从形态上来说，可以分为以下四个方面：

（1）物质态文化。它是人类精神的对象化，也就是物质文明，如生产工具、交通工具、建筑、服饰等。

（2）社会关系态文化。它是人类精神的外化，依附并借助于人自身而存在，外化为各种组织形式，如家庭组织、经济体制、礼仪风俗等。

（3）观念态文化。又称理论态文化，它为相对凝固化、系统化的精神文化，表现为外显的观念符号系统（如文学）等，主要以典籍形式存在，如哲学、艺术、科学、宗教等。

（4）心理态文化。它是内隐的无形的深层结构，简称心态，大体包括思维方式、行为模式、情感方式、价值判断、审美情趣等。对于主体而言，观念态文化具有相对的独立性，借助于各种典籍存在。心理态文化不能离开主体存在，它是主体精神动作和身体动作的一种机制。心理态文化是整个文化系统的基础和核心。

（三）文化三圆同心说

有学者认为一个社会的文化有三个不同层次的同心圆。最外层的是器物层，包括人们创造的各种物质和精神的产品；中间层是制度层，包括人际关系以及规范化的社会制度；最内层是价值观念指导下的人们的行为规范，是一个社会文化的核心，是文化之魂，集中体现了一个社会文化的特色。

（四）文化广义狭义说

1. 广义的文化概念

广义的文化着眼于人类与一般动物、人类社会与自然界的本质区别，着眼于人类卓立于自然的独特生活方式，其涵盖面非常广泛，因此也被称为“大文化”。美国人类学家赫斯科维兹（Herskovits）说：“文化是环境中人工制造的部分。”因此，只要是人类创造的劳动成果，不论是精神的还是物质的人工产品，都包括在广义的文化范畴之内。例如在古史研究和考古学中常常提到的“半坡文化”“龙山文化”“良渚文化”等。本教材讨论的湖湘文化各方面的内容均包含在广义的文化范畴之中。

2. 狭义的文化概念

狭义的文化是排除人类社会历史生活中关于物质创造活动及其结果的部分，专注于人类的精神活动及其结果，所以又称为“小文化”。英国人类学家泰勒在其著作《原始文化》中提及的文化就是狭义文化在早期的经典表述。在汉语言系统中，文化的本意是“以文教化”，属于“小文化”范畴。

总的来说，狭义的文化在逻辑上从属于广义的文化，与后者有着不可分割的联系，我们在研究人类的精神创造时，要关注物质创造活动的基础意义和决定作用；在探讨关于心态文化诸问题的时候，要关注物态文化、制度文化对心态文化的影响和制约。

三、文化的特征

（一）文化的时代性特征

从时间上区分，文化可以分为古代文化、中古文化、近代文化、现代文化、当代文化；或者分为旧石器时代文化、新石器时代文化、青铜器文化、铁器文化；还可以分为农业（耕）文化、工业文化、后工业文化等。这些文化序列，既有历史的阶段性，又有历史的连续性。文化的时代性决定了文化是变化的、迁移的和发展的。因此，不同的时代有着不同的价值标准，不同时代人们的审美标准亦不同。时代的差异性是文化的主要特点之一。

（二）文化的阶级性特征

自从人类社会产生了阶级，也就产生了文化的阶级性。从阶级属性上划分，从社会发展史的角度按照社会各个历史阶段的主要阶级属性和形态，将人类社会的文化划分为原始社会文化、奴隶社会文化、封建社会文化、资本主义社会文化、社会主义社会文化等。在某一历史阶段的社会文化中，还包含着不同社会阶层的阶级文化。例如在封建社会文化中，既有封建统治阶级的文化，又有被统治阶级的文化。不同的阶级文化具有不同的特质和价值标准。

（三）文化的民族性和地域性特征

民族的形成，使得文化具有民族性特征；地域的相近和相邻，又使得文化具有地域性特征。

从民族性或地域性划分，文化可以分为中国（中华民族）文化、外国（世界其他民族或国家）文化；东方文化、西方文化；地中海文化、尼罗河文化、印第安文化、玛雅文化等。下面还可以进行细分，如东方文化可以分为中国文化、印度文化、日本文化、朝鲜文化等。中国文化又可以细分为齐鲁文化、燕赵文化、中原文化、荆楚文化、湖湘文化、巴蜀文化、吴越文化、岭南文化等。还有以某种民族或地区特有的物品作为该民族或地域文化的代称，如窑洞文化、铜鼓文化、金字塔文化等。

文化的民族性产生于其所具有的共同语言、共同的地理环境、共同的经济生活、共同的历史渊源和共同的文化制度，承接大体一致的文化积淀，因而具有表现于共同文化上的共同心理素质，或者说民族性格，进而形成了自成体系、带有特殊烙印的民族文化。

作为人类所处于不同地域所创造的文化，既有与全人类文化相同的共性，即共同的、基本的特质，又有因其地理环境、民族性差异、社会历史渊源而逐渐形成的特殊性。因此，每一个民族或地区的文化，既有其属于民族性、地域性、社会历史性的特殊个性，又具有普遍的、共同的、基本的人类性成分。

基于这一认识，我们就能理解湖湘文化与其他地域文化之间，既有同属于中华文明的普遍共性，又有着因特定地域及社会历史差异而形成的独特个性。因此，在湖湘文化这一中华文化子系统之内的各地区、各民族文化之间，也存在着许多普遍的、共同的、基本的文化特质；存在着因特定地域、民族及社会历史的差异因素而形成的独特文化个性。

四、湖湘文化的概念及其特征

中国的区域文化经历了三个重要的历史阶段，即部族文化、方国文化和地域文化。现在湖南行政区一带的历史也先后经历了上述三个阶段，并产生了苗蛮文化（部族文化）、荆楚文化（方国文化）、湖湘文化（地域文化）三种文化形态。湖湘文化是一种区域性的历史文化形态，有着稳定的文化特质和特定的时空范围。从空间上来说，它是指湖南省区域内的地域文化；从时间上来说，它是两宋以后构建起来并延续到近现代的一种区域文化。

（一）湖湘的来源

《史记·五帝本纪》记载，湖南最早称“湘熊”，后称“三湘”，“三湘”之说最早见于六朝晋国时期陶潜《赠长沙公并序》：“遥遥三湘，滔滔九江。山川阻远，行李时通。”“三湘”一词屡见于南朝梁时期沈约的《宋书》，用三湘四水代替湖南全境，更具人文意蕴。

文人墨客一直把湖南称为“潇湘”，《山海经·中山经》记载：“洞庭之山……帝之二女居之，是常游于江渊。澧沅之风，交潇湘之渊，是在九江之间，出入必以飘风暴雨。”辛弃疾、苏轼、秦观、柳宗元、杜甫、白居易等都有吟咏“潇湘”的诗句。最能说明“潇湘”是指湖南全境的是宋代米芾《潇湘八景图》诗并序，描绘了湘江流域的八处景观，即潇湘夜雨、山市晴岚、远浦归帆、烟寺晚钟、渔村夕照、洞庭秋月、平沙落雁、江天暮雪。

湖湘文化的形成与“湖南”或“湘”的形成密切相关。先秦时期湖南属楚国；秦汉时期的湘中、湘东一带属长沙郡；南朝时始设湘州；唐宋之际开始出现以“湖南”命名的行政区域，唐代后期置湖南观察使，宋代设湖南路。此外五代时期出现了“湖湘”的地域名称，故南宋时湖南出现的第一个著名理学学派被称为“湖湘学”。元、明、清各朝的行政设置各有不同，但均以“湖南”为区域行政建置命名。由此可见，湖南地区出现以“湘”“湖南”的行政区域和“湖湘”的地域命名主要是唐宋以后的事情。因此，学术界所探讨湖湘文化的形成是在唐宋时期，一方面是因为唐宋时期才有“湖南”“湖湘”的行政单位和地域名称，更重要的是由于两宋时期中国文化重心南移，儒学地域化的发展，使得南下的中原文化与湖湘大地的本土文化结合，形成了具有地方文化传统和特色的湖湘文化。

（二）湖湘文化的概念

湖湘文化的
概念与特征

湖湘文化源远流长，从上古的苗蛮文化到先秦的荆楚文化，它们共同构建了湖湘文化的本土文化源流。我们通常讲的湖湘文化，有广义与狭义之分。广义的湖湘文化是指湖南省区范围内历史上所有的文化现象，既包括以氏族血缘为基础的部族文化，也包括以政区地缘为基础的地域文化。狭义的湖湘文化仅指继以氏族血缘为基础的部族文化、方国文化之后，统一的中华文化形成后的地缘区域文化，它主要是指宋代以来，形成于洞庭湖以南地区，即今天的湖南省区域范围内的地域性文化。

湖湘文化是辉煌灿烂的中华民族文化的重要组成部分，它既是中国传统文化的支脉，又是湖湘各族人民社会风俗、社会心理、社会意识和科学文化的总和。从文化层次上来看，湖湘文化可以分为雅文化和俗文化两大方面；从文化的表现形式上看，湖湘文化可以分为物质文化和精神文化两大部分。

（三）湖湘文化的特征

湖湘文化是中华文化的源头之一，纵览湖湘文化古今发展变化的脉络及其丰富多彩的内容，湖湘文化的显著特征是重实践的经世致用务实学风，主张通今学古而致诸用，主新反旧，顺时而动，以天下为己任，研究实用之学和社会实际问题，从根本上解决社会弊端。学者郭辉东对湖湘文化的基本特征作了如下阐述。

1. 格物究理，不囿成说

湖湘学派以性为本体的哲学思想，主张格物究理，从人性、物性中寻求万物所共同的本质，亦即统一万物的本原之性。以性为本体的哲学思想，对湖湘士人产生过深远的影响。不论是王夫之的朴素唯物辩证法理论，曾国藩的理学，谭嗣同的仁学，还是杨昌济的康德式哲学，都体现了重视哲学的特点，主张注意把握事物大体大势，深入堂奥，直取根本。

2. 经世致用，不喜空谈

以经世致用为特征的湖湘学风，十分注重引导人们走向实政、实用、实行的经邦济世之路，贵实践而耻空谈，主张通家国天下治安之计，通今学古而致诸用，以天下为己任，研究有用之学和社会实际问题，而不是只寄情于山水，埋头于经史，着笔于风花雪月，做到把研习经史和通晓时务结合起来。

3. 博采众长，不偏一说

湖湘文化博采众长，兼收并蓄，不存门户之见，又自成一体。南宋时，理学派别很多，湖湘学派对这些学派，采取兼容并包，融合众家之长的态度，既不盲从，也不持门户之见，而是给予实事求是的评价，批判地吸收和继承，兼容并蓄，欢迎各学派的代表到湖湘学派的中心基地岳麓书院传授自己的学术观点，进行交流切磋。

4. 重视教育，不偏一方

在我国历史上，儒家及理学家都有重视教育的传统，他们中的许多人，既是思想家，又是教育家。湖湘文化的代表人物在教育方法上不偏一方，随着时代的需要而变化，不拘一格地培养了一代又一代英才。

5. 自强不息，不畏强权

湖南素有民风强悍，朴实耐苦之誉，人们还用"石头""骡子""辣椒"的习性来比喻湖南人的性格。湖南士人表现出来的自强不息、坚韧不拔、赴汤蹈火、舍生取义的精神，尤为世人称颂。他们居险阻而不颠，遭危困而不辱，厄其身而不屈，困其志而不降；在大是大非面前，无私无畏，大公至正，不随波逐流，不媚世苟安；在国家和人民需要的时候，挺身而出，舍生忘死。履凶游浊、守贞笃志的王夫之，维新运动中英勇就义的谭嗣同，庚子之役英勇献身的唐才常，为抗议日本政府投海自杀的陈天华，舍生取义的夏明翰，宁死不屈的蔡和森，无不显现了大无畏的英雄气概，这些人的悲壮情怀，是湖南民风和社会心理的反映和升华。

6. 主新反旧，不泥于古

湖湘文化的第六个显著特点是主新反旧、不泥于古、切于时务，为社会变革服务。湖湘文化的创始人胡安国、胡宏主张，要从根本上解决社会弊端，必须变法改革。胡宏认为："国家之政，必有坏乱不起之处，深知其处大变革之者其功大，小变革之者其功小，不变革者必沦胥以亡。"近代以来湖湘文化的代表人物主张认清社会发展的总趋势，顺应和驾驭时代的潮流，顺时而动，遇机而发，推动历史的车轮滚滚向前。

任务小结

1. 收集文化的相关资料，了解国内外对文化的概念界定。
2. 收集湖湘文化的相关资料，了解湖湘文化的概念和特征。

课后练习

一、判断题

1. 西汉时期，史学家刘向在《说苑·指武》中将"文"与"化"两词连用。(   )
2. 在西方，"文化"(Culture)一词源于拉丁文Cultus，本意为"耕作"，即土地的开垦和植物的栽培，意指人们在自然界中劳作并取得收获物的意思。(   )

3. 广义的文化，排除人类社会历史生活中关于物质创造活动及其结果的部分，专注于人类的精神活动及其结果，所以又称为“小文化”。(　)
4. 中国的区域文化经历了三个重要的历史阶段，即部族文化、方国文化和地域文化。(　)
5. 湖湘文化是一种区域性的历史文化形态，有着稳定的文化特质和特定的时空范围。(　)
6. 最能说明“潇湘”是指湖南全境的是宋代米芾《潇湘八景图》诗并序，它描绘了湘江流域的八处景观。(　)
7. 五代十国之际开始出现以“湖南”命名的行政区域。(　)
8. 文化的时代性决定了文化是变化的、迁移的和发展的。(　)

二、思考题

1. 什么是湖湘文化，其主要特征有哪些？
2. 文化的特征是什么，其分类情况如何？

任务二

湖湘文化的源起和发展

学习目标

1. 素质目标

（1）爱国守法、崇德向善、文化自信。

（2）爱岗敬业、诚实守信、团结协作。

（3）热爱劳动、积极进取、精益求精。

（4）家国情怀、工匠精神、创新精神。

2. 知识目标

（1）了解湖湘文化发展的历程。

（2）了解两宋时期是湖湘文化发展的重要阶段。

（3）熟悉近代湖湘文化的发展。

3. 能力目标

（1）收集湖湘文化发展的相关资料，全面把握湖湘文化发展过程中各阶段发展现状和特征。

（2）通过对收集到的资料进行分析，了解湖湘文化的源起，理解湖湘文化的形成历程。

任务导入

湖湘大地，从古至今就被称为“古道圣土”“屈贾之乡”“潇湘洙泗”。所谓“古道圣土”，是指这里是炎帝、舜帝传播中华道德古训、培育中华伦理文明的主要地方。所谓“屈贾之乡”，是指这里是屈原、贾谊忧国忧民的地方，是他们心系天下万民、求索国家前途的地方，更是他们的精神得以安顿、人格臻于完善的地方。所谓“潇湘洙泗”，指湖湘大地是光大儒家伦理精义、传承孔孟儒家学脉的地方。湖湘文化是具有鲜明特色的区域文化，是多元文化相互影响形成的。

——节选自杜纯梓. 湖湘文化要略［M］. 北京：北京大学出版社，2017

一、远古先秦——湖湘文化的源头活水

（一）楚文化

楚文化

湖湘文化的历史源远流长，它的历史源头是楚文化。

楚文化是周代至春秋时期在长江流域兴起的一种地域文化。楚文化孕育于夏、周时期，因楚国在荆山（关于商周时期的荆山在什么地方，有多种说法，分别位于湖北、河南和安徽，一般是指今天的湖北沮水、漳水的发源地荆山）一带，楚人在当时被周人称为“荆楚”“荆蛮”。西周时期，湖南境内仍表现为中原文化与土著文化的两相并存和相互影响，存在地区性和民族性的差异。当时人们的生产、生活工具仍以石器、陶器为主，青铜器的数量越来越多，铸造的青铜器也带有地域特色；楚文化的形成在春秋战国中期，它吸收了中原文化的精华，融合了周边地区的异族文化，博采众长，因时变革，形成了具有楚地诸民族特色的新文化。

据文献记载，湖南原为越人和“蛮”“濮”等民族的居住地。春秋战国时期，楚国征湘，其境内的楚人、巴人等相继进入湖南。楚人入湘后对湖南土著民族的生产生活产生了重要的影响，推广了较为先进的生产工具和生产技术，使得湖南地区的农业、林业、牧副业、手工制造业和商业有了长足的进步和发展。湖南地区在当时已成为楚国重要的铜矿采炼和铜器铸造基地。考古材料证明，战国时期的长沙已是楚人聚居、人口密集、手工业和商业都相当发达的城市。

楚人入湘后，与湖南的土著民族共同创造了辉煌灿烂的物质文化，共同创造了新兴的封建制度文化和充满神奇色彩的精神文化。湖南的土著居民普遍开始学习楚国的文字，学习中原的文献典籍，传播先进的礼仪习尚。楚文化对湖湘大地思想特色的形成产生了至关重要的影响，其中原五行说、阴阳术数学说、老子的“无为而无不为”“柔弱胜刚强”等和庄子的“返璞归真”“淡泊名利”的人生哲学等思想内容，对湖湘地区思想文化特色的形成都产生了深远的影响。

（二）屈原与楚文化

屈原与湖湘文化

屈原（约前340—前278）（图1-5），名平，字原，楚武王熊通之子屈瑕

图1-5 屈原

的后代，我国先秦时期伟大的爱国主义诗人、思想家和政治家。屈原的一生经历了楚威王、楚怀王、楚顷襄王三个时期，屈原主要活动于楚怀王时期。屈原因出身贵族，又明于治乱，娴于辞令，早年深受楚怀王的宠信，为完成楚国的统一大业，对内积极辅佐怀王变法图强，对外坚决主张联齐抗秦，使楚国一度国富兵强，威震诸侯。但是由于在内政外交上屈原与楚国腐朽贵族集团发生了尖锐的矛盾，加之上官大夫等人的嫉妒，屈原后来遭到群小的诬陷和楚怀王的疏远。

楚怀王十五年（前304），张仪由秦至楚，以重金收买靳尚、子兰等人充当内奸，同时以“献商、於之地六百里”诱骗怀王，致使楚齐断交。怀王受骗后恼羞成怒，两度向秦出兵，均遭惨败，屈原奉命出使齐国重修旧好。此间张仪又一次由秦至楚，进行瓦解齐楚联盟的活动，使齐楚联盟未能获得成功。怀王二十四年，秦楚黄棘之盟，楚国彻底投入了秦的怀抱。屈原被逐出郢都，到了汉北。

楚怀王三十年，屈原回到郢都。同年，秦约怀王武关相会，怀王遂被秦扣留，最终客死秦国，楚顷襄王即位后继续实施投降政策，屈原再次被逐出郢都，流放江南，南游沅湘。楚顷襄王二十一年（前278），秦将白起攻破郢都，屈原悲愤不已，自沉汨罗江，以身殉志。

屈原是中国历史上第一位伟大的爱国主义诗人，中国浪漫主义文学的开创者和奠基人，《楚辞》的创立者，被誉为“辞赋之祖”“中华诗祖”。《楚辞》成为中国浪漫主义文学的源头之一，与《诗经》并称“风、骚”，对后世诗歌产生了深远的影响。

屈原作品的出现，标志着中国诗歌进入了一个由集体歌唱到个人独创的新时代。屈原在《离骚》中最早提到湖湘：“济沅湘以南征兮，就重华而陈词。”《九章》《九歌》《招魂》都是以湖湘为背景，描写湖湘自然、社会风貌的辞章，屈原流放湖湘十年，写下了大量与日争光的辞赋，其创作源于南国的原始神话、图腾崇拜、历史传说等源远流长的楚文化背景，其中的《离骚》是杰出的浪漫主义作品，体现了作者强烈的爱国主义情怀，对光明的追求和不屈不挠的斗争精神。相传作于湖南的《天问》，对宇宙、自然和历史的传统观念提出了大胆的怀疑和质问。这种精神后来深深扎根于湖湘文化的土壤之中，成为湖湘文化精神的重要组成部分。屈原学识渊博，才华横溢，他的思想对湖南乃至整个中国古代文化的发展都产生了深远的影响。

（三）湖南土著民族文化

湖南土著民族文化是湖湘文化的重要源头之一。

考古发掘表明，早在旧石器时代，湖南就有古人类活动的痕迹。可考证的古代湖湘文化历史可以追溯到新石器时代。经测定，湖南境内发现的九百多处新石器时代文化遗址，经历了距今约9000年的“彭头山文化”、距今约7000年的“皂市下层文化”、距今约6500年的“大溪文化”、距今约5000年的“屈家岭文化”和距今约4400年的“长江中游龙山文化”五个阶段，其发展状况表明湖南在新石器时代的中晚期已经开始摆脱了原始的采集和渔猎经济，进入古代农业文明。在新石器时代，湖南先民创造了灿烂的远古文明，新石器时代的文化积淀到了青铜器时代，便都融入逐渐形成的楚文化之中。

从历史发展进程来看，湖湘文化的形成与发展同湖湘本土史前远古居民的活动息息相关。

早在旧石器时代，湖南就有古人类活动。有学者认为湖南境内被发掘的大量商周时期的青铜器（图1-6，图1-7）是湖南本土的土著民族文化，而这个土著民族就是殷商人尚未进入湖南之前的本土史前文化的创造者“苗蛮”的一支，极有可能就是史书上记载的赫赫有名而又扑朔迷离的“三苗”。至春秋战国时期，据史料记载，湖南境内主要居住着五个古老的民族或部族群，即越人、蛮人、濮人、巴人和楚人，其中前三者最为古老，是真正意义上的湖南“原住民”。

古越人被认为是湖湘侗族的先民，古蛮人一般认为是殷商至西周时期的“荆蛮”，即远古时期曾经与炎黄两大部族集团逐鹿中原的苗蛮“三苗”的后裔。后来在楚人的不断征伐和排挤下，向湘西和湘西南地区迁徙，成为现今湖南“苗”“瑶”族的先民；聚居在湘西的濮人成为秦汉史籍中记载的“武陵蛮”（又称“五溪蛮”）的主要民族构成部分，也就是湘西和湘西南“苗”“瑶”等少数民族的族源之一。

图1-6　西周的兽面纹青铜斝（jiǎ）

图1-7　商晚期的父乙觥（gōng）

寻根溯源，可以看出湖湘本土“三苗”族群文化生活的发展演化直接催生了湘西文化的雏形。湘西文化浸透的巫风楚韵，是一种以生命底蕴为人格理想，具有虚幻性审美智慧的文化，是湖湘文化的重要构成部分，也是研究湖湘文化的活化石。

二、秦汉隋唐——湖湘文化的初步形成

秦汉隋唐时期，在统一的多民族国家形成、巩固和发展的过程中，湖湘文化初露端倪。

（一）秦汉时期：楚文化与中原文化的融合

秦灭楚统一六国后，湖南成为秦王朝一统天下的多民族国家的一部分。自秦至汉，国家统一的民族文化开始逐步形成。民族文化的形成首先是从民族融合开始的。秦汉时期因战乱与天灾频繁发生，北方和中原地区的人口大规模南迁，湖南境内的人口在原有的基础上成倍增加。据记载，秦时湖南地区的人口尚不足五十万，西汉元始元年（公元1年）达到约五十一万，至东汉永和五年（公元140年）时增长到281万。随着人口的大量增长，人口的民族成分也发生了变化。由于中原和北方人口是以征服者的姿态进入，湖南境内原有的大部分土著民族逐步向西部、西南部以至湖南境外的西南山区迁徙，留下广大的江湖平原供中原人和楚人聚居，他们和没有退徙的湖南土著居民融合，构成了湖南境内新的主体民族——汉族。

在民族融合时，湖南境内的楚文化与新进入的中原文化融合发展，形成新的具有楚文化特色的汉文化。

1. 物质文化方面

秦汉时期的铁器、牛耕普遍应用，农作物品种与产量不断增加，使得湖南在当时的粮食不仅能满足内需，而且还大量外调。

手工制造业增加了印染、刺绣、制瓷等。部分手工业已达全国领先水平，如马王堆汉墓出土的素纱禅衣（图1-8）薄如蝉翼，重量仅仅49克，其制作工艺已经达到近代缫丝制作水平。同时，交通运输业和商业也发展起来，洞庭湖和湘、资、沅、澧水系发达，沟通了湖南与中原地区以及大江南北的联系，同时，陆路上开通了与两广的出入通道。商品流通中开始使用“五铢”铜钱、铁钱币等货币。

图1-8　素纱禅衣

2. 制度文化方面

秦统一六国后行郡县、修驰道、统一货币与度量衡等举措在湖南得到施行，湖南地区的行政建置是在秦朝统治时期初步完善的。到西汉时期，湖南的郡县设置更

为严密，封国遍及各地。东汉时期朝廷对于湖南境内的诸“蛮夷”采取了一系列招抚措施。

3. 精神文化方面

战国中期到秦汉之际，黄老道家思想盛行，黄老之学在当时的湖南十分流行。在马王堆汉墓出土的文物中发现了大批的医学帛书、两部最早的天文学专著和三幅古地图，说明当时湖南的医学、天文与地理学均已有一定程度的发展。医学的发展或与东汉名医张仲景在长沙担任过太守不无关系。

4. 文学艺术方面

长沙王太傅贾谊创作的《吊屈原赋》《鹏鸟赋》在中国赋史上极具地位；马王堆汉墓出土的墓葬中，还有大量的帛画与古乐器，反映了当时湖南在艺术上的突出成就；东汉时期湖南耒阳人蔡伦发明了造纸术，为世界文明做出了贡献。

（二）魏晋南北朝时期：新的文化基因的融入

到魏晋南北朝时期，秦汉以来国家统一的局面不保，出现了近四百年的分裂与战乱。战争使得全国的人口大幅度减少。在这数百年间，湖南由于地处江南，受战祸兵灾的影响相对较小，社会相对安定，因此经济仍得以向前发展。农业上，耕地拓垦，水田耕地面积进一步扩大，牛耕进一步推广，生产技术不断改进和提高，粮食作物大幅增产，湖南在当时就开始成为全国大米的重要产地和供应地。三国时，“长沙好米”已经名声在外。农业的发展带动了工商业的繁荣，以粮食为原料的酿酒业在湖南快速发展。独具特色的青瓷制造业和麻纺织业、造纸业以及金属制造业都有长进。各种产品的丰富使得商业流通领域十分活跃。

魏晋南北朝时期是早期中国封建社会的巅峰时期，其突出表现是以世家豪族为代表的封建大土地所有制和封建庄园经济得到了充分发展。在湖南地区也同样出现了一批世家豪族，他们通过各种手段，广占田地，私募佃客，过着奢侈糜烂的生活。当时反映世家豪族意识形态的清谈玄学之风在湖南也盛极一时。湖南当时颇有名气的清谈家和玄学家有零陵郡（今永州）人刘先，长沙人虞授，武陵人潘京、伍朝、龚玄之等。他们都崇尚“老庄”，提倡“安于陋巷”“避世山林”“终身隐而不仕”。

由于崇尚“老庄”和清谈玄学之风的盛行，与之相近的道教在湖南得到广泛的传播。道教的主要据点在南岳衡山祝融峰（图1-9）的南岳观。其他地方的著名道观有巴陵的清霞观、醴陵的登真观等。

图1-9 祝融峰

佛教传入湖南，也在魏晋之际，湖南最早的一座佛教寺庙为

图1-10　古麓山寺

古麓山寺（图1-10），建于西晋初年，之后相继修建了军山寺、圆通寺、桃园近照寺、衡阳衡岳寺等一批佛教寺庙。

魏晋南北朝时期湖南在文化学术上已经有所表现。东晋耒阳人罗含所著《更生论》是湖南最早的哲学著作。三国时湖南的著名人士有蒸阳（今衡阳）人刘巴，湘乡人蒋琬和长沙人桓阶。刘巴做过蜀国的尚书令，蒋琬做过蜀国的尚书郎与大将军，可以说是当时中央一级的官吏。湖南人最早崭露头角，参与国家的政治生活，在东汉时有耒阳人蔡伦（任中常侍），桂阳人胡腾（任窦武佐治属官），泉陵（今零陵）人蒋晋（任尚书郎）和刘优（任尚书右仆射），到魏晋时期则为刘巴与蒋琬。到南朝时，湖南文学上的杰出人物有澧州人阴铿与车胤。此外，邓粲还是东晋时著名的史学家，罗含既是哲学家又是地学家，南朝时著名的地学家有武陵人黄闵与伍安贫。

（三）隋唐五代：湖湘文化的酝酿期

隋唐五代是中国封建社会的鼎盛时期。隋唐时国家由分裂重新走向了统一。湖南与中原的联系比过去加强了，中央也加强了对地方的控制。唐代宗广德二年（764），中央在衡州设立湖南都团练守捉观察处置使，简称湖南观察使。“湖南”之名由此开始。大历五年（770），湖南观察使迁往潭州（今长沙）。其时，北方人口继续大量南迁，加之湖南战乱较少，人口增长速度较快，据记载，在唐贞观至开元年间，湖南境内的人口已达123万余人。

湖南在唐朝的早中期施行的是租庸调制。均田制破坏后，又实行两税法。由于隋唐五代时期湖南各地新修和扩建了许多水利灌溉工程，多数地区的水稻已实行一年二熟制。粮食作物除种植水稻，还种小麦、粟、黍等。经济作物有桑、苎麻、茶叶和棉花等。手工业方面，以前的青瓷烧制工艺已发展到釉下彩烧制工艺。长沙铜官窑的釉下彩瓷器（图1-11）是当时国内瓷器生产的最高水平。其他手工业如纺织业，也由以前的麻纺为主变为丝纺与棉纺并举。此外传统的有色金属矿产开采和冶炼，除了金、银、铜，还有朱砂和水银。

隋唐五代湖南对外畅销的农副产品除大米外主要是瓷器与茶叶。长沙铜官窑的釉下彩瓷器不仅行销国内的通都大埠，而且远销朝鲜、日本、印度和东南亚地区，更远到达北非和南非。茶叶主要是销往北方各省，据记载每年上交的茶税以百万计，可见其销售额相当之大。

图1-11 长沙窑釉下彩瓷器花纹

其时，湖南对外的商道和交通线路主要有四条，即通长江下游各地的商道、通中原的商道、通岭南两粤及通巴蜀的商道。通长江下游的商道是水路，即沿湘江入洞庭，再顺长江以达扬州。唐时湖南的粮食出境和铜官窑的瓷器外销多由此道。至唐末五代，藩镇割据，此道受阻，对湖南经济影响甚大。通中原的商道即顺湘江而入洞庭过长江，入汉水，进入荆州襄樊地区，再由陆路到达中原。湖南的茶叶北销即依赖此道。通岭南两粤的商道，自秦汉修驰道、凿灵渠、开桥路以来，一直有东西两道，一是循湘江而入广西，一是经耒阳、郴州而入广东。两道的汇合点在衡阳。通巴蜀的商道也有两线，一是由洞庭过长江后经三峡而入川；一是经由澧水和沅水的支流酉水而入川。

隋唐五代时期，湖南的文化较之魏晋南北朝时期，已经有所改观。中唐以前，湖南的诗歌发达，然而湖南除了虞世南外，却没有出过一个知名的诗人。唐重进士，在中唐以前也没有出过一个进士。晚清学者皮锡瑞说："唐开科三百年，长沙刘蜕始举进士，时谓之'破天荒'。"唐代湖南进士共9人，全部出于中唐以后。唐前期的湖南文化之所以不竞，主要原因是当时的湖南缺乏一个政治经济中心。唐初，现在的湖南地区属江南道。开元二十一年增置黔中道，湖南被分割属于三道，湘资流域大体属江南西道，澧水流域及沅水下游属山南东道，沅水上游属黔中道。唐广德二年之后，湖南的西部虽仍被分割，但湘资二水流域大体上从江右（江西别称江右）分出来了，成为一个独立的行政管辖区，即置湖南观察使，领衡、潭、邵、永、道5州，这样，湖南就有了一个政治经济中心——长沙，中唐以后，湖南地区澧州出了李群玉、李宣古等诗人，湘资流域出现了刘蜕、胡曾等知名作家和怀素、奇己两位诗僧。五代时马殷据湖南，其势力一度扩展到沅水、澧水流域，文化更有发展，在长沙聚集了一批文人，属湖南籍或定居湖南的有邓洵美、韦鼎、狄焕、廖凝等人，他们对振兴湖南地区的文风起到了重要作用。从中唐到五代，湖南先后出现了石鼓、岳麓两大书院，是见诸记载的中国书院之始，更开创了湖湘以重教育著称的先河。此外，湖南在唐代出现了全国一流的大书法家欧阳询、欧阳通父子及怀素，他们三位都是长沙人，欧氏父子的"欧体"与怀素的"狂草"，比湖南的诗文创作在全国更有地位和影响。

唐后期湖湘文化的发展与当时的中原文化相比较，湖南仍然处于劣势。在中原人的眼里，湖南当时还是一个未完全汉化的地方，是一个"风俗夷僚""蛮越杂处"的"卑湿""炎热"之地，在当时普遍为安置贬官谪吏的去处，如王昌龄被贬龙标（今黔阳），刘禹锡被贬朗州（今常德），褚遂良被贬潭州（今长沙），赵冬曦、张说被贬岳州，元结、吕温被贬道州等。当然，也有视湖南为“清绝地”而前来漂泊的游览者，如韩愈、李白和杜甫，他们都在湖南留下了活动的足迹和丰富的诗篇。

三、两宋时期——湖湘文化的首度崛起

两宋时期——湖湘文化的首度崛起

两宋时期特别是南宋，可以说是湖湘文化发展的一个重要阶段。湖南在唐末五代时曾由马殷建立楚国割据五十余年，这是历史上唯一以湖南为中心所建立的国家政权，为湖南的区域性开发奠定了一个良好的基础。到北宋统一后，由于北方党项、辽、金和蒙古族的相继南侵，迫使以汉族为主体的中原王朝将重心移向南方。南移的枢纽虽在江浙，但湖南间接地通过江西而得到相应的带动，原来北宋都城汴京，江西与之相隔较近。

江西带动湖南发展的一个重要因素是向湖南输出移民。湖南在五代以前的移民主要来自北方中原一带。五代以后便主要来自东面的江西。江西向湖南输出移民从两宋开始一直持续到明、清。江西移民进入湖南的作用，一方面是增加了湖南人口的数量，开垦了湖南的荒土，扩大了耕地面积，促进了农业经济的发展；另一方面是对湖南居民族源和血缘进行更新与改造，人口素质得到提高。

两宋时期，湖南的经济发展比以前历朝都要突出。由于耕地面积的扩大、水利工程的大规模兴修以及生产技术的进步，湖南的粮食生产获得了前所未有的发展。宋代以前，湖南粮食作物主要是稻和粟。两宋时期，湖南除推广水稻优良品种占城稻，又进行南北农作物交流，普遍种植大麦和小麦，使得湖南的粮食产量年年丰盈。朝廷每年都要从湖南调运大约六十五万石的漕米供京师和北方食用。湖南的茶叶生产每年也有一百一十三万余石，约占全国茶叶产量的10%。此外，种植业和养殖业也有一定程度的发展。种植业有棉、麻和各种果树，其中以柑橘最为突出。湖南的森林资源也十分丰富，养殖业主要是养蚕、渔业和猪、鸡、鸭、鹅等畜牧业。宋代湖南的手工业无论是规模、制作技术还是品种、产量都有了新的发展。当时湖南开采和冶炼金、银、铜、铁、锡、铅、丹砂、水银等已形成相当规模。各种金属产量十分可观。矿冶业的发展刺激了各种金属制造业的兴盛。各种金属制造品特别是铜、铁器十分流行，如石门县出土的大量铜镜、铜罐和今存于常德滨湖公园的一尊高4.33米、重1520.8千克的铁幢，反映了当时湖南铜、铁制品的高超技艺。此外，陶瓷、纺织、造纸和酿酒，在工艺水平上都有新的突破。造船业，潭州已能制造装载漕米万石的巨舰。商业和交通，在隋唐五代的基础上更进一步发展与繁荣。

两宋时期也是湖南地方文化在全国形成自己特色的时期，湖南出现了儒、释、道“三教合一”的理学中的重要学派——湖湘学派。

理学也是由湖南人开创的，理学的开山鼻祖周敦颐是北宋湖南营道（今道县）人，他的《太极图说》与《通书》奠定了宋明理学的基本规模，由于周敦颐主要活动和归宿不在湖南而在江西，南宋时从福建迁居湖南的胡安国和胡宏父子俩把周敦颐所开创的理学传到

湖南并创立湖湘学派。胡安国是福建崇安人，曾提举湖南学事。南宋初转徙荆楚。后在南岳紫云峰下结庐隐居著书立说。所著《春秋传》和编辑《二程文集》是湖湘学派重要的理论基石，其子胡宏曾拜理学家杨时和侯仲良为师，继承和发展了胡安国的理学思想。胡宏在南岳衡山讲学二十余年，著有《知言》与《五峰集》等。清代学者全祖望在《宋元学案》序录中称赞他是“卒开湖湘之血统”的人物。胡宏的弟子有张栻、韩璜、吴翌、彪居正、孙蒙正、赵孟、赵棠等人，其中张栻最为出名。清人黄宗羲说他所学“得之五峰，论其所造，大要比五峰更纯粹”，是一位发扬光大师门的典型代表。

张栻曾在长沙筑城南书院授徒讲学，后主要以岳麓书院为学术据点，他的门人弟子有彭龟年、吴猎、游九功，胡大时等。南宋乾道三年（1167），张栻接待了从福建崇安前来访问的闽学派理学大师朱熹，朱、张二人在岳麓书院会讲两个月，就理学中的一系列问题切磋问难。通过这次会讲，使得湖湘学与闽学两派得以相互取长补短，推动了学术的繁荣和理学的发展。

宋代，湖南除出现湖湘学派，理学在全国有自己的特色外，在经学、史学、地学、文学、艺术、医学及考据学等方面也都有非凡的建树，如宋代湖南著名的经学家丁易东（武陵）、史学家路振（湘潭）等。北宋时湖南文学方面无闻人，至南宋时所出的名诗人有潭州人刘翰；名词人有湘潭的王以宁；散文家有潭州人邢天荣、潭州人钟将之等；书法家有潭州的刘次庄，沅陵的单炜；画家有潭州的武洞清、衡州的释仲仁等；医学家有湘麓的朱佐和衡州的宋永寿；考据学家有潭州的王观国等。

宋代湖湘文化发展的另一表现是学校教育与书院的广泛兴起。北宋时期湖南州县学为数尚少，到南宋时湖南的大部分州县都建立了学宫。书院作为讲学的场所，也同时兼具学校规模，以补州县学之不足，在南宋时尤盛。据载南宋时湖南全境有书院51所，分布于近30个县内。闻名全国的有长沙的岳麓书院（图1-12）、城南书院、衡阳的石鼓书院（图1-13）、湘潭的碧泉书院等。随着教育的兴起，湖南开始出现了人才蔚起的现象，涌现出了一大批理学、经学、史学、地学及文学家。据清光绪《湖南通志》所列举两宋时期湖南县以上官吏390余人，其中进士达179人。

图1-12　岳麓书院

图1-13　石鼓书院禹碑亭

四、明清时期——湖湘文化的蓬勃发展

明清之际，湖湘文化得以复兴和进一步发展，并呈现出蓬勃发展的局面，从而使湖南成为具有重要影响力的地域之一。

（一）明朝时期的湖湘文化

元朝统一中国后实行行省制度，湖南绝大部分地区属于湖广行省，其余隶属于四川行省。元朝贵族的政治压迫和民族歧视使得湖南地区的发展表现出迟滞的态势，湖湘文化的发展也进入短暂的低迷时期。但是由于元朝政府的提倡，元代书院兴盛一时，湖南地区的书院教育也得到了进一步发展，除长沙岳麓书院、衡州石鼓书院、南岳邺侯书院等一批旧有书院外，湖南各地新建了一大批书院，如乔江书院、东岗书院、南台书院等。元朝湖南的科举入仕人数在全国比例很高，约占1/13，远高于全国平均水平。元朝湖南地区乡试中举者271人，成进士者143人，入选为官者86人，并且出现了众多状元，如衡山何克明，兴宁曹一本等。

经过元代的低迷之后，湖湘文化在明朝得以复兴和发展。明王朝建立后，采取了一系列的措施加强中央集权、整顿吏治、恢复生产，湖湘地区的社会、经济、文化也与全国一样开始复苏并得以发展。

明代湖南的社会经济重大发展首先体现为农业的发展。明代中期开始有“湖广熟，天下足”的民谚，表明这时湖广已取代了苏浙，粮食生产已在全国占有举足轻重的位置。其次是手工业和商业也有较大发展，明代湖南地区手工业和商业的繁荣超过了往昔，例如湖南地区各州县纺织业均出产绢、绫、丝和棉布，其中棉布尤多；制瓷业由岳阳、长沙、衡阳等湘中发达的地区，向湖南的边缘地带扩展。其他如造纸业，也出现了诸如长沙府的浏阳纸，衡州府的耒阳纸等一些名优产品，并且湖南地区已出现了一些商业重镇与贸易中心，如岳州府的巴陵，湘江之滨的长沙府城等。

随着政治的稳定和社会经济的恢复与发展，明代的教育也获得了空前的发展。明太祖朱元璋提倡“治国以教化为先，教化以学校为本”，元末被兵燹损坏的学宫和书院在明代都陆续恢复，并且还新建了不少新的学宫和书院，其中书院在嘉靖年间兴建最多，湖南书院总数达到120余所。书院教育的发展促进了湖南人才的兴盛，明代举行会试82场，湖南进士提名者计541人，其中状元、榜眼、探花各1人。

与前代相比，明代湖南的人才格局也有新的突破，用晚期湖南经学家皮锡瑞的话说是“骎骎始盛”。当时可称道的文学人物，在明前期有文学家、诗人茶陵人刘三吾、湘阴人夏原吉、攸县人王伟；在明中后期有茶陵人李东阳、郴州人何孟春、巴陵人杨一清等；可称道的经学家有益阳人罗敦仁、罗喻义父子，衡阳人王介之等。值得一提的还有明正德二年（1507），对程朱理学持批判态度的“阳明学”创始人王守仁，贬谪贵阳时途经湖南，曾应邀在湖南醴陵的靖兴寺、泗州寺和岳麓书院讲过学。其后，王派弟子季本、罗洪先、张元忭、邹元标也在湖南大倡其师门之说，有力地推动了王学在湖南的传播。王学在湖南

传播的结果是与湖湘学融合，最终使得胡湘学和王学都得到了改造，同时，王学在湖南的传播对于后来王夫之学术思想的形成也产生了一定的影响。

（二）清前期的湖湘文化

清代湖南单独建省是湖湘文化空前发展的先决条件。今天湖南省区的范围，早在清康熙三年就已经基本确定，略有不同的是建省时靖州岭有天柱县（今镇远地区），在雍正四年（1726）划归了贵州。跟过去相比，湖南不再依附于湖北，这就使它有可能形成自己的重心与规模，从而为湖湘文化的进一步发展创造了条件。

此外，清代湖南人口大规模增长，这是清代湖湘文化空前发展的基本动力。至道光二十年（1840）鸦片战争前，湖南人口已增长到1989万人。人口的增长，自然要促进经济的建设与开发。大批移民的进入，最大限度地开垦了湖南的荒地，耕地面积显著扩大。耕地面积的扩大，加上注重兴修水利，改进耕作方法，推广双季稻，提高单位面积产量，又种植各种经济作物，使得清代湖南农业的发展超过了此前任何一个朝代。明中期民间流行的“湖广熟，天下足”的谚语，到了清乾隆年间便直接改为“湖南熟，天下足”。

教育的兴盛与两湖乡试的“南北分闱”是清代湖湘文化空前发展的重要因素。清代比明代更重视教育，康熙至嘉庆年间，湖南在全省各地新建书院71所。此外，湖南各州县府还广设义学，作为初级教育的场所。这些义学，每州每县少则一所，多则10余所。同时遍及到少数民族地区，使教育的发展出现了前所未有的兴盛局面。大约从嘉庆年间开始，湖南参加乡、会试的中试人数，较之前代有了明显的增加。据记载，清朝自顺治九年开科至道光二十年（1840）共75榜（不包括咸丰至光绪朝），湖南成进士者达441人，中举者则达数千人。

五、清末民初——近代湖湘文化的发展

清末民初——近代湖湘文化的发展

从1901年开始的清末新政到1919年发生的五四运动，是近代湖湘文化初步发展的时期。这种发展在物质、制度和社会心理各个层面都有所表现。

（一）物质文化方面

物质文化方面最为突出的表现是近代工业的兴起与发展。在民族危机的刺激下，实业救国的思潮席卷了三湘大地，一些有识之士纷纷投资办厂，希望通过此举来抵制外货、与洋货争利，进而达到救中国和救湖南的目的。据统计，从1903年到1911年，湖南共创办路、矿、工、航等企业104家。与沿海省份相比较，湖南的近代工业投资领域主要集中于路、矿两个方面。此外，湖南能作为原始资本的货币积累短缺，限制了湖南近代工业发展的融资渠道。因此，湖南近代工业在清末虽然有了发展，但局限性大。直到民国建立之后，其发展的步伐才有所加快。

民国初年湖南近代工业快速发展的动因来自第一次世界大战的爆发。湖南特有的可充

作军火材料的锑、铅、锌等矿砂被竞相购买，使得这些矿砂价格猛涨，从而刺激了湖南的投资者们对于这些矿产的迅速开采。矿业成为湖南近代工业的重要支柱，轻工业的发展相对较弱，企业数量少且规模小。

（二）制度文化方面

近代湖湘文化初步发展最为突出的表现是新式教育的推行和军事体制的改革。在新式教育的推行上，湖南借清末新政的东风，以1902年6月由巡抚俞廉三奉命在省城设立的学务处为契机，开始了各级新式教育的兴办，包括兴办高等教育、重视中小学教育、兴办师范教育、职业教育和女子教育、派遣学生出国留学等。

在军事体制改革上，从1902年开始，湖南抚院遵旨对旧式军队进行大规模改造，同时编练新军。清末新军的创建，标志着湖南的军事脱离了传统形态，开始向着近代化的路径迈进。

（三）社会心理文化层面

20世纪初，众多湘籍留日学生纷纷提出了各种社会思想政治主张，给湖南的社会生活造成极大的影响。这些思潮主要包括反帝爱国思潮、排满革命思潮、教育救国思潮、实业救国思潮、民主共和思潮等。他们都要求革故鼎新、振刷国运，希冀国富民强。在倡导这些思潮的仁人志士中，代表性的人物有陈天华、杨毓麟、杨度、熊希龄、宋教仁、焦达峰、蔡锷、黄兴、章士钊、禹之谟等。传播新思潮的报刊主要有省内的《湖南官报》《长沙日报》《湖南演说通俗报》；在省外的有留日学生在东京创办的《游学译编》《洞庭波》等。传播新思潮的代表著作有陈天华的《猛回头》《警世钟》、杨毓麟的《新湖南》、蔡锷的《军国民篇》、章士钊的《杂书》等。

在新文化运动的洗礼下，湖南涌现出了一系列传播新文化运动的报刊，主要有《湘江评论》（图1-14）、《新湖南》《湖南教育》《湖南学生杂志》《岳麓周刊》《明德周刊》等。这些刊物以宣传新思潮、改良社会、提倡国货、唤起爱国精神和批判旧的制度与道德为宗旨，影响遍及全国。除了办报刊，组织社团也是推动湖南新文化运动迅猛发展的重要手段。1918年4月，长沙出现了第一个提倡文化革新的团体——新民学会。创办者为毛泽东、蔡和森等人。该会以“革新学术、砥砺品行、改良人心风俗”为宗旨，进而主张“改造中国与世界”。

湘江評論
創刊宣言
每週評論

图1-14　湘江评论

随着湖南新文化运动不断向着纵深发展，各种新思想和新观念在这块土地上生根发芽。诸如提倡个性解放，反对奴隶根性；提倡妇女解放，批判封建礼教；提倡白话文，反对文言文；提倡平民教育，地方自治、工读互助等，马克思主义在湖南得到了较为广泛的传播。所有这些，活跃了湖南思想文化界，促成了湖南继戊戌变法和辛亥革命以来的又一次思想上的解放运动。在这一思想解放运动中，湖南的社会习俗也发生了相应的变化。清末民初，湖南境内以四世同堂为特征的复式家庭和以“父母之命、媒妁之言”为主要内容的包办婚姻受到一定程度的冲击，自由婚恋和文明婚礼逐步得到社会承认；妇女不再缠足，敢于剪头烫发等。这些社会习俗的嬗变凸显出人们对于文明健康的生活方式和体现人格平等价值观的追求。所有这些，是近代湖湘文化在其核心层面，即社会心理层面的发展与变迁中最为突出的表现。

任务小结

1. 收集湖湘文化的相关资料，了解湖湘文化的发展历程。
2. 收集湖湘文化的相关资料，了解湖南地区的行政建置。
3. 收集湖湘文化的相关资料，了解近代湖湘文化初步发展最突出的表现。

课后练习

一、判断题

1. 发掘材料表明，战国时期的长沙已是楚人聚居、人口密集、手工业和商业都相当发达的城市。(　)
2. 屈原是中国历史上第一位伟大的爱国主义诗人，其作品的出现，标志着中国诗歌进入了一个由集体歌唱到个人独创的新时代。(　)
3. 西汉时期湖南耒阳人蔡伦发明了造纸术，为世界文明做出了贡献。(　)
4. 魏晋之际，佛教传入湖南，湖南最早的佛教寺庙是麓山寺。(　)
5. 唐代宗广德二年（764），中央在衡州设立湖南都团练守捉观察处置使，简称湖南观察使，“湖南”之名由此始。(　)
6. 隋唐五代湖南对外畅销的农副产品除大米外主要是瓷器与丝绸。(　)
7. 湖南在唐代出现了全国一流的大书法家欧阳询、欧阳通父子及怀素，他们三位都是长沙人。(　)
8. 元朝统一中国后实行行省制度，湖南绝大部分地区属于湖广行省，其余隶属于江西行省。(　)
9. 清代，湖南单独建省是湖湘文化空前发展的先决条件。(　)
10. 教育的兴盛与两湖乡试的“南北分闱”是清代湖湘文化空前发展的重要因素。(　)

二、思考题

1. 明代湖南教育得到空前发展的表现有哪些？其给湖南人才发展带来了什么样的影响？
2. 近代湖湘文化的发展主要表现在哪些方面？

知识链接

1. 中国文化四讲　　作者：余秋雨
2. 湖湘文化的源、脉、气　　作者：朱汉民
3. 【百家讲坛】“湖湘文化”的精髓——心忧天下　敢为人先　百折不挠　兼收并蓄
4. 湖南卫视纪录片：湖湘文化入画来

02

模块二

湖湘文化卓越成就

任务一

湖湘学术思想成就

学习目标

1. 素质目标

（1）爱国守法、崇德向善、文化自信。

（2）爱岗敬业、诚实守信、团结协作。

（3）热爱劳动、积极进取、精益求精。

（4）家国情怀、工匠精神、创新精神。

2. 知识目标

（1）了解湖湘学术思想发展的历程。

（2）掌握贾谊、周敦颐、胡安国、胡宏、王夫之、魏源、曾国藩、杨昌济等的学术思想。

（3）了解湖湘学术思想对中国思想文化的影响。

3. 能力目标

（1）收集湖湘学术名人的事迹，对他们的学术思想进行归纳和总结。

（2）根据学术名人的思想，分析湖湘文化在近代和现代中国历史中的作用。

（3）热爱湖湘学术思想，增强文化自信。

任务导入

这还是一块盛产山神、女巫和美丽神话的土地：炎帝被同父异母兄黄帝追杀，从甘肃凄凄惶惶一路南下，最后长眠在茶陵一个偏僻而宁静的小山村；三闾大夫屈原和柳宗元得意过后都曾两居在湘；吕洞宾三醉岳阳楼，羽化而去；湘夫人斑斑血泪，难诉衷肠；小乔初嫁了，终于也玉殒香消在此潇湘夜雨洞庭秋月中；还有那秦时明月的桃花源，牵痛了多少骚人墨客的归隐梦。山水与神话如此水乳交融，和谐统一。看到湖南人怡然自乐得像一棵树、一株草似的生存于山水之间，你或许能明白中国哲学中一个重要命题：天人合一。

然而，也正因了这亲近自然的原始和野蛮，湖南人一次又一次错过了被文化开发、引入现代文明的机会。这里曾经走过多少达人智士，但最后却没有一个能与这片土地融为一体。在文化的海洋里，湖南是一块永不进水的石头，而且磨不平棱角。

我们还记得湖南的文化启蒙，那是勃起于春秋，鼎盛一时，终在吴起改制中式微的楚文化。其兴也勃，其亡也忽，正是在这勃忽之间，湖南人奠定了其性格最初和最大本质的部分。

——节选自周兴旺．湖南人凭什么［M］．北京：新华出版社，2002

湖湘学术思想是影响湖南人精神气质形成的最重要原因，是中华思想文化史中光辉的篇章，是湖湘文化较为突出的部分，也是湖湘文化的核心部分。在长期的历史发展过程中，湘楚文化中的上下求索、天人合一、独立创新、兼收并蓄、经世致用思想，形成了独具魅力的地域特性。

一、湘楚文化中求索务实、独立创新、天人合一的基因

在湖南道县玉蟾岩遗址发现的超过一万年的陶器和三粒完整的稻谷，是迄今世界上发现最早的栽培稻标本；澧县彭头山发现八九千年前的表意符号、表意绘画和图腾；澧县八十垱遗址发现稻谷和大米两万多粒，是全世界史前稻作谷物发现最多的地方；还有木耒、木铲和骨铲等农具以及木杵等加工工具。由此可见，定位农业的基本经济形态很早就形成了，稻作文化也发展到了规模农业阶段，制陶工艺亦相当娴熟。据《周易》等典籍记载，此时正处于神农氏族时代，为了发展农业，为了老百姓的生活越过越好，神农氏尝百草、兴工商、制耒耜，不断求索，为老百姓谋福利。神农氏族在此缔造了湖湘的农耕文明，将求索务实、独立创新、天人合一的基因深深根植在了湖湘文化之中。

此后，炎帝神农氏与从黄河流域兴起的黄帝氏族融合发展成为炎黄联盟这个古代中国最强盛的部落群，统一中原，将炎帝开创的原始文明推向新的历史阶段，湖湘文化也就随之融合发展成了炎黄文化。《左传》中记楚灵王时右尹子革的话说："昔我先王熊绎，辟在荆山，筚路蓝缕，以处草莽。"楚人勇于征服洪荒、勤于发明、乐于为民造福、包容互补的文化，《周易·系辞》将之高度概括为"自强不息""厚德载物"。

古老的楚文化中占重要地位的是阴阳术数思想，盛行占卜术。这里的人们认为天干地支与四季年月之间内在的关系影响着人们的世俗生活，决定人们的生死、婚姻、升迁、灾福等。生活在这里的楚越居民大都信奉原始宗教，崇拜多种祖先之神和自然之神。祖先之神最突出的为炎帝和祝融。自然之神如湘君、湘夫人等是湘人特有的信仰。

楚地有丰富的神话传说，《楚辞》里出现的如日神东君、云神云中君、风神飞廉、雨师薄号、水神河伯、东皇太一、山神等，体现了楚人对天道的喜爱与探索，激起了楚地思想家对天道宇宙的兴趣。相传屈原在被朝廷流放湖湘之地时，在一些宗庙祠堂的墙壁上发现了大量有关天地山川神灵的壁画，欣赏完毕，他思绪久久不能平静，于是写下了名闻千古的《天问》，对天文、地理、人事提出大量问题。屈原的《天问》中也有许多神话与传说，比如著名的“大禹治水”和“禹娶涂山女”，这些神话与传说展现了当时真实的社会生活，反映了屈原“天人合一”的世界观。而此后的周敦颐成为“道学宗主”，王夫之成为中国古代思想的集大成者，魏源提出“师夷长技以制夷”，曾国藩成为洋务运动的发起者，毛泽东成为马克思主义中国化的突出代表，他们都与楚文化中的求索务实、独立创新、天人合一传统有关。

二、湘楚文化中兼收并蓄的基因

湘楚文化中兼收并蓄的基因

一种文化在历史长河中善于兼收并蓄，才能吐故纳新。湖湘思想家批判地吸纳百家之长，以此来综合创新。湖湘地区相对中原来说地处偏远，交通不便，积贫积弱，宋朝以前长期是被逐官员的流放地，这些官员大多是人文学者，他们的到来，一方面，促进了湖湘文化与中原文化的融合，他们无法避免地深受湘楚地域文化的求索、独立创新、天人合一传统的影响；另一方面，他们带来了儒释道为主的中原文化，让湖湘文化学术思想更有活力。这些人文学者中著名的有贾谊、柳宗元、刘禹锡等人。

（一）纳道学之新

贾谊是西汉初年的政治家、文学家和思想家，因受群臣排挤，被外放为长沙王太傅，后人称他为“贾长沙”。汉初非常流行《老子》的学说，贾谊自觉地吸收其思想以充实儒家思想，并在《道德说》中为儒家的道德论寻找一个宇宙观的基础，认为道是宇宙的本原。贾谊认为，阴阳、天地、人与万物都由德生，而德由道生。道是宇宙万物的最终本源，而德则是宇宙万物的直接本源。这为后来董仲舒全面吸收道家学说以重构儒家思想体系打下了基础。

（二）纳佛学之新

柳宗元基于“统合儒释”立场有许多真知灼见，取得具有重大理论价值的思想成果。柳宗元小时候接触佛法，永贞革新失败后被贬永州十年，先寄居龙兴寺，后移居法华寺。柳宗元将佛教的“性净”与儒家的“性静”“性善”融会贯通，提出一种超凡脱俗、随心所欲的人生观。柳宗元的《天说》《天对》等著作是根据屈原的《天问》而作，提出了宇宙是由运动着的元气构成的、“天人不相预”等一系列重要的观点，这种天人之道的认识对宋代思想家构建新的理性主义天人观具有积极意义，尤其是对湖湘思想家有重要的启示作用。

永贞革新后，和柳宗元同时被贬的还有刘禹锡，他被贬为朗州（今常德）司马十年左右，其间结交了近四十位僧人。“天人交相胜，还相用”，这是刘禹锡在《天论》中对宇宙天道的解释。刘禹锡认为，天最大，人最聪明，天和人的功能不能相互胜任，而天地万物的发展变化无穷无尽，天人之间既可互相取胜，又可互相利用。人之所以能够胜天，就在于天有其自然法则，可以为人所认识和利用。这是受柳宗元《天对》的启发，但比柳宗元“天人不相预”的认识更为理性、深刻、有特色，深刻影响了后世的湖湘学者。

（三）湖湘学术思想的“观念库”——周敦颐的理学思想

周敦颐，人们对他的熟知源于《爱莲说》，欣赏他“出污泥而不染”的高贵品格。他的《太极图说》和《通书》独创地建构了宇宙起源和发展的模式，为后来兴起的理学奠定了基本体系，所以后人称他为理学的开山鼻祖，被推到“道学宗主”的地位。周敦颐是第一个对中国思想文化产生重大影响的湖南人，在中国思想史上具有革命性意义，从此，独具形态的湖湘学术思想兴起。此后湖南一跃而为理学重镇，被称为理学之邦、荆蛮邹鲁、潇湘洙泗。

（四）湖湘学术思想的开创和理论体系建构——胡氏父子及其弟子的理学成就

在周敦颐之后，胡安国、胡宏父子开创了湖湘学派，有近代湖南文人学者王闿运写过一副著名的对联为证：“吾道南来，原是濂溪一脉；大江东去，无非湘水余波。”

胡安国，两宋时期著名的理学家、经学家和政治家，是湖湘学派的开创者，在湖南湘潭、衡山一带创办碧泉书院，完成了代表著作《春秋传》，主张经世致用，重教化，讲名节，轻利禄，憎邪恶。胡安国《春秋传》有其鲜明的理学特色。他以程颢、程颐理学作为解读《春秋》的指导思想，将“上下尊卑”的“礼”用“义利之辨”的“理”代替，“理”被诠释为人与事乃至君臣共同遵循的法则和天理。胡安国对《春秋》这种全新的诠释，使其在《春秋》学上占据了重要地位。

胡宏，胡安国第三个儿子，跟随父亲在湖南衡山五峰下隐居二十余年，人称五峰先生，与胡安国一起创办碧泉书院，是湖湘学派中学术成就最高的人，他建构了湖湘学派理论体系。胡宏深受周敦颐思想的影响，二十岁时曾经师从著名理学大师程颢、程颐的弟子杨时，成为二程的再传弟子，胡宏独立治学，他以振兴道学，醇化风俗为己任，表示“道学衰微，风教大颓，吾徒当以死自担”，主要著作有《五峰集》《知言》《皇王大纪》等，涉及政治、伦理、教育等各个方面，被湖湘学派奉为经典。胡宏的理学思想继承二程学说的精髓，探讨的主要范畴仍是道、理、心、性等内容，但是他的思想有其独到之处。二程学术思想以“理”为宇宙本体，胡宏学术思想的主要特色则是以“性”为本体。他说：“性也者，天地所以立也。……性也者，天地鬼神之奥也”，肯定了“性”为天地万物之所以存在和变化的根据。

当时，一批批志学求道的青年纷纷来到衡山追随胡宏研经读史。胡宏的学生张栻后来做了岳麓书院的山长，成为湖湘学派的一代宗师，确立了“成就人材，以传道济斯民”的学术宗旨，使岳麓书院成为湖湘学派学术研究与人才培养的摇篮和全国理学思潮发展的重要基地。张栻著有《论语解》《孟子说》《南轩易说》，丰富并发展了胡宏的思想体系，并吸引了当时著名学者吴猎、彭龟年、游九功、游九言、胡大时等都来此求学。朱熹宦游湖南时，与张栻等在岳麓书院讲学交流，一时在学界引起轰动，巩固了湖湘学派在全国的地位。张栻继承了二程的理学本体思想，他认为，天下万物皆生于理，理是万物赖以生存的根据。

（五）中国古代思想和宋明理学的集大成者——王夫之的崇实黜虚

王夫之早年参加反清斗争到处奔走，中年后才隐居潜心著述，内容涉及史哲文政、自然科学等方面。王夫之对中国文化作了全面系统的反思，他认为学术思想界最主要的是从根本上解决宋明以来崇无蹈虚倾向，重新诠释儒家经典，让宋明理学崇尚玄虚重新回归到具体真实的现实世界中来，以此吸取明亡的教训。他主张“知而不行，犹无知也”“君子之道，力行而已”，治学当为国计民生致用，反对空疏烦琐。可见，王夫之思想的最大特点在于崇实黜虚。王夫之使湖湘学术向着更有哲理深度和更加务实的方向发展，对近代湖湘理学经世派、湘军儒将集团、维新派、革命派等人才群体学术思想产生了极大的影响，《船山遗书》是曾国藩、郭嵩焘、王闿运、杨昌济等人的案头必备之书。

三、融合——湖湘学术思想的近代转型

中国近代社会开始的标志是鸦片战争，自此中国近代文化开始，中国文化开启了东西融合的艰难历程。自晚清道光以来，湖湘地区成为中国新的文化思潮衍化发展的重地。

（一）湖湘出现的第一个人才群体——晚清湖湘经世派

在晚清时，陶澍、魏源、汤鹏、邓显鹤等认为，空疏无用的学风导致了清代由盛转衰，要改变这一局面，就应当推行经世的实学，让研究学问与解决社会实际问题相结合，这批学人先驱被后人称为“晚清湖湘经世派”，是近代湖湘出现的第一个人才群体。

图2-1 陶澍画像

陶澍（图2-1）特别重视"即实象以求实理"，即通过调查研究具体的客观现象找出事物固有的规律。陶澍深感当时理论脱离实际，治学风气普遍务虚，因此特别强调经世致用。儒家经典倡导修身治国平天下，掌握儒家经典将这些治国平天下的理论运用到实践中去。

魏源是"晚清经世派人才群体"的代表，魏源承继了陶澍经世致用的宗旨，提出"师夷长技以制夷"的主张，倡导学习西方先进科学技术，开启了了解世界、向西方学习的新潮流，这是中国思想从传统转向近代的重要标志。魏源经世致用的学术建立在"天地万物自道出"之上，他批判了道、学、术的分裂并将之重新统一起来，并将学术成果落实到指导现实。魏源成为开一代风气之先的近代思想家与他是陶澍、贺长龄的幕僚密切相关，他长期参与二人的经世实践，将满腹经纶结合起来，放眼看世界，成效卓著。自魏源始，近现代湖湘学者的突出特征就是身兼理论家和实践家。

（二）以曾国藩为中心的湖南学术湘军之兴

湘军是镇压太平天国时期曾国藩所创建。湘军的崛起，在政治、经济、军事、文化、教育上对晚清的湖南甚至整个中国都产生了不可磨灭的影响。在思想学术领域，湘军之兴，是湖湘理学之兴的产物，也是曾国藩成为晚清重臣的产物。曾国藩承继了魏源等经世致用的学术风格，并以他为中心的兴起了挽救危局、中兴清王朝的湖湘士人学子，为实现经邦济世的宏愿改革政治，倡导洋务。这些人物除了曾国藩之外，还有左宗棠、胡林翼、郭嵩焘、刘蓉、罗泽南、彭玉麟、江忠源等。

郭嵩焘曾官至署理广东巡抚、近代洋务思想家，是中国职业外交家的先驱，主要著作有《大学章句质疑》《中庸章句质疑》等，特别注重将中国传统思想作为观察和处理问题的方法论。郭嵩焘认为，处理天下的事，"以识为本"，只要懂得了"理"和"势"就可以懂得"深识"和"远识"。郭嵩焘精通传统文化，又了解洋务，而且对西方文明做过实地考察，造就了他能对中西文化作整体的评价和对比研究。他的过人之处在于他反对用"夷狄"的眼光评判当时的西洋各国，承认"他们也有二千年的文明"，而且从整体上要优于中国文明。这无疑是平地一声雷，惊醒了无数中国人。郭嵩焘的思想对西方思想文化在中国的传播起到了巨大的作用，为他身后维新变法思潮开了先河。

（三）晚清思想界的一颗彗星——维新变法的谭嗣同

19世纪末叶，为改变中华民族的重重危机，康有为等人进行公车上书，请求光绪帝变法。湖南士人的经世致用，让湖南省成为维新运动时期"全国最富朝气的一省"，涌现了谭嗣同、唐才常、皮锡瑞、易鼐、樊锥等一大批朝气勃发的维新志士，而谭嗣同是其中的杰出代表。

谭嗣同是戊戌变法时期思想最为激进的改革家，为变法贡献了自己宝贵的生命。谭嗣同仁学的最大成就是用资产阶级人文主义重新解释儒家的"仁"，他反对保守和故步自封，追求资产阶级平等和自由。谭嗣同贯通中西古今，综合创新出有系统的仁学体系，尽管并不完善且有矛盾的现象，却在当时改变了中国人的价值观和道德观，至今仍有借鉴意义。

任务小结

1. 总结湖湘传统学术成就。
2. 湖湘传统学术成就对当今的影响。

课后练习

一、判断题

1. 周敦颐是中国古代思想的集大成者。( )
2. 柳宗元的《天说》是根据屈原的《天问》而作。( )
3. 胡安国是《春秋传》的作者，也是湖湘学派的开创者。( )
4. 陶澍是晚清湖湘经世派的代表。( )
5. 魏源是中国近代化建设的开拓者。( )
6. 曾国藩著有《皇朝经世文编》《老子本义》等书。( )
7. 郭嵩焘著有《仁学》一书。( )
8. 谭嗣同承认西方从整体上要优于中国文明。( )
9. 杨昌济是“湖南大学蓝图设计第一人”。( )

二、思考题

为什么说王夫之等人的出现与湖湘文化的熏陶密不可分?

任务二

湖湘文学成就

学习目标

1. **素质目标**

（1）爱国守法、崇德向善、文化自信。

（2）爱岗敬业、诚实守信、团结协作。

（3）热爱劳动、积极进取、精益求精。

（4）家国情怀、工匠精神、创新精神。

2. **知识目标**

（1）了解湖湘文学发展的历程。

（2）掌握屈原、贾谊、周敦颐等的作品。

（3）了解湖湘文学对中国文化的影响。

3. **能力目标**

（1）收集湖湘文学名人的事迹，对他们的创作风格进行分析和总结。

（2）分析湖湘文学的特点。

（3）品读湖湘文学作品，增强文化自信。

任务导入

爱莲说

［宋］周敦颐

水陆草木之花，可爱者甚蕃。晋陶渊明独爱菊。自李唐来，世人甚爱牡丹。予独爱莲之出淤泥而不染，濯清涟而不妖，中通外直，不蔓不枝，香远益清，亭亭净植，可远观而不可亵玩焉。

予谓菊，花之隐逸者也；牡丹，花之富贵者也；莲，花之君子者也。噫！菊之爱，陶后鲜有闻。莲之爱，同予者何人？牡丹之爱，宜乎众矣！

【译文】

水上、陆地上各种草本木本的花，值得喜爱的非常多。晋代的陶渊明唯独喜爱菊花。从李氏唐朝以来，世人大多喜爱牡丹。我唯独喜爱莲花从积存的淤泥中长出却不被污染，经过清水的洗涤却不显得妖艳。（它的茎）中间贯通外形挺直，不生蔓，也不长枝。香气传播更加清香，笔直洁净地竖立在水中。（人们）可以远远地观赏（莲），而不可轻易地玩弄它。

我认为菊花，是花中的隐士；牡丹，是花中的富贵者；莲花，是花中的君子。唉！对于菊花的喜爱，在陶渊明以后很少听到了。对于莲花的喜爱，和我一样的还有谁？（对于）牡丹的喜爱，人数当然就很多了！

——节选自夏承焘．宋词鉴赏辞典［M］．上海：上海辞书出版社，2020

湖湘文学源远流长，异彩纷呈，它以古代楚国湖南地区流传的神话传说为源头，以屈原的爱国爱民爱家思想为主线，展示了湖南“水”文化特色，在浪漫与现实中出世与入世。从楚时屈原的《离骚》：“路漫漫其修远兮，吾将上下而求索”，到魏时刘巴（衡阳人）的《与诸葛亮书》：“乘危历险，到值思义之民，自与之众”；从唐时胡曾（邵阳人）的《草檄答南蛮有咏》：“亲受虎符安宇宙，誓将龙剑定英雄”到南宋王以宁（湘潭人）《水调歌头·裴公亭怀古》：“起拥奇才剑客，十万银戈赤帻，歌鼓壮军容”，从杨度（湘潭人）的《湖南少年歌》：“若道中华国果亡，除非湖南人尽死”到谭嗣同（浏阳人）的《狱中题壁》：“我自横刀向天笑，去留肝胆两昆仑”，他们不仅是湖南人以天下为己任的真实写照，也是丰富多彩的湖湘文化中的文学经典。

一、流寓文学

流寓文学

“挥毫当得江山助，不到潇湘岂有诗？”这是陆游的诗句，虽夸张，却表明湖南这片土地让诗人们流连忘返。他们或因谪宦或因旅游来到湖南，留下不少文化传说和千古名篇。这些流寓学者们包括屈原、贾谊、李白、杜甫、王昌龄、韩愈、刘禹锡、柳宗元、李商隐、元结、刘长卿、黄庭坚、秦观、张孝祥、辛弃疾等。

中国文学鼻祖屈原，是中国文学史上第一位伟大诗人，也是中国浪漫主义文学的奠基人，“楚辞”的创立者和代表作家，开辟了“香草美人”的传统，被誉为“楚辞之祖”。他被放逐湖南期间，辗转于湖湘各地，感时忧国，创作了《离骚》《天问》《九歌》《九章》《湘君》《湘夫人》。这些诗作以楚地方言“兮”字为基础，把赋、比、兴巧妙地糅合成一体，每句诗三字、五字、七字、十字不等，参差错落，灵活有致，融进湖南本土丰富的神话传说，关注现实人生，使他的作品既散发浓郁的浪漫主义精神，又揭露了当时黑暗的现实。《离骚》是屈原以自己的遭遇熔铸成的生命高歌，闪耀着独特的个性光辉，是屈原创作的重要作品。“长太息以掩涕兮，哀民生之多艰。”“亦余心之所善兮，虽九死其犹未悔。”他的爱国爱民、上下求索精神深深影响了中国后世的作家。

贾谊的著作主要有散文和辞赋两类，散文的主要文学成就是政论文，鲁迅称之为“西汉鸿文”，代表作有《过秦论》《论积贮疏》《陈政事疏》等，其辞赋皆为骚体，形式趋于散体化，是汉赋发展的先声。贾谊谪居长沙期间，写下了《吊屈原赋》和《鵩鸟赋》等名篇。前者借悲悼屈原不幸遭遇来抒发个人的怀才不遇；后者借与鵩鸟问答来抒发心中的忧愤不平，并以老庄的齐生死、等祸福的思想以自我解脱。贾谊的赋情理交融，笔力劲健。

屈贾悲天悯人的格调长时期影响了湖湘诗歌创作。屈贾之后，湖湘诗歌史上迎来了一个又一个的失意诗人。只讲唐代，星光熠熠的李白来过，杜甫来过，王昌龄（图2-2）、韩愈、刘禹锡、柳宗元、李商隐（图2-3）、元结、刘长卿都来过，他们在三湘四水辗转流离，伤时抒怀，留下了一段段诗坛佳话，留下了一首首脍炙人口的佳作。

王昌龄（？—756），字少伯，长安（一说太原）人。他是唐代著名的边塞诗人，在进士及第后授汜水县尉，后来被贬为江宁丞，再后来被贬为龙标尉（今湖南黔阳老城），地处沅水中游口岸。“寒雨连江夜入吴，平明送客楚山孤。洛阳亲友如相问，一片冰心在玉壶。”（《芙蓉楼送辛渐》）是王昌龄的代表作，不过此诗不是在湖南写的，是他在江宁为官时，常到润州（今镇江）芙蓉楼游宴，写下此名篇。

李白（701—762）（图2-4），字太白，唐武则天大足元年（701）生，被称为“诗仙”。

图2-2　王昌龄画像

图2-3　李商隐画像

图2-4 李白画像

肃宗乾元元年（758），流放夜郎，途中经洞庭上三峡。第二年，遇大赦，由巴中返回，游洞庭衡岳，直抵零陵。上元元年（760）春，自零陵下湘江返巴陵，再出洞庭，返江夏（今武汉）。李白在湖南留下诗作30余篇，洞庭、湘水、岳阳楼等地都曾留下他的诗迹。“洞庭西望楚江分，水尽南天不见云。日落长沙秋色远，不知何处吊湘君。”“南湖秋水夜无烟，耐可乘流直上天。且就洞庭赊月色，将船买酒白云边。”“帝子潇湘去不还，空馀秋草洞庭间。淡扫明湖开玉镜，丹青画出是君山。”（《陪族叔刑部侍郎晔及中书贾舍人至游洞庭五首之三》）“沅湘春色还，风暖烟草绿。”（《春滞沅湘有怀山中》）“楼观岳阳尽，川迥洞庭开。雁引愁心去，山衔好月来。云间连下榻，天上接行杯。醉后凉风起，吹人舞袖回。”（《与夏十二登岳阳楼》）。

图2-5 元结画像

元结（719—772）（图2-5），字次山，别号漫郎，又称漫叟，唐河南鲁山人。唐玄宗天宝年间中进士。代宗广德二年（764）五月，出任道州刺史，贬春陵守，再起为道州刺史。大历三年（768），迁容州刺史，离开湖南。元结在道州任内，清正廉洁，他的诗文大多是陈情戒吏、为民请命的作品，如“朝餐是草根，暮食仍木皮。出言气欲绝，意速行步迟……欲令鬻儿女，言发恐乱随。悉使索其家，而又无生资。”（《春陵行》）“城小贼不屠，人贫伤可怜。是以陷邻境，此州独见全。使臣将王命，岂不如贼焉！今彼征敛者，迫之如火煎。谁能绝人命，以作时世贤。”（《贼退示官吏》）杜甫在《同元使君春陵行》诗中，赞扬他“两章对秋月，一字偕华星”，给予了他极高的评价。761年，元结撰写成《大唐中兴颂》一文，三句一韵，风格雄伟刚峻。他写信给当时的抚州刺史颜真卿书写，摹刻于浯溪江畔（今湖南祁阳县境）的峭壁之上。因文章、书法、崖石都很奇特，所以被称为“摩崖三绝”，现在已被列为国家级重点保护文物。

杜甫（712—770）（图2-6），字子美，自号少陵野老，世称“杜工部”“杜少陵”等，河南府巩县（今河南省巩义市）人，唐代伟大的现实主义诗人，被世人尊为“诗圣”，一生写有3000多首诗篇，流传下来的有1400多首，其中在湖南写下诗作100余首。李白入湘九年之后，杜甫也来到湖南。湖南在安史之乱中几乎未受侵扰，成了战火焦土外的世外桃源。杜甫流落于岳阳、长沙、衡阳等地，留下了《登岳阳楼》《江南逢李龟年》等传世之作。忧国忧民的湖湘文化积淀着杜甫的精神养分，湖南人为表达对杜甫的热爱和怀念，在湘江边上修建了杜甫江阁（图2-7）。

图2-6　杜甫画像

图2-7　杜甫江阁

韩愈（768—824）（图2-8），字退之，河南河阳（今河南省孟州市）人，唐宋八大家之一。韩愈与湖南有着不解之缘，他曾五次到达湖南郴州，少时两次路过郴州。贞元十九年，韩愈与好友张署联名上书朝廷请求减免赋税，被贬为连州阳山令，张署被贬为郴州临武令，二人结伴游郴州永兴县侍郎坦，韩愈在山林石壁上留下的手迹碑刻“昌黎经此”四个大字，具有很高的文物价值和欣赏价值。贞元二十一年，韩愈在郴州停留了三个月等候新的任命，郴州刺史李伯康热情款待了他，请他去北湖参观了郴州特有的叉鱼活动。韩愈是河南人，生平第一次看见如此新奇有趣的水上劳动，不由得啧啧称奇，诗兴大发，写下了著名诗作《叉鱼招张功曹》。诗人将睹叉鱼之乐与友分享，抒发了不执着于官场得失的情怀。当郴州发生旱灾时，韩愈也和郴州官民一道向传说中的山神祈雨，《郴州祈雨》一诗记录了这一次祈雨活动，展现了湖南神秘的巫鬼文化。韩愈在湖南逗留了7个多月，写下30余篇诗文。湖南的游历给韩愈的诗文增添了灵趣，渲染上浓郁瑰丽的色调。

图2-8　韩愈画像

刘禹锡（772—842）（图2-9），字梦得，唐彭城人（一说洛阳人），被称为“诗豪”，因参加永贞革新失败，于805年被贬为朗州（今常德）司马，在湖南停留了十年，创作诗文近两百篇。805年，刘禹锡赴任朗州途经洞庭湖，写下了《潇湘神·斑竹枝》《汉寿城春望》等名篇。

图2-9　刘禹锡雕像及司马楼

同时，刘禹锡爱上了《竹枝》小调，

并依其声律创作了多首《竹枝词》。“杨柳青青江水平，闻郎江上踏歌声。东边日出西边雨，道是无晴却有晴。”朗州秀美的山水和朗州人的热情爽朗滋养了刘禹锡，他写下了《秋词》（其一）：“自古逢秋悲寂寥，我言秋日胜春朝。晴空一鹤排云上，便引诗情到碧霄。”824年夏，刘禹锡从贬谪地夔州（重庆奉节）调任和州（今安徽和县）刺史，又一次经过洞庭湖。之前他路经洞庭都不是秋天，欣赏“洞庭秋月”的美景让他写下了《望洞庭》：“湖光秋月两相和，潭面无风镜未磨。遥望洞庭山水翠，白银盘里一青螺。”

柳宗元（773—819），字子厚，唐河东解县（今山西运城）人，称为“柳河东”“河东先生”。与韩愈共同倡导唐代古文运动，并称为“韩柳”，与刘禹锡并称“刘柳”，“唐宋八大家”之一，因为参与永贞革新被贬为永州司马，官居永州十年回京后，又被贬为柳州刺史，与被贬连州的刘禹锡相伴入湘，至衡州（今湖南衡阳）赠诗而别。柳宗元居永州9年，留下《捕蛇者说》《宋清传》《永州八记》《始得西山宴游记》《小石潭记》《江雪》《零陵春望》等不朽作品。这些不朽的名篇让柳宗元已成为永州的一张文化名片，永州秀异的风景、特有的药材、醇厚的人情都因柳宗元而四海闻名。为了纪念柳宗元，柳州人民在罗池修建了柳侯祠（图2-10）。

图2-10　永州柳侯祠

李商隐（约813—约858），字义山，号玉谿生，怀州河内（今河南省沁阳市）人。晚唐著名诗人，和杜牧合称“小李杜”。蒙恩于牛党人令狐楚、令狐绹父子，25岁进士及第，26岁成为李党人泾原节度使王茂元幕僚，并娶其女，卷入牛李党争，潦倒终生。后又随李党贬官桂州刺史郑亚去广西，因此李商隐曾多次路过湖南，在往返途中，写下《楚宫》和《夜意》等名篇。《楚宫》既吊屈原，也融进了对社会政治和个人身世的感慨。《夜意》“帘垂幕半卷，枕冷被犹香。如何为相忆，魂梦过潇湘”则透露出对湖湘无尽的眷念。

辛弃疾（1140—1207），济南历城（今山东济南）人。金人入侵中原后，为著名抗金将领，一生力主抗金却未得重用。与苏轼同为豪放词词人代表。“青山遮不住，毕竟东流去。”沿着营盘路隧道往东，过了黄兴北路没多远，在赐闲湖巷口有一个街心花园，矗立着一座辛弃疾雕像（图2-11），他左手拿着书卷，右手牵着战马，腰间佩着宝剑，满脸刚毅。营盘路的得名，就源自辛弃疾在这一带训练飞虎军，后人把飞虎军的军营所在地命名为“营盘路”。辛弃疾在湖南为官一年多，整顿乡社，惩治豪强，训练飞虎军，政务军务均办得有声有色。

秦观（1049—1100）（图2-12），字少游，江苏省高邮军武宁乡左厢里（今江苏省高邮市三垛镇少游村）人，北宋婉约派词人，与黄庭坚、晁补之、张耒并称“苏门四学士”。秦观因朋党之争受苏轼牵连被贬谪流放到郴州，写下“雾失楼台，月迷津渡。桃源望断无寻处。可堪孤馆闭春寒，杜鹃声里斜阳暮。驿寄梅花，鱼传尺素。砌成此恨无重数。郴江幸自绕郴山，为谁流下潇湘去”（《踏莎行·郴州旅舍》）。据说苏轼在收到此词后，绝爱其结尾“郴江幸自绕郴山，为谁流下潇湘去”二句，把秦少游的词题写在扇子上，天天吟咏不绝。后来少游又被远放，竟客死藤州，苏东坡闻讯非常悲痛，在扇面秦词的后面写下：“少游已矣，虽万人何赎!”

图2-11　长沙营盘路上的辛弃疾雕塑

图2-12　秦观绘像

二、本土文学家

唐以前湖南本土诗人寥若晨星，见之史籍的仅有西晋时罗含，魏时桓阶，东晋时车胤、谷俭，南朝时阴铿等十数人。这种状况到中晚唐开始有所改变，湖南本土陆续出现了一些在全国诗坛有一定影响的诗人，如唐代的李群玉、胡曾、曹松、齐己和宋代的王以宁、乐雷发等人。李群玉有263首诗作、曹松有138首诗作、齐己有810首诗作被收入《全唐诗》。胡曾以咏史诗著称，现有诗作174首，多为《三国演义》等讲史小说所引用。

宋代是湖湘文化史上一个有特殊意义的时代。真正意义上的湖湘地域文化，尤其是湖湘地域学术文化形成于这个时代。虽然这个时代的湖湘散文作品不多，但对湖湘文化品格产生深远影响的三篇雄文都出现在这个时代。它们分别是范仲淹的《岳阳楼记》、周敦颐的《爱莲说》、张栻的《潭州重修岳麓书院记》。元代欧阳玄，文学家、史学家，有《墨梅赋》《墨荔枝》等名篇佳作。

进入明代，湖南诗坛出现了湖南诗歌史上最重要的诗派——茶陵诗派。以湖湘著名诗人李东阳为领袖，杨一清、刘大厦、彭泽等为主要成员的茶陵诗派，反对粉饰太平，歌功颂德的“台阁体”诗风，倡导真实自然的诗歌风格。“茶陵诗派”领袖李东阳，“公安派”主将江盈科，除诗歌外，散文也很有影响。李东阳的论疏碑铭、书序记传真切自然而又文辞简洁，于平淡中见功力，典雅中见流畅。江盈科写过许多杰出的小品文，在湖南乃至全国都产生了重要影响。明初刘三吾善文，在洪武朝典司文章中自成一格，有《坦斋刘先生文集》传世。明代大思想家王夫之的《姜斋诗集》《姜斋诗余》《姜斋诗话》《楚辞通释》

等诗歌作品和诗论，在古代湖湘诗坛独树一帜。尤其值得一提的是《姜斋诗话》，王夫之重要的诗歌理论著作，有着极为丰富的思想内容和理论价值。明代后期，湖湘地区出现了几个著名的诗歌世家，如华容孙氏、邵阳车氏、辰溪来氏、长沙黄氏等。这些家族以诗名世，文采风流。

清代中前期，湖湘诗坛空前活跃，涌现了陈鹏年、张九钺、孙起栋、欧阳辂、唐仲冕、严如熤、周有声、陶澍等一大批负有盛名的诗人，其中尤以陶澍成就最高，他的作品感情深挚，器识宏远，雄放豪迈，有《印心石屋诗文集》传世。陶澍的文章多为序记碑铭之作，行文疏朗畅达而有气势，有《陶文毅公集》。邓显鹤在湖湘文化史上有着独特贡献，他致力于搜集湖湘文献，以搜集刊刻“船山遗书”而号称“湘学复兴导师”，编成《资江耆旧集》《沅湘耆旧集》等书，本人也有《南村草堂文钞》等传世。

清中期以后，湖湘诗坛先后出现过“宋诗派”“汉魏六朝诗派”和“中晚唐诗派”等在全国有影响的诗派。文学史上常把这些诗派统称为“湖湘派”，列在江左、岭南等其他诗派之前而居首位，认为它“领袖诗坛，庶几无愧”。晚清以前的湖湘文学史上，小说创作寥若晨星。查《中国文言小说书目》中的湘人作品，仅有宋人戴植的《鼠璞》、明人邓球的《闲适剧谈》、江盈科的《雪涛四小书》，清人江有溶、邹统鲁的《明逸编》等。

清末，湖湘小说创作日益多了起来，个性鲜明的诗人群体形成。近代湖湘散文，与近代湖湘诗歌的思潮流派大体一致。有以魏源为代表的“经世派”散文，以曾国藩为代表的桐城派——湘乡派散文，以谭嗣同为代表的维新派散文，以陈天华为代表的革命派散文。魏源与龚自珍一起开创了古文创作“以经世作政论”的文风。他的《古微堂集》中的许多篇章都写得慷慨激昂，气势磅礴，具有震撼人心的力量。曾国藩是后期桐城派的代表人物，并成为桐城派的分支湘乡派的领袖，郭嵩焘、李元度、王闿运、吴敏树是这一派别中的重要人物，其中以王闿运、吴敏树成就最高。王闿运是湖湘著名学者，其《湘绮楼诗文集》在湖南文学史上占有重要地位。吴敏树的散文取多家之长而形成自己的独特风格，如《书谢御史》《移兰记》等都是湖湘散文中不可多得的名篇。维新志士谭嗣同著有《寥天一阁文》。他先学桐城派古文，继学魏晋文章，后学梁启超的“新报章文体”，其文议论纵横，境界辽阔，对后世湖湘散文的创作风格产生了较大影响。

新诗出现后，湖湘诗坛的旧体诗词创作依然活跃。章士钊、程潜、何叔衡、熊瑾玎、刘善泽、刘永济、程千帆、齐白石等人为现代湖湘的旧体诗词创作做出了重要贡献。湖南最早写新诗的是女作家陈衡哲。早期共产党人邓中夏于20世纪20年代初发表过《游工人之窟》《过洞庭》等革命诗歌，并在《贡献于新诗人之前》一文中提出“做革命诗歌”的主张。在湖南新诗的拓荒者中，以田汉、刘梦苇、朱湘的成就最为引人注目。田汉于1921年出版的《江户之春》是湖南诗人的第一部新诗集。由他作词的《义勇军进行曲》，后来成为中华人民共和国国歌。现代湖南散文作家辈出，廖沫沙、陈子展、魏猛克、严怪愚等的杂文，陈衡哲、田汉、易君左、向培良、叶紫、舒新城、黎烈文、沈从文（图2-13）、钱歌川、丁玲（图2-14）等的叙事、抒情散文都独步一时。沈从文笔下的湘西社会变迁与风土人情，钱歌川笔下的大江南北，丁玲笔下的陕北风情与解放区的阳光，都给人留下了

图2-13　沈从文

图2-14　丁玲

深刻的印象。20世纪20年代开始创作、后来赢得了国际声誉的湘籍小说家中，成就最大的应数沈从文和丁玲。沈从文素有“多产作家”“文体作家”“乡土作家”之称。在他的几十种小说中，有《萧萧》《边城》《长河》等取材于湘西现实生活的作品，有《龙朱》《神巫之爱》等取材于湘西少数民族民俗的作品，有《顾问官》《会明》等写湘西土著军队的作品。沈从文写湘西人文、风景、风俗和民性，感情深挚，笔触细腻，反映了湘西社会的历史和人心的变迁。丁玲从20世纪20年代后期开始创作，以《梦轲》《莎菲女士的日记》轰动文坛。长篇小说《太阳照在桑干河上》深刻而生动地反映了中国农村在新民主主义革命时期的巨大变革，奠定了丁玲在中国现代文学史上的地位。

三、湖湘民间文学

壮丽的山川景物、悠久的历史文化、聚居的多民族、革命的发源地，这四个方面的特点使湖湘大地成为神话、故事、寓言、传说、笑话、歌谣的渊薮，民间文学丰富多彩，摇曳多姿。

神话传说和民间故事全省各地都有。我国古代的神话人物，如盘古、女娲、神农、黄帝、祝融、精卫、尧、舜、禹等人物的事迹，在湖湘地区都有生动的传述，这些生动的传述呈现出比较明显的地域性。湘东一带多流传有关舜帝的传说，湘中一带多流传祝融的传说，湘北一带多流传湘妃、龙女、吕洞宾、屈原的传说，湘西一带多流传蚩尤的传说，等等。

除了这些关于神话人物的传说之外，三湘四水还广泛流传着丰富多彩的与湖湘历史人物、历史事件有关的传说故事。这些传说故事是人们的口头创作，是一种“口述的历史”。在口口相传的过程中，往往经过人们的虚构、夸张、渲染、幻化等艺术加工，实际上已成为某种社会力量、人类理想以至宗教意识的投射，反映了一个地方的民间意识，如广泛流传的关于孟姜女、柳毅、杨幺、杜甫、太平天国等人物与事件的传说。

湖南近现代社会人才辈出，事件迭起，成为人们创作民间故事传说的重要内容。人们围绕陶澍、魏源、曾国藩、左宗棠、胡林翼、谭嗣同、唐才常、黄兴、熊希龄、宋教仁、杨昌济等人物，湘军、秋收起义等事件创造出了许多脍炙人口的民间故事。

四、湖湘戏剧文学

相较于其他文学样式，湖南戏剧文学较为晚出。直到明朝时，湖南才出现了第一位杂剧作家许潮，他所创作的杂剧合集《泰和记》是湖南戏剧史上的第一部戏剧文学作品。

清代，湖南的戏剧作家和作品逐渐多了起来，代表作家与作品有黄周星的传奇《人天乐》、杂剧《惜花报》和戏曲论著《制曲枝语》，在中国戏剧史上占有比较重要的地位。

湖南近代戏剧史上最重要的戏剧作家是杨恩寿，他的戏剧理论与创作在我国古典戏曲发展后期有较大影响。清末，湖湘戏剧中比较重要的传奇作品还有黄其恕的《坤灵扇》、夏大观的《陆判记》、陈时泌的《非熊梦》和《武陵春》等。

湖南现代戏剧一方面承传明清以来戏曲创作传统，一方面开展以话剧为主的新剧创作。在这两方面都做出了重大贡献的是戏剧大师欧阳予倩（图2-15）和田汉（图2-16）。欧阳予倩是中国话剧的奠基人之京剧改革的先行者。田汉是我国革命戏剧运动的奠基人和传统戏曲改革的先驱。他创办了"南国社"和"南国艺术学院"，致力于戏剧创作和戏曲改革。他的代表作有话剧《咖啡店之一夜》《月光曲》《丽人行》等，歌剧《扬子江暴风雨》，电影剧本《母性之光》《三个摩登女性》等。湖湘现代戏剧文学的重要成果，还有白薇的诗剧《琳丽》、袁昌英的话剧《孔雀东南飞》、向培良的剧作集《沉闷的戏剧》等。

图2-15 欧阳予倩

图2-16 田汉

五、少数民族文学

湖南是我国聚居少数民族较多的省份之一。流传于各少数民族的神话传说、民歌、民间故事和叙事体长诗是湖湘民间文学中的重要组成部分。

（一）土家族文学艺术

土家族的文学艺术，源远流长。早在远古时期，就有神话、传说、歌谣、故事、音乐、舞蹈等民间口头文学，流传至今，其内容不断丰富，其形式不断发展。神话是土家族最古老的口头文学，它反映了土家族人民对自然现象天真烂漫的幻想，描写了人类和大自然的起源以及人类同大自然的斗争，较著名的有《张古老制天，李古老制地》《狗尾金谷》。土家族的书面文学发端较早（始于明代），改土归流后受到汉文化的影响，逐步形成拥有诗文作家、画家的文人群。最早留下作品的是15世纪的冉天章。古代以诗出名的作家有田九龄、田宗文、田玄、田圭、田珠、田舜年、田泰斗、冉天育、冉再镜等。田舜年（1639—1706）是诗文的集大成者，著述12卷，景物抒情，格调高雅，意境深远，神韵兼备。近现代文人有席正铭、黄永玉、颜家文、孙健忠等诗人，画家和作家。凤凰县的黄永玉，不仅是著名的版画家，而且诗文俱佳，先后出版了《我的心，只有我的心》《花衣吹苗人》《太阳下的风景》等诗集、散文集（图2-17，图2-18）。1987年，他获得意大利骑士勋章，名扬全球。

图2-17　黄永玉

图2-18　黄永玉作品

（二）苗族文学艺术

苗族民间文学源远流长，内容丰富，形式活泼多样。从体裁上区分有三种：一是韵体文学，二是散体文学，三是说唱体文学。从内容上看这些文学作品，都是世代苗族人民生活、生产实践的生动反映。韵体文学是群众运用最广、作品最多、影响最大的一种体裁，它具有强烈的感染力和文学艺术性。这部分有民族史诗、传说、民歌、童谣、民谣、谚语、谜语、诗歌、祝词、理词等，其中以民族史诗内容最为丰富，可以说是一部形象化了的苗族历史。在散体文学中，有神话、传说、故事、童话、寓言等。传说，有祖先、英雄人物的传说，有关于大自然变化、动植物来源、地方风俗习惯、风物故事的传说等。这些传说主题鲜明，宣扬惩恶扬善、除暴安良，具有一定的教育性，而且情节曲折，语言优美动听，深受群众欢迎。如在《谎江山》传说中，大大小小有几十个故事，诸如《谎江山斗老虎》《谎江山谎财主》《谎江山谎员外》《谎江山谎坏人》等，充分表现了苗族人民的智慧。说唱体文学中的讲古（又称古老话），既讲又唱，说唱结合，形成了比较固定的文学形式，内容也很丰富，思想性比较强。有的反映祖先战胜大自然，开天辟地的伟绩，有的说唱清嘉庆年间的苗民起义，歌颂起义领袖的勇敢智慧，有的反映苗民对丑恶势力的憎恨和对美好生活的追求。这些传说、故事，结构完整，情节生动，想象力丰富，语言流畅，加之说唱中渲染的一些神话色彩，更加感人、动听。唱歌苗族人民很擅长，迎亲送别，多以歌来表达感情；男女青年谈恋爱，多以歌来牵线搭桥；妇女之间，常以歌来叙说家常。在近现代，湘西苗族文化教育事业获得长足发展，也有了本民族的书面文学。沈从文的《湘西散记》《边城》等著作，深受读者欢迎，堪称世界名流作家。还有相当数量的小说、散文、诗歌、戏剧作家，人才辈出，已有大量作品出版问世。

（三）侗族文学

侗族以民间文学为主。在内容上，反映了本民族繁衍发展的社会生活与生产实践，有浓郁的民族特色。如《侗族远祖歌》，探寻人类之源，叙述先民战胜大自然的业绩，反映侗民对美好生活的追求与向往，充满浪漫主义色彩。在作品形式上“耶”“垒”“君”“暖”，极富民族特色。“耶”汉字记侗音，指原始的文学艺术，是劳动之余的一种歌唱文学。“垒”是条理话。“君”系说唱文学。“暖”指民间传说、神话、故事等。在艺术手法上也有民族特色，如对大自然及环境的朴实描写，对英雄、祖先的热烈歌颂，对人物故事的有头有尾、栩栩如生的说唱，以及优美的语言、音调上的合辙押韵等，从而使丰富的口头民间文学得以流传不衰。在清代以后，说唱文学、故事、侗戏得到发展。文人文学于清代开始产生，如祖籍沅陵的侗人姚复旦和杨廷芳的诗词，颇有影响。民国年间，特别是新中国成立以后，侗族文人文学得到迅速发展。

（四）瑶族文学艺术

瑶族文学艺术存在于丰富的口头文学中。民间口头文学体裁多样，有神话、故事、传说、歌谣、寓言、谚语、笑话、谜语等。传说、故事，有关于瑶族族源的《盘古》《盘瓠传说》《伏羲兄妹》等。祭祀先祖的史诗《盘王大歌》（图2–19），长达二千余行，内容丰富多彩，是瑶族中保持最完整的史诗。它以奇丽的想象和巧妙的艺术手法，叙述了人类、民族、天地万物的形成和发展，描绘了瑶族文化生活的广阔画面。瑶族民间流传的手抄本《评皇券牒》（又称《过山榜》），全面记叙了瑶族的历史、风俗习惯、土司制度、信仰和祭祀等，文字简练、生动，是研究瑶族迁徙和发展历史的重要文献。瑶族人民能歌善舞。

民歌有古歌、山歌、情歌等，男女老少都能出口成歌。舞蹈有伞舞、长鼓舞、盘古舞、羊角鼓舞、赛鼓舞、刀舞，每逢佳节，歌舞通宵达旦。

图2-19 瑶族史诗《盘王大歌》

（五）壮族文学艺术

壮族有丰富的民间文学艺术，其形式丰富多彩，有民间故事、神话、史诗、传说、民歌、戏曲等。民间故事、神话，想象力丰富，寓意深刻。描述民族发展历程的《岭南兄弟》《洪水滔天》《四月八的来历》，反映壮族人民对美好生活追求的神话传说《百鸟衣》，至今仍在湖南壮族中广泛流传。壮戏是壮族民间文学、音乐、舞蹈的综合性舞台艺术，剧目大多取材于壮族人民的历史和现实生活。民歌独具民族风格，其内容大都是触景生情，托物取喻，结构紧凑，富有诗意。在壮族地区经常举行各种歌会，进行对歌、赛歌，从而使壮族民歌得到不断丰富和发展。

（六）维吾尔族文学艺术

湖南维吾尔族有着丰富的民间文学艺术，形式多种多样，有神话、传说、故事、寓言、笑话、民歌、谚语等。湖南维吾尔族迁湘的历史悠久，其民间文学除有维吾尔族特色外，还有浓郁的当地特色。神话《张果老打水》《张果老打坐》等，就是取材于当地汉族的崇拜之神，这说明两族文化已相互交融。新疆维吾尔族的源流传说、民间故事，至今仍在湖南维吾尔族中广泛流传，如有许多阿凡提勤劳、智慧的传奇故事。

（七）回族文学艺术

湖南回族文学艺术，起源于古老的伊斯兰文化，有独特的民族传统，带有鲜明的伊斯兰宗教色彩。回族文学丰富多彩，有民间故事、传说、散文、诗歌、戏剧、音乐、舞蹈等，其文学主要以伊斯兰教的《古兰经》为根本经典。新中国成立后，回族文学艺术的内容和形式都有很大变化，涌现出一批现代文学艺术家及优秀的作品，如著名的回族舞蹈《打喜》等。

任务小结

1. 收集湖湘民间文学的相关资料，了解其表现形式和代表内容。
2. 收集湖南近现代社会人才辈出情境下，人们创作的民间故事及传说的重要内容。
3. 列举各时期湖湘本土文学家及其代表作品。
4. 选读湖湘文学代表作品。

课后练习

一、判断题

1. “挥毫当得江山助，不到潇湘岂有诗？”这是范成大的诗句，表明湖南这片土地让诗人们流连忘返。(　　)
2. 中国文学鼻祖屈原，是中国文学史上第一个伟大诗人，也是中国浪漫主义文学的奠基人。(　　)
3. 贾谊的著作主要有散文和辞赋两类。(　　)
4. 《芙蓉楼送辛渐》是王昌龄的代表诗作，此诗是在湖南的芙蓉镇写的。(　　)
5. 李白在湖南留下诗作30余篇，洞庭、湘水、岳阳楼等地都曾留下他的诗迹。(　　)
6. 元结在道州任内，清正廉洁，他的诗文大多是陈情戒吏、为民请命的作品。(　　)
7. 秦观，字少游，江苏省高邮军武宁乡左厢里（今江苏省高邮市三垛镇少游村）人，北宋婉约派词人，与黄庭坚、晁补之、张耒并称“苏门四学士”。(　　)
8. 进入明代，湖南诗坛出现了湖南诗歌史上最重要的诗派——茶陵诗派。(　　)
9. 我国古代的神话人物，如盘古、女娲、神农、黄帝、祝融、精卫、尧、舜、禹等人物的事迹，在湖湘地区都有生动的传述。(　　)

二、思考题

1. 湖湘戏剧文学的代表作品有哪些？
2. 湖湘境内的土家族、苗族、瑶族、侗族、维吾尔族、白族、壮族、回族等少数民族的文学作品有哪些？

任务三

湖湘艺术成就

学习目标

1. 素质目标

（1）爱国守法、崇德向善、文化自信。

（2）爱岗敬业、诚实守信、团结协作。

（3）热爱劳动、积极进取、精益求精。

（4）家国情怀、工匠精神、创新精神。

2. 知识目标

（1）了解湖南音乐舞蹈的主要内容和少数民族舞蹈。

（2）了解湖南曲艺品种的类别及其代表作品。

（3）了解表演艺术和造型艺术的概念及其特征。

3. 能力目标

（1）收集湖南音乐舞蹈和湖湘戏剧成就的相关内容，具有对湖南的音乐舞蹈、曲艺类别的认知和审美能力。

（2）通过对收集到的资料进行分析，了解湖南现代戏剧的类别及其代表作品。

（3）学会湖湘音乐舞蹈、戏剧的经典作品，提升自身的艺术素养。

任务导入

湘西苗族的艺术

沈从文

那个年纪已过70的歌师傅，用一种低沉的，略带一点儿鼻音的腔调，充满了一种不可言说的深厚感情，唱着苗族举行刺牛典礼时迎神送神的歌词，随即由那个17岁的女孩子接着用一种清朗朗的调子和歌时，真是一种稀有少见的杰作。即或我们一句原词听不懂，又缺少机会眼见那个祭祀庄严热闹场面，彼此生命间却仿佛为一种共通的庄严中微带抑郁的情感流注浸润。让我想象到似乎就正是两千多年前伟大诗人屈原到湘西来所听到的那些歌声。

照历史记载，屈原著名的《九歌》，原本就是从那种古代酬神歌曲衍化出来的。本来的神曲，却依旧还保留在这地区老歌师和年轻女歌手的口头传述中，各有千秋。

年纪较长的女歌手，打鼓跳舞极出色。年纪极轻的叫龙莹秀，脸白白的，眉毛又细又长，长得秀气而健康，一双手大大的，证明从不脱离生产劳动。初来时还有些害羞，老把一双手插在绣花围腰裙的里边。不拘说话或唱歌，总是天真无邪地笑着。像是一树映山红，在细雨阳光下开放。在她面前，世界一切都是美好的，值得含笑相对，不拘唱什么，总是出口成章。偶然押韵错了字，不合规矩，给老师傅或同伴指点纠正时，她自己就快乐得大笑，声音清脆又透明，如同大小几个银铃子一齐摇着，又像是个琉璃盘装满翠玉珠子滚动不止。事实上我这种比拟形容是十分拙劣很不相称的。因为任何一种比方，都难于形容充满青春生命健康愉快的歌声和笑声，只有好诗歌和好音乐有时还能勉强保留一个相似的印象，可是我却既不会写诗又不会作曲！

这时，我回想起四十多年前作小孩时，在家乡山坡间听来的几首本地山歌，那歌是：天上起云云起花，苞谷林里种豆荚，豆荚缠坏苞谷树，娇妹缠坏后生家。

娇家门前一重坡，别人走少郎走多，铁打草鞋穿烂了，不是为你为哪个？

当时我也还像个看牛娃儿，只跟着砍柴拾菌子的，听他们信口唱下去。知道是青年小伙子逗那些上山割草砍柴拾菌子的年轻苗族姑娘“老弥”“代帕”唱的，可并不懂得其中深意。

可是那些胸脯高眉毛长眼睛光亮的年轻女人，经过了四十多年，我却还记忆得十分清楚。现在才明白产生这种好山歌实有原因。如没有一种适当的对象和特殊环境作为土壤，这些好歌不会生长，这些歌也不会那么素朴、真挚而美妙感人。这些歌是苗汉杂居区汉族牧童口中唱出的，比起许多优秀苗歌来，还应当说是次等的次等。

——节选自季羡林．百年美文（地域卷）[M]．天津：百花文艺出版社，2009

一、湖南音乐舞蹈

湖南音乐舞蹈

湖南的音乐舞蹈资源非常丰富。湖南出土的楚、汉文物中，有许多惟妙惟肖的彩色乐俑和歌舞俑，古代文献中有许多关于湖南“歌乐鼓舞”的记载。隋唐时的潭州是全国著名的乐舞之地，大型歌舞《拓枝舞》等风行一时，给人以湖南“俗尚弦歌”的印象。与此同时，湖南汉民族中的插秧歌、采茶歌、采莲曲、船歌、夜歌子等十分流行。少数民族的民间音乐舞蹈则更为繁多，桑植民歌、苗族猴儿鼓和吹木叶、瑶族盘王歌和长鼓舞、侗族琵琶歌和芦笙舞、土家族薅草锣鼓和摆手舞等，都是深受各族人民喜爱的艺术形式。

湖南曲艺品种繁多，特色鲜明，主要包括流行于长沙等地的弹词，流行于常德等地的丝弦（图2-20），流行于祁阳等地的小调，流行于衡阳等地的渔鼓，等等。明末清初大思想家王夫之曾作《愚鼓词》二十七首。

图2-20 常德丝弦

（一）长鼓舞

长鼓舞（图2-21）是瑶族喜爱的舞蹈之一。过去在“还盘王愿”，祭祀盘王时都要跳长鼓舞。史籍记载，瑶族人以为人之寿夭贵贱，皆盘王主之，所以舞长鼓舞是祭祀始祖神——盘王的隆重仪式。在长期的发展中，不仅仅是在祭祀中，还在一些重大的节日、假日等娱乐活动中也都跳长鼓舞。它已成为反映瑶族人民喜怒哀乐，抒发情怀不可缺少的一种精神生活产品，两千多年来长盛不衰，并随着瑶族的历史步伐不断地丰富和发展，以它独特的民族风格、艺术魅力，成为瑶族艺术中的奇葩，形成瑶族独特的长鼓文化。

图2-21 瑶族长鼓舞

（二）摆手歌

摆手歌是土家族先民祀神问卦时唱的歌，当代土家族喜爱的文娱活动。土家族语叫“社巴歌”。歌词源远流长，远在自然采集、狩猎阶段就已存在，其内容有天地人类的来源、族人的迁徙、动植物的生存发展、农事活动、战斗场面等，反映了土家先民流动迁徙、征服自然、生产实践、伦理道德、社会制度、宗教信仰等方面的发展历史。摆手歌历史悠久，长盛不衰。现每年正月、农闲时间、节日喜庆时数百人聚在一起，欢唱摆手歌。它已成为土家人民不可缺少的娱乐活动。

（三）傩堂戏

傩堂戏是苗族祭祀傩神时，在傩堂（祭祀时主人堂屋的正中央）所唱的戏。清代至民国初年，傩堂戏在湘西一带广泛流传，有职业性的傩堂戏班，也有还傩愿的民间艺人参加，使傩堂戏进一步丰富了内容和提高了艺术水平。该戏流行的有十二大唱腔，其内容包含有对祖先神、自然神的崇拜，还有对巫、道二教的多神崇拜。剧目很多，有酬神还愿的始祖戏，还有由此演变的正本戏、折子戏等。傩堂戏表演细腻，唱词通俗，幽默风趣，它是古老的沅湘传统文化的宝贵遗产之一。

（四）侗戏

侗族戏曲剧种之一，是在说唱文学基础上演变而成的艺术形式。一般村寨都有业余戏班子和行头，逢年过节一定要唱戏。传统侗戏，只有两个演员对唱表演，唱腔多样，曲调优美，动作朴实。正面人物着侗族盛装，丑角画花脸，穿专门服装。伴奏乐器有二胡、锣、鼓、钹等。新中国成立后，侗戏吸取了话剧、大歌的表演艺术，舞台设备和伴奏都得到充实，表演水平得到提高。保留的剧目有数十种，如《吴勉王》《梅良玉》《三郎五妹》《珠郎娘美》等。

（五）哆耶舞

哆耶舞（图2-22）是侗族民间舞蹈，一种群众性的大型歌舞。

“哆”是唱和跳的意思，“耶”是领唱与合唱结合，并伴有舞蹈动作。由于所唱曲调的头尾都有“耶哆呀……耶哆耶锣呀”的衬词，故取名“哆耶”，其舞蹈就叫“哆耶舞”。“哆耶舞”最早的记载见于宋朝诗人陆游的《老学庵笔记》：“辰、沅、靖州蛮……男女聚而蹈歌。农隙时，至一二百人为曹，手相握而歌”，即指哆耶舞。跳时男女分开，各自围成圆圈，男子以手搭肩，女子则手牵手，边唱边前进、后退或绕圈。由于舞姿简单易学，男女老少皆宜，加之歌词生动，很受群众欢迎。每逢农业丰收、节假日、喜庆活动，侗族人民身着盛装，集合在鼓楼、风雨桥或公共娱乐场所，欢跳哆耶舞。哆耶舞分祭祀性“耶堂”和娱乐性“耶铺”两大类。

图2-22 哆耶舞

（六）芦笙舞

芦笙历史悠久，早在宋代就有记载。竹制，一架芦笙有六支笙管，其中五支有笙簧，一支是无簧的装饰管；每支有三个共鸣筒，共鸣音响亮，和音丰润浑厚。芦笙有大、中、小三种型号。大的高一二丈落地吹奏，多六管三音。中号约四尺左右，为六管四音。小号的尺把长，可以边吹边跳芦笙舞（图2-23）。小号的音脆、扬、圆润。

图2-23 芦笙舞

芦笙舞，又名“踩芦笙”“踩歌堂”等，在靖州苗族侗族自治县的苗语中音译为滴嘎（“滴”是踩的意思，“嘎”是芦笙的意思，所以用汉语翻译过来就是踩芦笙的意思），以男子边吹“芦笙”同时以下肢（包括胯、膝、踝）的灵活舞动为主要特征，女子左手提上各种颜色和花纹的毛巾，右手握着各式各样的扇子，随着芦笙吹出的音乐舞蹈，姑娘们的舞步随着节奏的变化而变化，时而进，时而退，时而快，时而慢，时而旋转，时而停留。它是南方少数民族最喜爱、分布最广泛的一种民间舞蹈，其中以贵州东南部、湘西南和广西西部山区最为活跃。芦笙舞至少已有两千多年的历史。随着社会的发展，芦笙节逐渐转向了娱乐性、群体性，成为庆丰收的节日。

二、湖湘戏剧成就

广义的表演艺术涵盖戏剧、音乐、舞蹈、木偶、皮影、杂技、曲艺、电影等多个门类。作为原始宗教乐舞盛行、多民族聚居的湖湘地区，表演艺术呈现出丰富多样的特点。

湖湘自古就有以“歌乐鼓舞”娱神的传统，这种既充满神秘色彩又颇具艺术意味的宗教乐舞，对湖湘文化的艺术特点和艺术风格都产生了深刻影响。

戏剧，包括传统戏曲和现代戏剧，是一种综合性艺术，在艺术领域占有重要地位。湖湘戏剧艺术有着悠久的历史和广泛的群众基础，剧种多，声腔盛，有“戏剧大省”之称。湖湘传统戏曲，分为地方大戏和民间小戏两类，拥有众多的剧种。地方大戏主要有湘剧、祁剧、衡阳湘剧、武陵戏、巴陵戏、湘昆等。湖南地方大戏受明以后逐渐传入湖南的弋阳腔、青阳腔、昆腔和弹腔的影响，融合湖南地方语言和音乐的特点，形成了湖南高、昆、弹相结合的基本声腔。湖南民间小戏大都是在民间歌舞、傩戏、百戏的基础上形成的，主要有花鼓戏、花灯戏、阳戏、傩堂戏等。

湖南现代戏剧主要包括话剧和歌剧。话剧在湖南多称“文明戏”。

湖南俗称“木偶戏”为“木脑壳戏”。木偶是湖湘巫、傩举行宗教活动必不可少的道具，这决定了湖南民间对木偶戏的热情。“皮影戏”在湖南俗称“灯戏”或“影子戏”，辛亥革命以后盛行，长沙皮影艺人沈葆生还曾成立皮影改良研究社。

三、湖湘造型艺术成就

广义的造型艺术，涵盖书法、绘画、篆刻、雕刻、工艺美术等多个门类。湖湘造型艺术源远流长。论书法篆刻，可以追溯到三千年前青铜器上的铭文。论绘画，可以追溯到漆器和帛画。论工艺美术，可以追溯到两千多年前的湘绣、陶器、石雕等。

湖湘书法在唐代即已出现了欧阳询、欧阳通父子和怀素等大家。欧氏父子的书法诸体皆精，尤擅楷书，书法史上合称“大小欧阳体”，欧阳询和颜真卿、柳公权、赵孟頫合称中国古代“楷书四大家”。怀素是继张旭之后又一位杰出的狂草书法家，二人并称“颠张醉素”，对后世影响很大。

宋代湖南书法家有希白、刘次庄、易元吉、武洞清、释梦英、周敦颐等人。明代是湖南书法艺术的重要发展时期，出现了李东阳、杨一清、刘三吾、刘大夏、夏原吉、何孟春、谢宇等一大批书法家。清代湖南书艺鼎盛，书家众多。据徐鑫龄《湖南书画篆刻家汇传》统计，有名的书法家近千人。湖南书法到民国时期，自由风气大开，创新意识日隆，各种流派日益活跃，出现了彭汉怀、郑家溉、谭延闿、谭泽闿、熊希龄、杨度、曾熙等书法大家。

长沙马王堆汉墓出土了众多的帛画、漆棺画和各类器物纹饰，表明湖湘绘画艺术具有悠久的传统。湖南唐宋时期的大书法家多能作画，其中宋代的易元吉、清代僧寄尘，清代何绍业，现代齐白石等均可称为一代大师。领一代风骚的湖湘书画艺术大师齐白石，擅长画大自然里的花鸟鱼虫等，笔酣墨饱，力健有锋，形成一种明快自然的独特风格。

湖南工艺美术和民间美术久负盛名，是湖湘文化史上的一朵奇葩。其中，具有代表性的包括有两千多年历史的湘绣、铜官陶器、桃源石雕，有一千多年历史的岳州瓷器、界牌瓷器、临武龙须草席，有几百年历史的益阳竹器、邵阳翻簧竹刻、浏阳菊花石、岳州扇、望城剪纸、隆回滩头年画，土家、苗、侗、瑶等少数民族的织锦、蜡染等。

任务小结

1. 收集湖南音乐舞蹈的相关资料，了解音乐舞蹈资源的主要分类及其代表作品。
2. 收集湖湘造型艺术成就的相关资料，了解湖南历代书法名家的作品及其艺术特色。

课后练习

一、判断题

1. 湖南曲艺品种繁多，特色鲜明，主要有长沙等地的弹词、常德丝弦、祁阳小调、衡阳渔鼓等。(　)
2. 长鼓舞是苗族喜爱的舞蹈之一，在“还盘王愿”，祭祀盘王时都要跳长鼓舞。(　)
3. 摆手歌是土家族先民祀神问卦时唱的歌，当代土家族喜爱的文娱活动。(　)
4. 侗戏是在说唱文学基础上演变而成的艺术形式。(　)
5. 哆耶舞是瑶族的民间舞蹈，是一种群众性的大型歌舞。(　)
6. 欧阳予倩组织“春柳社”和“文社”，把话剧艺术带入湖南。(　)
7. 湖湘地区的书法篆刻艺术可以追溯到三千年前的青铜器上的铭文。(　)
8. 湖南书法到民国时期，自由风气大开，创新意识日隆，各种流派日益活跃。(　)
9. 《吴勉王》《梅良玉》等曲目是芦笙舞的代表作品。(　)
10. 湖湘书法在唐代即已出现了欧阳询、欧阳通父子和怀素等大家。(　)

二、思考题

1. 说一说湖南曲艺品种主要有哪些并简要阐述。
2. 列举历代湖南书法名家的创作特点及其代表作品。

任务四

湖湘教育成就

学习目标

1. 素质目标

（1）爱国守法、崇德向善、文化自信。

（2）爱岗敬业、诚实守信、团结协作。

（3）热爱劳动、积极进取、精益求精。

（4）家国情怀、工匠精神、创新精神。

2. 知识目标

（1）了解古代湖湘官办教育和私立教育在历史上各时期的发展。

（2）了解古代书院教育的发展。

（3）了解近现代湖湘学堂的发展。

3. 能力目标

（1）收集湖湘教育发展的相关资料，并全面把握湖湘官办教育、书院教育、私立教育的发展历程及发展概况。

（2）收集湖湘教育在近现代的发展情况，把握湖湘教育楚怡精神的主要内容，分析其对湖南教育尤其是湖南职业教育发展的影响。

任务导入

“爱国、求知、创业、兴工”，在楚怡高级工业学校（下称“楚工”）新化旧址的教室里，这8个遒劲的大字带着历史的沉淀，坚守在这座偏僻的村落里。1909年，著名教育家陈润霖在筹办湖南私立楚怡初等工业学堂时秉承的办学信念，也是这8个字。

乱世浮沉，楚工几易其名，多次搬迁，信念始终不变。正是因为“陈润霖”们的磨血兴学、恪守初心，湖南的职业教育在20世纪三四十年代领先全国，楚工更是个中翘楚。鼎盛时期，“全国职业学校共256所，湖南便占到五分之一：在校学生31897人，湖南占六分之一”。时代在变，追求不变。楚怡精神薪火相传。2020年1月，与楚工一脉相承的湖南工业职业技术学院出台了《楚怡职教品牌筹建方案》，成立了楚怡教育学院和楚怡职业教育研究所，致力成为楚怡精神的践行者和传播者。2020年4月，新化县楚怡工业学校正式挂牌。在历史长河中，112年，弹指一挥间。112年又很漫长，战乱频频，灾害不断，沧海桑田，日新月异。但无论风云如何变幻，“吃得苦、霸得蛮、耐得烦”的湖南职教人，始终以“爱国、求知、创业、兴工”为精神源泉，艰苦跋涉，开拓奋进，为湖南的经济建设，为湖南的改革开放，为湖南的高质量发展，做出了不可磨灭的贡献！

百年楚怡，这座宝贵的精神富矿，正在被不断赋予新的时代内涵，激励着一代又一代湖南职教人奋勇前行。

——节选自陈文静，陈群和，黄佳莉，谭理，李伦娥．百年楚怡：湖南职教人的精神富矿［J］，湖南教育（C版），2021

一、古代湖湘官办教育

湖南历来以尊师重教著称于世，崇尚“耕读为本，孝友传家”。湖湘教育的历史悠久，最早可以追溯到春秋早期的申叔时。申叔时是楚庄王、楚共王时期的大夫，《国语》《左传》均记载了他的教育思想。其中，《国语》中的《申叔时论傅太子之道》是一篇关于教育的专论，比我国的老子、孔子、屈原，古希腊的苏格拉底、柏拉图、亚里士多德等中外著名教育家的论述分别早一到三个世纪。

据资料记载，早在春秋战国时期，楚国就建立了比较完善的王室教育和贵族教育制度，庶民的“分业而教”也比较兴盛，并出现了申叔时、屈宜臼、屈固、屈原等教育家。《管子 · 匡君大匡》论述春秋各国教育的特点时说：“楚国之教，巧文以利。”但没有其他资料表明，这种教育延及了更大的范围。

到了汉代，官学已经开始出现。汉代的官学分中央和地方两种。东汉时期，桂阳郡（今郴州）是湖南地区教育最为发达之地，出了不少儒学人才，如桂阳人刘常、临武人张熹等。三国时期，由于连年战乱，没有留下有关学校教育的记载。进入两晋以后，相传西晋名将陶侃任武冈县令时曾建有学校，但由于荆湘地区相继发生了张昌、杜弢领导的流民起义，学校教育受到冲击。

南北朝时期，湖湘官办教育得到一定程度的恢复。隋唐时期，湖南虽与全国其他地方一样历经了农民大起义和王朝的更替，但所受战乱的影响比较小，社会相对稳定，经济也得到进一步发展。特别是科举制度的建立，极大地刺激了士人求学的热情，因而也促进了各种形式教育的发展。在这种大背景下，湖南教育在旧有的基础上进入新的发展阶段。据嘉庆本《湖南通志·学官》记载，唐代建有永州府学、道州府学、衡山县学、江华县学、宁远县学、耒阳县学等。同时，唐代湖南作为流放之地，大学者大诗人王昌龄、柳宗元、刘禹锡、李白、杜甫、韩愈、元结等人被贬或流寓至湘，文采风流，广为沾溉，促进了当地的教育发展。

宋朝建立的最初八十余年里，官学没有多大发展，但从宋仁宗开始，朝廷诏令普遍设立各级地方官学，恢复和发展了从中央到地方的完整学校教育体系。湖南由此形成了“潭州三学”的升级体制。所谓“潭州三学”，即州学生月试后分高者可升入长沙湘西学院，湘西学院生徒分高者可升入岳麓书院。

元世祖深受汉文化的影响，他即帝位后积极推行“汉化”政策，尊崇和提倡理学，采取了任命学官、设置学校、划拨学田、遴选教师等一系列措施。在重视中央官学的同时，还大力恢复和发展地方学校，建立起从中央到地方以儒学教育为主体的官学教育体系，它们分别为路学、州学和县学。

明代官学鼎盛，湖南各州、县无不设学，达到了“无地而不设之学，无人而不纳之教”的局面，教育的普及程度超过历代。随着学校教育的发展，通过科举考取进士的人数也越来越多，自洪武十八年（1385）到崇祯十六年（1643），湖南各地共有进士564人。明代官学的教学内容以理学为主，教材主要有传统儒家经典《御制大诰》《性理大全》等。明中叶以后，王阳明心学在湖南各学校得到传播。

社学作为对城镇官学的补充，是设在乡镇地区的一种最基本的地方官学。湖南各地举办了大量社学，如明嘉靖二年，宁乡知县胡明善分别在通济桥、白鹤观、道林、麻山、黄材、乾江洞建有社学6所。

清代统治者非常重视学校教育，使得清代官学在明代的基础上又有了新的发展。清朝的地方行政分为省、道、府（直隶州、厅）、县（散州、散厅）四级。到清朝末年，湖南共计有各类学校86所，除个别地方的学校与治所不相对应外，官办学校基本覆盖了湖南全省。而且，各级学校的管理制度也比明代更为规范。此外，在清代，不仅历来文教发达的湘中地区，就连向来偏远落后的湘西少数民族地区也建立了社学，如靖州、龙阳县亦建有社学。清代湖南官吏非常重视教育，各级学校的管理更加规范，办学经费更有保障。教学内容以理学为主，注重德行修养和行为陶冶的结合。

二、古代湖湘私立教育

从远古到春秋战国时代的楚国时期，湖南教育都处于原始状态，发展水平十分低下，尚未从生产劳动和生活活动的实践过程中分化出来，没有专门的教育机构、施教人员和固定的施教场所。教育的内容虽非常广泛，但十分简单，凡是生产和生活所必需的经验、知识、技能、品德、习俗、信仰等都成为教育的内容。教育手段、方法则主要是口耳相传和行为示范，教育具有全民性和平等性，即全体社会成员都是教育者和受教育者，都接受同等的教育。

春秋战国时期，各诸侯国为了稳定社会和经济发展，实行分业施教的庶民教育制度。教育的目的是为使庶民“不败其业”“不迁其业”。教育内容以职业技术为主，也包括专业思想和职业道德教育。当时楚国的农业生产、铜铁冶铸和制造、漆器和竹木制造、琉璃制造等均已相当发达，其有关的技术、规程必然纳入教育范畴。此时的教育大多属于私人行为。孔子是私立教育的先行与典范，这种教育形式规模小、影响不大、受教育者也不多。

秦统一天下后，禁止私学，要求以吏为师，规定民间所藏诗书及百家经书都要送到官府烧掉，有敢谈论诗书者弃市。

到了汉代，学校已经有了官学和私学之分。中央政府在兴立官学时，也倡导和鼓励个人开办私学。但由于当时的社会、经济等条件局限，私学还很不发达。在其后的三国、两晋、南北朝时期，由于时局动荡，各种形式的私立教育都受到抑制。

隋唐时期，私立教育得到发展。与官学相比，隋朝的私学具有形式多样、灵活实用的特点，私学中有规模较大的学馆，学生人数可达数百人。一般的则规模较小，学生人数几人乃至数十人不等。至于家中长老自授子弟的家学则更为普遍。而据《湖南通志·人物志》的记载，唐代湖南应该有大量私学存在。当时的不少文人骚客，或出自私学，或自学成才。

宋代的私学有小学、乡学、义学、武学等多种类型。私学一般都设在乡间，便于贫民子弟求学问艺，在一定程度上弥补了官学的不足，促进了教育的普及和发展。

元代私学发达，不仅乡儒、富绅及宗祠创办私学，连政府和许多地方官员也捐资兴办私学，特别是为一些无钱读书的穷苦百姓子弟提供义学教育。与官学相比，私学的办学经费主要依靠捐助。

明代重视义学和私塾，明太祖朱元璋“令天下府、州、县民，每里置塾，塾置师，聚生徒教诵《御制大诰》，欲其自幼知所遵守”。明代湖南官学比较兴盛，私学总体上相对较弱。教学的内容除按规定必修《御制大诰》外，以《易》学为主，还传授农业生产知识。

清代的湖南私学主要有民办义学和一般的私学。与明代不同的是，经费除主要由乡绅和宗族通过捐田、捐银、捐房、集资等方式募集外，经常性开支的费用由政府列项开支，许多学校还置有数量不等的学田。清代湖南的私学很普遍，有家塾、村馆、门馆三种。嘉庆以后，湖南显宦、富户无不设家塾以教授子弟；各村落市井，无不设馆育童，一般知识分子和丁忧、罢黜在乡的官吏，无不开设门馆。因此，受教育的对象很广泛，教学的质量也有很大提高。这一现象对湖南近现代人才蔚起起到了很大的促进作用。

三、古代湖湘书院教育

（一）湖湘书院概况

书院起源于隋唐时期，最早是朝廷收藏、校勘图书的地方。后来受到官宦、商贾的仿效，设立私人书院作为个人读书治学之地。唐代湖南有此类书院六所：衡州石鼓书院、衡山南岳书院、韦宙书院、卢藩书院、耒阳杜陵书院、澧州文山书院。由于唐末五代的社会动荡，官学衰落，许多年轻学子求学无门，便纷纷聚集到书院求学问教，书院便逐渐成为教书育人的主要场所。到南宋时期，书院数量已达数百所之多，尤以江西、湖南、浙江、福建为最多。其中，最为著名的书院有长沙岳麓书院、城南书院和衡阳石鼓书院。元代以后，湖湘书院教育得到进一步发展。按照《中国书院制度研究》的统计，从唐五代到宋、元、明、清，湖南书院的数量分别为8、70、21、102、276所，居全国前列。

（二）湖湘书院名院

1. 长沙岳麓书院

长沙岳麓书院因位于长沙城区、南岳七十二峰之一的岳麓山下而得名，是我国目前保存最为完好的一座古代书院。书院始建于北宋开宝九年（976），时任潭州太守的朱洞在僧人办学的基础上创建了岳麓书院。书院占地两万五千多平方米，初创时有“讲堂五间，斋舍五十二间”。其中，“讲堂”是老师讲学布道的场所，“斋堂”则是学生平时读书学习兼住宿的地方。书院定制为六十余人，规模最多时达数百人，致力于学术研究和教书育人的先哲贤达周式、张栻、朱熹、陈傅良、王阳明、王文清等先后在此讲学。书院以“经世致用”为宗旨，在教学方面，坚持“循序渐进”“博约相须”“学思并进”“知行互发”“慎思审择”等原则，在学术研究上，强调“传道”“求仁”“率性立命”等精神，获得了社会各界的高度评价和广泛青睐。

宋代曾出现“道林三百众，书院一千徒”的盛况，清代则有“中兴将相，什九湖湘”的说法，并被誉为“潇湘洙泗”。公元1015年，宋真宗召见岳麓书院山长周式，亲书“岳麓书院”匾额；公元1687年清康熙皇帝御赐“学达性天”匾额；公元1744年清乾隆皇帝又赐“道南正脉”匾额，使得岳麓书院的声誉和影响不断提高，也造就和培养了一批又一批优秀人才。

2. 衡阳石鼓书院

石鼓书院，位于衡阳市城北蒸、湘、耒三水汇聚的石鼓山上。迄今已有一千两百余年的历史，原为唐代秀才李宽的读书之所，宋代李士真在此遗址上建立书院，并于1035年得宋仁宗赐“石鼓书院”匾额，是我国宋代四大书院之一。书院三面临水，四面凭虚，山上绿树成荫，亭台掩映，颇有宁静自我、独处闲适之趣，是读书休闲的好地方，为历代文人墨客所流连。朱熹、张栻、蔡汝楠、胡宏等名流大家都曾在此讲学，也培育出了王居仁、龚梦锡、彭玉麟、王夫之、夏明翰等众多济世之材。

（三）湖湘书院教育的特色

1. 倡导经世致用，知行合一

湖湘学派在形成之初，就强烈反对为学“不究实用，平居高谈性命之际，亹亹（wěi）可听，临事茫然”的“腐儒”学风，主张“通晓时务物理”“留心经济之学”。这一学风在书院教育中占有主导地位。如果说湖湘文化有其独特的精神与魅力，或者说“湖湘人士”具有勤奋务实、敢为人先的优秀品质，也就在于秉承了经世致用与知行合一的文化气质与行为特征。

2. 主张自由开放，兼容并包

湖湘学派虽然独有建树，自成一体，但却从不囿于成见，排斥异己。相反，它采取全面的开放政策，允许不同学派、不同言论同时存在，并相互论争，从中吸取精华，抛弃陋见。湖湘书院教育亦秉持这一治学原则，重视取人之长。如湖湘学派先后同朱子学派、陆王学派及南宋浙东学派等进行学术交流与论争，著名的“朱张会讲”不仅为湖湘学派而且为整个书院教育提供了先导与借鉴。

3. 讲学结合，以学为主

书院教育的教学方法主要采取的是教师串讲、学生提问的课堂问辩形式，注重启发诱导，因材施教。因而，教育出来的学生基本上都有自己的独立见解，都能独立行事。

四、近现代湖湘教育

近现代湖湘教育

进入近现代以后，湖湘人才辈出，出现了“惟楚有材，于斯为盛”“楚境一隅，经营天下”的局面。这一局面的形成与教育的兴盛密切相关。

（一）近现代中国学制变革与湖湘近现代教育体制的形成

1902年，清政府管学大臣、长沙人张百熙拟定了《钦定京师大学堂章程》。它是中国历史上第一个全国统一的近代学制，史称“壬寅学制”。1903年，在“壬寅学制”的基础上，颁布了由各级普通学堂、师范学堂、实业学堂和仕学馆、译学馆、进士馆等各类学堂章程以及《家庭教育法》《任用教员章程》《实业学堂通则》《学务纲要》等组成的《奏定学堂章程》，史称“癸卯学制”。这一系列章程的制定与颁布，不仅标志着中国教育正逐步走向制度化、规范化，而且极大地促进了中国教育的发展。

与此相适应，1902年，湖南省学务处正式成立，管辖省城大学堂、武备学堂、农务工艺学堂及各府厅州县之中、小、蒙学堂。学务处的成立，使全省有了统一的教育管理机构和教育事业规划，促进了湖南新式教育事业的发展。1915年，全省地方教育行政机构统一为劝学所；1921年湖南省政府公布了《湖南全省实施义务教育暂行章程》，规定6～10周岁实施四年义务教育；1922年，全国新学制——“壬戌学制”颁行；次年，湖南各学校渐次实施，使得湖南的教育体制得到进一步完备；1928年，湖南省设立教育厅，其职能是管理全省各级学校教育、社会教育、教育学术团体、图书馆、博物馆、公共体育场及其他教育行政事业，并设立督学视察各县学务。教育厅的设置，进一步提高了教育行政机关的职权和地位，有利于湖南教育事业的发展。

（二）近现代湖湘学堂教育的发展

1. 高等教育的兴办与发展

湖南的高等教育是从书院改革开始的。甲午战争后，湖南走在全国的前列，在书院增设新学。1897年，湖南巡抚陈宝箴在长沙设立时务学堂，它标志着湖南旧式书院向近代学堂的转变。1898年维新变法失败后，时务学堂改为求是书院。1902年，随着清政府近代学制的推行，湖南书院开始全面改制，首先是求是书院改为大学堂，并在学堂中开设地理、中外政治、物理及数学等近代课程。1904年，岳麓书院也改为高等学堂。两校旋即以岳麓书院为校址，合并为湖南高等学堂，这就是湖南大学的前身。到辛亥革命时，在省城长沙先后又创设了湖南医学堂、法政学堂、优级师范学堂、高等实业学堂、高等巡警学堂等官办学堂，一些会社、公司及个人也相继设立学堂，如粤汉铁路公司创办了高等铁路学堂，美国雅礼会创办了雅礼大学堂等。一时间，学堂教育如雨后春笋般在湖南兴起。

2. 普通中小学教育的崛起与兴盛

随着清末教育制度的改革，湖南各府厅州县陆续开办了中小学教育。湖南普通中学的设立始于光绪二十八年（1902）。随后，湖南中学教育逐渐发展起来。“自光绪二十八年迄三十年，湖南所属各府，如长沙、宝庆、岳州、常德、衡州、永州、郴州、辰州、沅州、永顺及澧州、桂阳州，次第各设官立中学堂；其余各州县，如善化、宁乡、湘潭、新化，光绪二十八年各设立中学堂，是为府县立中学之始”。至宣统元年，全省中学堂已接近五十所，仅次于四川，居全国第二位。

辛亥革命后，教育部公布了《学校系统令》，规定初小四年为义务教育，毕业后入高小或实业学校；高小三年，毕业后入中学或师范学校或实业学校；中学四年，毕业后入大学或专门学校或高等师范学校；大学本科三年或四年毕业，预科三年；师范学校本科三年，预科一年；学校分甲乙两种，各三年；专门学校本科三年或四年，预科一年。

3. 职业教育的兴起与繁荣

湖南的职业教育发端于1902年创办的农务工艺学堂。此后，各种事务学堂先后在湖南兴起。1903年，梁焕奎创办了湖南高等实业学堂；同年2月，禹之谟在长沙创办实业工厂，并附设工业学堂，是湖南技工学校之始；同年8月，周震鳞、俞蕃同、许直等在长沙创办修业学堂；熊希龄在芷江创办务实学堂；是年底，湖南第一所比较正规的实业学堂——农务工艺学堂正式开学，招生120名；1905年，湘乡人李笃真集资开办农学馆；同年，朱剑凡创办周氏家塾师范部，首次培养幼儿教育师资；1906年熊希龄创办醴陵瓷业学堂；同年，湖南官立中等农业学堂在长沙北门外的原农事试验场成立；1908年，高等实业学堂改为高、中等路矿本科，醴陵瓷业学堂并入，设立窑业科；1909年，长沙留日学生龙汝翼等开办蚕业学社等。到1912年时，全省共有各种实业学校74所，在校学生4807人。实业教育涉及农业、蚕业、工业、商业、林业、矿业、瓷业、护士、工艺等种类。同时，一些非职业学校也相继开设了职业课程，如龙绂瑞设立的湖南民立第一女学中就开设了裁缝、刺绣、家政等课程。到1929年时，湖南的职业教育得到进一步发展，全省拥有职业学校176所。

五、湖湘职教楚怡精神

湖湘职教楚怡精神

20世纪初，湖南创办私立学校风气盛行，其中楚怡、明德、修业、周南四校号称老私立四校，而唯有楚怡从幼稚园到小学、中学、工业专科，连成一气。在湖南绝无仅有，在全国亦属罕见。楚怡学校创办人陈润霖先生（图2-24），独树一帜，锐意兴学育才，矢志不渝，令人尊敬。

（一）以兴办教育为己任

陈润霖，字夙荒，号立园，1879年10月14日出生于湖南新化县的一户贫民家庭。陈润霖11岁时丧父，靠母亲邹太君做针线活糊口。伯父分别送他到城厢书院、岳麓书院就读，因成绩优异，1902年由湖南省官府选派赴日本留学。中日甲午战争后，国力日微。戊戌维新失败，对他震动很大，从而他积极主张革命，立下了为国培养人才的宏愿。

图2-24　陈润霖

（二）创办楚怡学校

1906年，陈润霖在长沙营盘街租下房屋创办楚怡学堂。学校以“楚怡”命名，意思是“惟楚有才，怡然乐育”。几经筹款，直至1914年才将整个劳氏大屋全部买下，至此楚怡学校得以奠定。从1918年起，他又奔走筹款，将校舍进行大改造，将一所大型古式住宅前栋改建为带大厅的两进两层楼房，老师学生都生活在一块儿，校舍设计既适应教学需要，又保持民族风格，在长沙独树一帜。

1914年陈润霖再办楚怡工业学校。楚怡工业学校位于长沙市北区稻谷仓，校址宽大，是一座西欧古典式三层教学大楼。楚怡工业学校设有土木、机械、矿冶三科，并附有职工班，是当时湘省有名的私立高校。楚怡工业学校历时40载，毕业学生达3000余人，楚工学生绝大部分品学兼优，且能吃苦耐劳，一向为全国各厂矿企业争相竞用，为祖国建设做出了贡献。楚怡校友遍及三湘四水，大江南北。许多人成了国家栋梁，也有一些人留学国外，成为专家、教授、科学家、高级工程师。陈校长办学的初衷和夙愿，初步实现。

（三）重视教育改革

陈润霖非常重视教育改革，倡导“自动、自学、自治”三自精神的教育方法。他遵循留美学生陶行知、陈鹤琴等人提倡的设计教学法（即后来陶氏提倡的“从做中学”），采用“从做中学”的设计教学法及由学生“按照学习进度自己规划，自己学习”的道尔顿制，也是采用边试验、边改进的办法不断总结提高，还特聘请北京师范大学毕业的高才生匡互生等人来楚怡工作，编辑新教材。与此同时，陈润霖除办《楚怡校刊》外，还办过暑假学校，推广新教育方法。他反对闭关自守，夜郎自大，主张要学习外国的先进科学技术，增设英语课。

陈润霖早年亲自讲授修身学（后来又叫公民课），以反帝反封建，振兴中华等思想教育学生，鼓励学生立大志，学本领，为国为民。注意倡导体育运动，重视提高学生的身心健康。楚怡的露天体育场设备完善，有大小篮球场，同时可作排球场、网球场和小足球场，有砂池、单杠、跳高架、爬杆、跷板、跷梯等。

（四）疏散期间仍坚持办学

日本侵华战争爆发，国民党军队节节败退。1938年10月，日军攻占武汉，威逼湖南，长沙城顿时乱成一团，老百姓挥泪出城，情况凄惨。陈校长不得已，雇了数十艘民船，经益阳转资水，溯江而上，运到新化县城，将楚怡工业专科学校从长沙西迁到新化。1938年11月12日“文夕大火”，将陈校长数十年惨淡经营的楚怡“三校一园”全部化为灰烬。在新化社会人士的支持下，楚怡工业学校先寄住新化上梅中学，临时复课。后又经三择校址，最终于1939年春迁入新化县资江下游的白沙洲校舍，正式复课。师生们条件艰苦，但怡然自乐，开展多种课外活动，如组织话剧团、京剧社，开展各种球类活动等。

（五）爱才、敬才，又善于用才

陈润霖选聘教师，按“用人唯贤”和“用人唯才”的原则办事。器重思想进步、品德高尚、有真才实学、教学经验丰富的人。民国初年最早的老师有何叔衡、熊瑾玎、孔文达等人，20年代往后有毛达恂、刘仲楷、陈季云等人，40年代有刘自薪、陈权熙等人。

楚怡精神，是“工业救国，学以致用”的爱国精神，是“自动、自学、自治”的学习精神，是“为干而学，从干中学”的实践精神，是“顺应社会需要”的与时俱进精神，是“不畏困难、敢于奋斗”的乐观精神。楚怡精神，光照未来。

任务小结

1. 收集湖湘教育的相关资料，了解湖湘官办教育、私立教育的发展历史。
2. 收集近现代湖南教育发展的相关资料，了解近现代湖湘教育体制的形成。
3. 结合湖南职业教育发展的现状，谈谈湖湘职教楚怡精神的内容及其产生的影响。

课后练习

一、判断题

1. 到了汉代，官学已经开始出现。汉代的官学分中央和地方两种。（　）
2. 魏晋南北朝时期，由于连年战乱，没有留下有关学校教育的记载。（　）

3. 科举制度的建立，极大地刺激了士人求学的热情，促进了各种形式教育的发展。（　）
4. 到清朝末年，官办学校基本覆盖了湖南全省。（　）
5. 春秋战国时期，各诸侯国为了稳定社会和经济发展，实行分业施教的庶民教育制度。（　）
6. 秦统一天下后，禁止私学，要求以吏为师，规定民间所藏诗书及百家经书都要送到官府烧掉，有敢谈论诗书者弃市。（　）
7. 与官学相比，唐朝的私学具有形式多样、灵活实用的特点。（　）
8. 明代的私学一般层次较低，教学内容多以识字、学算及伦理道德为主。（　）
9. 书院起源于隋唐时期，最早是朝廷收藏、校勘图书的地方。（　）
10. 1902年，清政府管学大臣、长沙人张百熙拟定了《钦定学堂章程》。它是中国历史上第一个全国统一的近代学制，史称“壬寅学制”。（　）

二、思考题

1. 宋代湖南教育的特点是什么？
2. 简述近现代湖湘学堂教育的发展。

知识链接

1. 曾国藩　　作者：唐浩明
2. 比我老的老头　　作者：黄永玉
3. 爱的教育　　作者：（意）亚米契斯
4. 湖南卫视纪录片：天下书院半湖湘
5. 故事湖南：乡土文学大家沈从文
6. 故事湖南：长沙花鼓戏

03

模块三

湖湘历史名人

任务一

儒家理学宗主——周敦颐

学习目标

1. 素质目标

（1）爱国守法、崇德向善、文化自信。

（2）爱岗敬业、诚实守信、团结协作。

（3）热爱劳动、积极进取、精益求精。

（4）家国情怀、工匠精神、创新精神。

2. 知识目标

（1）了解周敦颐的主要生平。

（2）掌握周敦颐的主要事迹。

（3）掌握周敦颐的主要思想。

3. 能力目标

（1）通过学习了解周敦颐的生平事迹，知晓其理学宗主的地位。

（2）对周敦颐的人物特色进行分析总结，感受湖湘历史人物的特点，增强对湖湘文化的内涵探索。

（3）热爱湖湘文化，增强民族自豪感。

任务导入

他就像他笔下的莲花，出淤泥而不染，濯清涟而不妖，中通外直，不蔓不枝。很多人知道他，因为他的《爱莲说》。其实，他著的《太极图说》《通书》两书仅3000多字，却首开湘学理论体系，成“理学开山”。湖湘学者胡宏评价他“其功在孔孟之间”。他是湖南第一个有全国性影响的文化人物，湖湘本土文化第一哲人。

——节选自王婷．周敦颐：有内在生命境界支撑的光风霁月［N］．三湘都市报．2014-09-05

一、人物简介

周敦颐

周敦颐（1017—1073）（图3-1），又名周元皓，原名周敦实，字茂叔，号濂溪，谥号元公，道州营道楼田保（今湖南省道县）人。因晚年在庐山莲花峰下濂溪书堂讲学，世称濂溪先生，北宋五子之一，宋朝理学思想的开山鼻祖，文学家、哲学家。

周敦颐是湖南本土产生的第一个大思想家，被尊为宋明理学的“开山鼻祖”，他的思想与实践对以后湖湘学派成为具有全国影响的重要学术流派之一，对湖湘文化的发展和湖南人才的成长都发挥了十分重要的作用，著有《周元公集》《爱莲说》《太极图说》《通书》(后人整编进《周元公集》)。周敦颐提出的无极、太极、阴阳、五行、动静、主静、至诚、无欲、顺化等理学基本概念，为后世的理学家反复讨论和发挥，构成理学范畴体系中的重要内容。

周敦颐创理学，湖南也因此而产生了一批理学家，再加上胡安国父子和张栻等人的传承和发展，湖湘文化成为一种理学形态的文化。理学是继先秦诸子、两汉经学、魏晋玄学、隋唐佛学之后的一种文化思潮。一方面它以儒家经典为宗，重新解释，发扬光大，促使了儒学的振兴；另一方面它又吸收了佛、道诸家的哲理，使儒家学说更加完善，更加理论化。

图3-1　周敦颐雕像

“吾道南来，原是濂溪一脉；大江东去，无非湘水余波。”岳麓书院濂溪祠前的这副对联，正是周敦颐对中国学术产生深远影响的高度概括，也反映了历代湖湘学人以此为荣的心绪。

二、兴教办学

周敦颐为政一生，勤勉务实，为百姓做了不少好事、实事；他为教一生，每到一地，兴教办学，致力于人才的培养。据度正撰写的《濂溪先生周元公年表》记载，周敦颐先后在郴州郴县、桂阳县、洪州分宁（今江西修水）等地任职，每到当地都十分重视教育事业。在郴县，他“首修县学”；工作闲暇时，他亲自讲学，“鲜事，袁之进士来讲学于公斋者甚众”。在任洪州分宁主簿期间，周敦颐择地讲学，建立书院（后人称之为景濂书院）。后来，郴县、汝城人民分别建立“濂溪祠”“濂溪堂”“濂溪书院”以纪念周敦颐。宋庆历六年（1046），周敦颐收程颢、程颐（后世称之为“二程”）兄弟为徒，这是他一生当中对教育事业影响最大的一件事。程颐在《明道先生行状》中写道：“先生为学，自十五六时，闻汝南同茂叔论道，遂厌科举之业，慨然有求道之志。”正是二程使周敦颐开创的理学思想得以继承并发扬光大。由于周敦颐重视教育事业和人才培养，他的一代代弟子纷纷在湖南讲学授徒，从而在湖南开创了一个教育鼎盛的局面。宋仁宗曾诏令各地设立官学，湖南是执行得比较好的，有13个州（府、军）、31个县设立了官学。而书院的兴起和繁荣，更成为宋元时期湖南教育文化史上的一道亮丽风景，教育事业的繁荣为湖湘文化的兴盛和湖南人才的崛起奠定了坚实的基础。

三、主要思想

（一）哲学思想

周敦颐的哲学思想核心就是一个“诚”字。“诚”是他关于天道、人道、天人合一之道最高境界的表达。“诚”主要分为天道本体论和心性本体论两方面。在周敦颐看来“诚”首先是宇宙存在的根据，是宇宙的本体，即天道本体论。在《太极图说》中，他认为人与万物同样都是二气交感所化生出来的，而其源都是太极，再由太极推及人极，也就是把人的道德人性看成是与宇宙生生过程相同的无极太极、阴阳五行的过程，这样，周敦颐便为他的“诚”的理论奠定了宇宙论的基础。“诚”所体现的心性本体论一个突出的表现便是人的伦理道德。周敦颐如此推崇“诚”，就是坚信人类具有真诚善良的本性。他发挥了《中庸》关于“诚”的思想，从宇宙论进而推演出人道观，建立了以“诚”为本的伦理道德学说。

（二）教育思想

周敦颐的教育思想主要包括三个方面。一是“教人向善，进德修业”的教育目的。周敦颐认为人性向善，很大程度上依赖于师之教。二是“六经为主，以诚为本”的教育内容。他十分重视儒学经典，始终将“诚”放在育人最显要的位置，反复阐述，在《通书》中“诚”字出现了20次之多。三是“自学为主，重在启发”的教育方法。他始终坚持开明的教育方法，除了邀请当时的学界名流来讲学，还采用学生自学为主，特别注重启发原则。

（三）社会政治思想

周敦颐的社会政治思想可以归纳为德治与刑治两个方面。一是德治，体现在修圣德、重师道、推礼乐三个方面。修圣德，周敦颐称之为立人之道，“立人之道，曰仁与义”，仁义修而万民感化。重师道。周敦颐认为，使天下人从善而不为恶，唯一的办法就是重师道："师道立，则善人多。善人多，则朝廷正，而天下治矣。"推礼乐。周敦颐认为："礼，理也；乐，和也。"礼的实质在于理，"理"的本意在于治。"礼"是伦理纲常、礼法制度，是维护社会安定的基本原则。"乐"则是陶冶人民的感情、转变社会风气、培养人民的优秀品德。礼乐结合，就能建立一个和睦幸福、安定团结的社会。二是刑治。周敦颐的刑治思想体现在他的德刑观和慎刑观上。在周敦颐看来，刑治是为弥补道德的不足而采取的万不得已的选择。他指出圣人以天道为法则，主要是以政养万民，德治是最好的养民方法和手段。他主张"慎刑"，不到万不得已的时候不轻易使用刑治。在担任南安军司理参军时，转运使王逵执法严酷，有囚犯按法不当死，王逵欲加重惩罚。众人不敢与之争辩，唯独周敦颐进言，并表示要弃官而脱去，"如此尚可仕乎！杀人以媚人，吾不为也。"后来，王逵被他的诚心感动，免去该犯死刑，并向朝廷进言推荐了周敦颐。

（四）理学思想

周敦颐在治学中，提出许多新问题，并作出新的论断，把儒学推进了一步。他所提出的无极、太极、阴阳、五行、动静、主静、至诚、无欲、顺化等理学基本概念，为后世的理学家反复讨论和发挥，构成理学范畴体系中的重要内容。南宋理宗时，诏从祀孔子庙堂，其理学奠基者地位为官方所承认。

周敦颐是宋明道学的开创者。在当时儒、佛、道合流的形势下，从对于《老子》的"无极"、《易传》的"太极"、《中庸》的"诚"以及五行阴阳学说等思想资料进行熔铸改造，并为宋以后的道学家提供"无极""太极"等宇宙本体论的范畴和模式来说，周敦颐确有"发端之功"。二程的"扩大"，朱熹的"集大成"，一定意义上来说，都是在周敦颐原有的思想基础上使道学理论更加完善化、系统化。

总之，周敦颐对湖南的影响是深远的，他创立的理学思想是湖湘学派的指导思想，因而，周敦颐是湖湘文化形成过程中的关键人物。他兴学重教，办学授徒，直接培养了不少优秀人才，而且他的理学思想、人才思想、教育思想，都在后世引起了悠远的回响，为湖南开创了一个人才群起的局面。

周敦颐为官一生、执教一生、清廉一生、洒脱一生，无论是其学说，还是其为人为师为官，都堪称后世楷模。近代湖湘学人对周敦颐的治学态度、治学精神、独创精神、辅世长民、清明廉政等精神无不加以推崇和传承。

任务小结

1. 收集周敦颐的相关小故事，熟悉周敦颐的主要事迹。
2. 阅读周敦颐的主要作品，了解周敦颐的主要思想和成就。

课后练习

一、选择题

1.《爱莲说》的作者是（　）。

A．陶渊明　　B．周敦颐　　C．苏轼　　D．程颢

2. 对联："吾道南来，原是濂溪一脉；大江东去，无非湘水余波"中的"濂溪"二字指的是著名理学大师（　）。

A．程颐　　B．程颢　　C．周敦颐　　D．朱熹

3. 以下哪部著作不是周敦颐所著？（　）

A．《通书》　　B．《爱莲说》

C．《太极图说》　　D．《皇朝经世文编》

4. 周敦颐哲学思想的核心主张，也就是一个（　）字。

A．诚　　B．神　　C．善　　D．独

5. 以下哪些是周敦颐推崇的教育思想？（　）

A．教人向善，进德修业　　B．有教无类，因材施教

C．六经为主，以诚为本　　D．自学为主，重在启发

6. 周敦颐的德治思想表现在哪些方面？（　）

A．修圣德　　B．重师道　　C．德刑观　　D．推礼乐

二、判断题

1. 周敦颐是湖湘本土第一位大思想家，被尊为宋明理学的"开山鼻祖"。（　）
2. 周敦颐因晚年在庐山莲花峰下濂溪书堂讲学，世称濂溪先生。（　）
3. 周敦颐提倡"六经为主，以诚为本"，他十分重视儒学经典，始终将"诚"放在育人最显要的位置。（　）
4. 周敦颐重视教育事业和人才的培养，他的一代代弟子纷纷在湖南讲学授徒，从而在湖南开创了一个教育鼎盛的局面。（　）
5. 后来"二程"和朱熹对于理学思想的发展和继承与周敦颐毫无关系。（　）
6. 周敦颐讲学时，始终坚持开明的教育方法，除了邀请当时的学界名流来讲学，还采用学生自学为主，特别注重启发原则。（　）
7. 在社会治理上，周敦颐提倡多使用刑治，无须考虑"慎刑"。（　）

三、思考题

1. 阅读周敦颐的《爱莲说》，谈一谈体现了作者怎样的情操。
2. 结合课堂所学和课后阅读，谈一谈周敦颐对于理学思想的贡献。

任务二

伟大的唯物主义思想家——王夫之

学习目标

1. 素质目标

（1）爱国守法、崇德向善、文化自信。

（2）爱岗敬业、诚实守信、团结协作。

（3）热爱劳动、积极进取、精益求精。

（4）家国情怀、工匠精神、创新精神。

2. 知识目标

（1）了解王夫之的主要生平。

（2）掌握王夫之的主要事迹。

（3）掌握王夫之的主要思想。

3. 能力目标

（1）学习了解王夫之的生平事迹，知晓其主要思想。

（2）对王夫之的人物特色进行分析总结，感受湖湘历史人物的特点，增强对湖湘文化的内涵探索。

（3）热爱湖湘文化，增强民族自豪感。

任务导入

王船山是中国学术史上最杰出的学者之一，他不仅对宋明理学作了深入的思考与全面的总结，由宋明上溯到延续两千多年的中华学术文化的历史传统的源头，并以“六经责我开生面”的气魄对此历史传统作出了传承与开拓的学术伟绩。

同样，王船山也是湘学史上里程碑式的人物，他上承宋代湖湘学统，下启清代湘学的源流，并以难以企及的学术广度、思想深度而成为湘学的顶峰级人物与学术典范。他的一生充分表达出一种要将道统、治统与学统统一的精神追求与学问宗旨，无论是总结明亡的政治教训，还是反思宋明的学术弊端，都只是他内在学术旨趣的某一方面表达而已。船山先生所取得的非凡学术成就、独特学术见解均与此学术旨趣有关。

——节选自朱汉民．湖湘文化通史（近古卷）[M]．长沙：岳麓书社，2015

一、人物简介

王夫之

王夫之（1619—1692）（图3-2），名夫之，字而农，号姜斋，湖广衡阳县（今湖南省衡阳市）人，是中国朴素唯物主义思想的集大成者，与黄宗羲、顾炎武并称为明末清初的三大思想家。因晚年隐居石船山，又称船山先生。

王夫之生活在明清交替之际。抗清失败后，他隐居深山，以著述为业，凭着“六经责我开生面，七尺从天乞活埋”的精神，对中国传统学术思想进行了全面的梳理，在古代哲学、史学、经学、文学等领域里成绩卓著，沿着南宋湖湘学派所开创的学术传统，建立了一个内容丰富、思想深刻、规模宏大的思想体系，下启近代湖湘文化，对近代湖南的各个人才群体、思想家、学者、政治家均产生了广泛而深远的历史影响。

图3-2 王夫之画像

王夫之著作规模宏大，内容浩瀚，影响深远。岳麓书社在1988年至1996年出版了《船山全书》，共16册，收录了目前所能搜集到的船山全部著作，近800万字，其代表作有《周易稗疏》《书经稗疏》《尚书引义》《诗经稗疏》《春秋稗疏》《春秋家说》《叶韵辨》《读通鉴论》《宋论》等。在王夫之的学术体系中，占据重要地位的是他的哲学思想和政治思想。在哲学上，他对中国传统哲学尤其是宋明理学进行了系统的批判和总结，是中国古典哲学的集大成者。在政治上，他反对绝对君权，强调夷夏之辨，具有近代启蒙意义。

二、主要思想

（一）建立朴素辩证法和朴素唯物主义相结合的哲学思想体系

王夫之的思想理论核心仍是理学家的性理哲学，自称是继张载之绝学，对程、朱等人之说有批评，亦有继承；对陆、王之学批判极严，然亦有吸取，王夫之可谓是对全部理学遗产都作了批判性的总结和继承，并在许多方面都作了重要发展。如在知行观上，认为二者“相资互用”，不可分离，尤其突出了“行”在认识中的主导作用，摒弃批判了程、朱“知先行后”与陆、王“知行合一”的思想；在治学思想上，把性理哲学的探讨和经世致用结合起来，将理学的基本范畴加以新的阐发，使之适应并推动了明末清初实学思潮的发展，为经世致用提供了理论根据。

（二）开明末清初之风气，主张经世致用

经世致用，就是强调积极的面世态度，研究有关国计民生的实际问题，做到学以致用。经世致用的学风从宋代的湖湘学派起开始提倡，例如胡宏在《知言》中曾言：“故务圣人之道者，必先致知，及超然有所见，方力行以终之。”自此起，经世致用之风虽有提倡，但并未形成完整的体系，也没有躬行实践的例证，自宋至明末一度出现断层。直到明末清初大思想家王夫之的出现，将经世致用之学推向极致。王夫之经世致用思想的内容包含：政治上批判封建君主专制，倡导民主议政；经济上主张改革田制，限制土地兼并，提倡工商业；学术上倡导征实之学，形成一种求实、务实的学风。

（三）强烈的爱国主义思想

明清之际的实学家们大多经历了明清两朝的改朝换代。在换代之际，他们都满怀忧国忧民的忧患意识和爱国激情，表现出与民族、国家共命运的坚定决心。王夫之把民族利益看得高于一切，提出“不以一时之君臣，废古今夷夏之通义”的命题，把那些祸国殃民之辈斥为罪人。他早年自主举兵抗清，兵败返乡，遁迹乡里，陋居山洞，誓不降清，著书立说，试图总结明朝覆亡的历史经验。特别以屈原自况，用“蔽屈子以一言曰‘忠’”的思想境界，写作了《楚辞通释》。钱基博赞云：“夫之茹苦含辛，守己以贞，历劫勿渝，厉世磨钝之节坚”，对他的爱国思想给予了高度评价。

（四）兼容并蓄、博采众家之长的开放思想

王夫之不拘泥于任何门户之见，在哲学上以批判陆王心学和佛老著称，同时又善于“入其垒，袭其辎，暴其恃，而见其瑕”，曾将老子哲学中“极则反”的循环论改造成“天地之化日新”的发展观；将佛教的“能”“所”范畴改造成一种唯物主义认识论范畴。又如在政治上，他既反对法家的严刑峻法，又看到儒家单纯强调人治和德治的弊端，因而提出“任人”与“任法”二者不可偏废的观点。正是由于王夫之能“坐集千古之智”，所以才能在治学上开出“六经”新“生面”。除此之外，在与外来文化的交融中，王夫之也表现出极为开放的态度。

三、文学观

王夫之对于作文作诗，认为要带有感情，不能无病呻吟。情感是王夫之于诗歌的基本要求。诗歌创作经由唐诗的巅峰状态发展至宋明以来，多有偏颇之处。在王夫之看来，诗歌作为一种艺术形式，以情感为其主要特征，不能以学理来代替情感，更不能以其他文体或学问来代替诗歌。王夫之继承和发展了古典诗学理论中言志缘情的优良传统，提出要由“心之原声”发言而为诗。诗以道情，道之为言路也。孔子曰：“诗可以兴，可以观，可以群，可以怨。”作为一位杰出的爱国思想家，王夫之非常重视文学的社会作用，诗人感情注入作品后，应该具有“动人兴观群怨”的作用，而这四者应该是紧密相连、互相补充的整体。

四、史学观

（一）归纳法

王夫之论史善于分析众多史实，并加以归纳，从而得出富有启发性的结论。如他归纳唐朝灭亡的原因为“唐之亡，亡于人之散”，也就是朝廷要员人心涣散，各自为政，不能团结起来共同为中央效力。

（二）比较法

王夫之运用这一方法，纵论古今历史变迁、人物沉浮，由表及里，去伪存真，得出了许多富有新意的结论。如前人对秦、隋灭亡进行了很多相似性比较，而王夫之通过比较，指明秦、隋亡国既有相同点，也有不同点。

（三）历史主义的方法

王夫之论史，气势恢宏，虽于上下千余年中自由出入，但从不任意评说，王夫之论史充分考虑历史背景，不执一概而论。如论西域时，他认为汉和唐历史背景不同，导致西域地位在这两个朝代的差异。

船山先生作为宋明道学的总结者与终结者，又是初具近代人文主义性质新思想的开创者和先驱者，凭借深厚的学问功底和久经浮沉忧患的社会经历，以“六经责我开生面”的气魄和不竭的创造力，在批判继承中国古代传统思想的基础上，进行了大量创造性的理论建设，在哲学、史学、道德伦理、政治经济、文艺美学、宗教等方面都表达了前所未有的独到见解，其思想体系的博大精深可以说是前无古人，已经大大超越了宋明道学的范畴，作为明末启蒙思潮中突出的大师之一，已然为儒学的传承开创了全新的局面，深刻影响了后世谭嗣同、梁启超、章太炎等一众思想家。

任务小结

1. 收集王夫之的相关小故事，熟悉王夫之的主要事迹。
2. 搜索阅读王夫之的名言，了解王夫之的主要思想和成就。

课后练习

一、选择题

1. 明清之际的思想家王夫之说："以天下论者，必循天下之公，天下非一姓之私也。"依据此言论，可见其思想的进步性在于（　）。

   A．主张建立公天下　　B．反对封建土地私有制

   C．要求建立人人平等的社会　　D．反对君主专制制度

2. "六经责我开生面，七尺从天乞活埋"表达了（　）的崇高气节及其对中华文化继往开来的历史责任感。

   A．顾炎武　　B．王夫之　　C．黄宗羲　　D．朱熹

3.（多选）明末清初的三大思想家指的是（　）。

   A．王夫之　　B．顾炎武　　C．朱熹　　D．黄宗羲

4.（多选）王夫之经世致用思想的内容包含（　）。

   A．政治上批判封建君主专制，倡导民主议政

   B．经济上主张改革田制，限制土地兼并，提倡工商业

   C．学术上倡导征实之学，形成一种求实、务实的学风

二、判断题

1. 王夫之是中国朴素唯物主义思想的集大成者，与黄宗羲、顾炎武并称为明末清初的三大思想家。（　）
2. 王夫之因晚年隐居石船山，又称船山先生。（　）
3. 王夫之对中国传统哲学尤其是宋明理学进行了系统的批判和总结，是中国古典哲学的集大成者。（　）
4. 明末清初大思想家王夫之将经世致用之学推向极致。（　）
5. 王夫之建立了朴素辩证法和朴素唯物主义相结合的哲学思想体系。（　）
6. 对于作文作诗，王夫之认为不必带有感情，可以用学理来代替情感，甚至认为可以用其他文体或学问来代替诗歌。（　）

三、思考题

1. 搜索王夫之的一则名言，谈一谈你的理解。
2. 结合课堂所学和课后阅读，谈一谈王夫之的主要思想和成就。

任务三

睁眼看世界第一人——魏源

学习目标

1. 素质目标

（1）爱国守法、崇德向善、文化自信。

（2）爱岗敬业、诚实守信、团结协作。

（3）热爱劳动、积极进取、精益求精。

（4）家国情怀、工匠精神、创新精神。

2. 知识目标

（1）了解魏源的主要生平。

（2）掌握魏源的主要事迹。

（3）掌握魏源的主要思想。

3. 能力目标

（1）通过学习了解魏源的生平事迹，知晓其主要思想。

（2）对魏源的人物特色进行分析总结，感受湖湘历史人物的特点，增强对湖湘文化的内涵探索。

（3）热爱湖湘文化，增强民族自豪感。

任务导入

魏源爱读书，得以广泛吸收前人的思想和学术成就；爱游历，得以领略山水的奇妙和世风的真伪；爱交友，得以充分聆听当代俊杰的真知灼见。凡此种种，再加上他天生具有爱沉思的秉性，都使他能集古今智慧之大成，从自然山水中激发灵感，从社会现实中产生动力，在大难临头之际，以少有的清醒和自觉，向懵懂无知、惊慌失措的统治者和全体国人发出“师夷长技以制夷”的呐喊。

——节选自王林．魏源［M］．西安：陕西师范大学出版社，2017

一、人物简介

魏源

魏源（1794—1857）（图3-3），字汉士，号良图，湖南邵阳人。清代启蒙思想家、政治家、文学家，道光二年（1822）举人，道光二十五年（1845）始成进士。官高邮知州，晚年弃官归隐，潜心佛学，法名承贯，是近代中国“睁眼看世界”的首批知识分子代表。

魏源认为论学应以“经世致用”为宗旨，提出“变古愈尽，便民愈甚”的变法主张，倡导学习西方先进科学技术，并提出了“师夷长技以制夷”的主张，开启了了解世界、向西方学习的新潮流，这是中国思想从传统转向近代的重要标志。

魏源七岁从塾师刘之纲、魏辅邦读经学史，常苦读至深夜。九岁赴县城应童子试，知县在唱名时指着茶碗中画的一幅太极图即兴说道：“杯中含太极。”魏源此时怀中正揣着两个麦饼，随即应声答道：“腹中孕乾坤。”满座皆惊。此联对仗工整，蕴意深刻，流露出魏源的远大抱负。

嘉庆十七年（1812），魏源来到长沙，就读于岳麓书院，准备参加第二年的拔贡考试。岳麓书院是中国著名的书院之一，自宋代以来几乎成为湖湘文化的传播地。当时书院的山长（院长）是袁名曜，湖南宁乡人，嘉庆六年（1801）进士，曾任翰林院编修，参与修纂《清高宗实录》，兼国史馆编修，后升任侍讲、侍读，丁母忧回乡，主讲岳麓书院。他足迹遍天下，尤其留心于舆图厄塞、河渠险隘、古今沿革，以讲求“经世致用”而著称。魏源在岳麓书院学习的时间虽然只有短暂的十个月，但对他的思想影响甚大。通过在此学习，魏源不仅拔贡中选，获得了进京继续学习的机会，还结识了李克钿、何庆元、陈起诗等学术同道，他们都被公认为是楚南人杰，魏源与他们保持着终生的友谊。岳麓书院是湖湘文化重要的发源和传承之地，在书院学习期间，魏源除进一步研读理学著作外，还直接接受了湖湘文化的熏陶，魏源正是在此萌发了经世致用的思想，并力求付诸实

图3-3　魏源画像

践。魏源在岳麓书院读书期间，还经常漫步爱晚亭，游览岳麓山各处名胜，并留下许多抒发豪情或感叹生命的诗作和对联，使其“少年好远游”的个性和“从此芒鞋踏九州”的宏愿得以初步展现，这对他性情和人格的形成都有着深远的影响。

二、对中国近现代化的启蒙作用

魏源是中国近代著名的经学家、思想家、史学家、文学家、哲学家、改革家，是集装箱式的学者。他的著作，据《湖湘文库》所列《魏源全集》，计14本，近1000万字，内容涵盖经学、史学、哲学、文学、文献学、政治学、经济学等，涉及文化、教育、科学、美学、军事、旅游、水利、商业、地理等诸多方面。接下来我们将从他的几篇名作来看他对中国近现代化的启蒙作用。

（一）开启经世致用的务实新风气

魏源是中国近代史上较为突出的经世致用的思想家和实践者，他受贺长龄之托编辑的《皇朝经世文编》，开启了近代中国“经世致用”的学术务实新风气，也标志着魏源经世思想的成熟。魏源从小志向远大，曾书写对联“读古人书求修身道，友天下士谋救时方”以自许。至道光五年他32岁时，应邀入聘江苏布政使贺长龄幕府，受托编辑一部清代有关经世的文选，这正是他“谋救时方”大显身手的机会。于是他本着学术必须与社会现实问题密切结合，并解决实际的社会问题这一宗旨，广泛阅读清代开国以来至道光五年间的各家奏议、文集和方志等文献，精心遴选其中“存乎实用”的文章共2236篇，包括论著、奏疏、官书、信札等，文章作者达702人。

魏源强调变革是历史的必然，要把国家治理好，就必须针对那些产生种种弊病的过时制度、规例提出改革的措施。他说：“然昨岁之历，今岁而不可用，高、曾器物不如祖、父之适宜；时愈近，势愈切，圣人乘之，神明生焉，经纬起焉。”在《皇朝经世文编五例》中，他确立了编选此书的五项原则，即审取、广存、条理、编校和未刻，其关键的一条是审取，即选取文章要有严格的标准。而总的标准就是“书各有旨归，道存乎实用”，即选文的标准是有益于实用和时务。

魏源编辑《皇朝经世文编》的重大意义是鲜明地举起“经世”的旗帜，用以与清代以来长期盛行的烦琐、空疏、不问政治的学风相对抗，从而把人们的注意力转移到与社会现实密切联系的问题上来。此书既是反映清代社会和历史的重要文献，又始终贯穿着经世致用的精神，所以“数十年来风行海内。凡讲求经济者，无不奉此书为矩矱，几于家有其书”。在魏源的家乡湖南，更是“三湘学人，诵习成风，士皆有用世之志”。当时在湖南流传的一首诗中，还这样写道：“欲把人间万病除，《皇朝经世》一编书。”后来成为同光中兴重臣的左宗棠更将此书视作“体用俱备，案头不可一日离”的必备书，并且督促女婿要多读这样的有用之书。此书的刊行，不仅促进了湖南经世学风的兴起和湖南近现代人才的成长，也为后来的学术界开启了重视实学、经世致用的学风和变法维新、除弊改制的先声。

（二）开启“师夷长技以制夷”的时代新风

魏源在林则徐组织翻译的《四洲志》的基础上，广泛搜集资料，奋笔疾书，于道光二十二年十二月纂成《海国图志》五十卷，道光二十七年（1847）增订为六十卷，咸丰二年（1852）再次增订为一百卷。

《海国图志》是中国近代史上第一部较为详尽和系统介绍世界历史、地理、文化的著作，向国人展示出一个比较真实客观的外部世界以及关于西方的新知识。

魏源在《海国图志》一书的序中，讲得非常清楚：“是书何以作？曰：为以夷攻夷而作，为以夷款夷而作，为师夷长技以制夷而作。”这就是说，写书的目的，是为了了解“夷情”，帮助人们习其“长技”，以抵御外侮，振奋国威。

书中征引中外古今近百种资料，系统地介绍了西方各国的地理、历史、政治状况和许多先进科学技术，如火轮船，地雷等新式武器的制造和使用。所记各国气候、物产、交通贸易、民情风俗、文化教育、中外关系、宗教、历法、科学技术等都超过了前书，所以有人誉《海国图志》为国人谈世界史地之“开山”。

它不但详细记载外国情况，还首次从理论上肯定了研究世界史地的必要性。《海国图志》的刊出，打破了这种孤陋寡闻的状况，它向人们提供了80幅全新的世界各国地图，又以66卷的巨大篇幅，详叙各国史地。这样，使当时的中国人通过《海国图志》这一望远镜，开眼看世界。既看到了西洋的“坚船利炮”，又看到了欧洲国家的商业、铁路交通、学校等情况，使中国人跨出了“国界”，认识近代世界的新鲜事物。

在百卷本的《海国图志》中，作者不仅重视工商业，并由经济扩展到政治，由原来对西方“坚船利炮”等技术的惊叹，发展到对西方近代资本主义民主政体的介绍。至此，魏源的“师夷”思想发展到了那个时代的高峰。魏源明确地提出了“师夷长技以制夷”的反侵略主张，奏响了近代反侵略斗争的时代先声。它为人们表现出了解西方、研究西方、学习西方并最终赶超西方的民族智慧和自信心，预示着近代中国思想文化发展的前进方向。从“悉夷情”到“师夷长技”，从而达到“制夷”的目的，魏源实现了近代思想史的重大跨越和升华。魏源“师夷长技以制夷”这一代表时代脉搏的口号，对中国近代的洋务运动与戊戌变法产生了启蒙作用。

（三）近代军事变革思想之启蒙与导引

鸦片战争的炮舰打开了古老中国的大门，战争的结果是泱泱大国被来自西方的小国英国打败，道光二十二年（1842）八月，清廷代表在南京长江江面英国军舰上与侵略者签订丧权辱国的《南京条约》。魏源这位“积感之民”忧心如焚，他为战胜敌国、救亡图存而发愤完成了一部探索清代盛衰的当代史《圣武记》。全书十四卷，约四十万字，其内容，先记清代开国、平定三藩叛乱、康乾年间为巩固统一而进行的战争，肯定康熙、雍正、乾隆三朝“战胜于庙堂”的许多功业，后记苗民、白莲教、天理教等农民起义的发生和统治者的镇压，并在记述中追溯民力物力的盛衰、人才风俗进退消长的根源，用以体现清代盛衰的大势，揭示鸦片战争失败的深刻社会政治根源。可见这部书不仅是一部探究本朝盛衰之由、兴替之渐的当代史著作，而且是讲求拨乱之道和匡时之策的政论鸿篇，尤其是他对练兵之方、整军之策、筹饷之法、应敌之略等方面的详细论说和见解，对指导当时进行的反侵略战争，确实具有较强的实用性。书中“小变则小革，大变则大革；小革则小治，大革则大治”的变革图治思想，至今仍对我们的理政治国和改革开放有着现实的指导意义。

魏源在《圣武记》的序言中，既揭示了鸦片战争失败的重要根源，又深刻指出，要使中国不受外国欺凌而日臻富强，首先必须振奋人心，改革弊政。他说：“今夫财用不足国非贫，人材不竞之谓贫；令不行于海外国非羸，令不行于境内之谓羸。故先王不患财用，而惟亟人材；不忧不逞志于四夷，而忧不逞志于四境。”因此他认为，当前国家的问题很多，但最重要的是人才不足、纲纪废弛。只有人才进，军政修，人心肃，国威遒，令行禁止，才能四方宾服，国家强盛，即所谓“人材进则军政修，人心肃则国威遒。一喜四海春，一怒四海秋。五官强，五兵昌，禁止令行，四夷来王，是之谓战胜于庙堂”。其最终的落脚点是：当今国家能否知耻发愤，革新图强，其取舍成败都决定于朝廷，关键是“庙堂”上的帝君和大臣。《圣武记》一书以其强烈的现实感和总结历史经验为抵抗侵略服务的爱国主义思想，受到广大爱国志士、热血青年的欢迎。不仅当时“索观者众，随作随刊”，供不应求，三次修订后也与《皇朝经世文编》一样翻刻不断，民国时期还由国民政府军事委员会易名为《清代武功记》印行。此书不仅数年间即风行海内，且很快流传到海外的日本和韩国。日本著名的“开国论”者佐久间象山读到《圣武记》，感到非常惊奇，发现书中的论说往往与自己的见解不约而同，便将魏源列为“海外同志”。日本人那些年摘录翻刻的有《圣武记采要》《圣武记拔萃》《他山之石》等多种，为其研究清史和后来的明治维新发挥了重要作用。

《圣武记》还是一部重要的军事著作，蕴含着丰富的军事思想。其前十卷叙事，记叙自清代开国、平定三藩至道光初镇压教民起义的大小战事实例，基本囊括了清代前期历次重大战争。后四卷“武事馀记”，对兵制兵饷、练兵之方、整军之策、筹饷之法、应敌之略以及改革银、铜矿务章程和币制等重大的军事、经济问题，都记述详尽，议论精辟，内容十分丰富，具有很高的文献史料价值，是后世研治清代前期战争史和民族关系史的基本史书。魏源著此书所用的材料，主要来自他在北京做内阁中书舍人时，从“史馆秘阁官书及士大夫私家著述、古老传说”中摘录下来的，还包括采录自许多事件经历者本人的回忆录、年谱等材料，并融合了他研究古代兵书、注解《六韬》《吴子》《孙子》等书的心得体会。《圣武记》中实战经验和军事理论相结合，具有很强的实用性，与魏源后来的《海国图志》一起，奠定了魏源在中国近代史上军事家的地位。魏源的军事思想标志着近代中国军事变革思想的萌芽，为中国的军事思想、军事理论、军事组织、军事技术、军事近代化起到了导引作用，特别为近代湖南军事杰出人才的涌现发挥了一定的启蒙引领作用。

任务小结

1. 收集魏源的相关小故事，熟悉魏源的主要事迹。
2. 搜索魏源的经典著作，了解魏源对中国近现代化的启蒙作用。

课后练习

一、选择题

1. (　　) 开启了“师夷长技以制夷”的时代新风。

A. 曾国藩　　B. 魏源

C. 林则徐　　D. 左宗棠

2. 中国近代史上第一部较为详尽和系统介绍世界历史、地理、文化的著作是(　　)。

A.《圣武记》　　B.《皇朝经世文编》

C.《天演论》　　D.《海国图志》

3. 魏源编辑的(　　)，开启了近代中国“经世致用”的学术务实新风气，也标志着魏源经世思想的成熟。

A.《圣武记》　　B.《皇朝经世文编》

C.《天演论》　　D.《海国图志》

4. (多选)以下关于魏源的描述，正确的有(　　)。

A. 近代中国“睁眼看世界”首批知识分子的代表

B. 开启了经世致用的务实新风气

C. 开启“师夷长技以制夷”的时代新风

D. 近代军事变革思想之启蒙与导引

5. 以下哪部著作是魏源编写的(　　)。

A.《四洲志》　　B.《海国图志》

C.《天演论》　　D.《国闻报》

二、判断题

1. 魏源是中国近代史上突出的经世致用思想家和实践者。(　　)
2.《海国图志》一书不但详细记载了外国情况，还首次从理论上肯定了研究世界史地的必要性。(　　)
3. 魏源提出的“师夷长技以制夷”这一口号，对中国近代的洋务运动与戊戌变法没有什么影响。(　　)
4. 魏源在《圣武记》中提到的“小变则小革，大变则大革；小革则小治，大革则大治”的变革图治思想，对我们今天的理政治国仍有着现实的指导意义。(　　)
5. 魏源的《圣武记》还是一部重要的军事著作，蕴含着丰富的军事思想。(　　)
6. 魏源强调变革是历史的必然，要把国家治理好，就必须针对那些产生种种弊病的过时的制度、规例提出改革的措施。(　　)

7. 魏源的军事思想标志着近代中国军事变革思想的萌芽，为军事近代化起到了导引作用，特别为近代湖南军事杰出人才的涌现起到了一定的启蒙引领作用。(　)

三、思考题

1. 魏源被称为“睁眼看世界的第一人”，请谈谈你的观点。
2. 结合魏源的经典著作，请谈一谈魏源对中国近现代化的启蒙作用。

知识链接

1. 周敦颐集　　作者：[宋]周敦颐，陈克明点校
2. 中信国学经典之晚清名将左宗棠　　主讲：纪连海
3. 凤凰卫视纪录片：《近人曾国藩》全十集
4. 湖南卫视纪录片：岳麓书院

04

模块四

湖湘旅游文化

任务一

湖湘山水景观

学习目标

1. 素质目标

（1）爱国守法、崇德向善、文化自信。

（2）爱岗敬业、诚实守信、团结协作。

（3）热爱劳动、积极进取、精益求精。

（4）家国情怀、工匠精神、创新精神。

2. 知识目标

（1）了解湖南省的自然地理环境概况。

（2）熟悉湖南省内著名山水景观代表及其基本情况。

3. 能力目标

（1）查阅并收集湖南风景名胜区的基本信息。

（2）感受不同地域风景名胜的特征，增强对大自然的向往和探索。

（3）了解湖南，热爱湖南，增强民族自豪感和自信心。

任务导入

张家界，是大庸县北部的一个林场，很少有人知道。我这回因事，顺便到湘西写生，旅途匆匆，人们给我介绍张家界林场，我先是姑妄听之，后来不少当地同志再三推荐，我才下决心去看看。因为我有过别人介绍风景如何好到头来大失所望的经验。这次看到张家界林场，却意外地使我非常兴奋，如获失落在深山的明珠。

随林场公路登山，数个拐弯，地貌突然大变，峰峦陡起，绿树叠翠，这里是湖南真正的桃花源了，立即引人进入了奇异幽深的世界。这里的秀色不让桂林，但峰峦比桂林神秘，更集中，更挺拔，更野！桂林凭漓江倒影增添了闺中的娟秀气；张家界山谷间穿行着一条曲曲弯弯的溪流，乱石坎坷，独具赤脚山村姑娘的健壮美！山中多雨意，雾抹青山，层次重重，颇有些黄山风貌，但当看到猴子爬在树顶向我们摇晃时，这就完全不同于黄山的情调了。还有那峭壁直戳云霄，其上有数十亩的原始森林，我们只好听老乡们讲述他们曾经攀登的惊险故事而望林兴叹。

张家界林场位于澧水上游，我们不了解连绵不断如此密集的石峰在地质上的价值，但谁都对其间的奇树异草和珍禽怪兽感兴趣。这里有一种自己长有水囊储水的背水鸡，就是闻所未闻的。我先不知有虎有豹……一进山急匆匆就往石林和树林深处钻，是被景色美入迷了。石峰石壁直线林立，横断线曲折有致，相互交错成文章，不，可以说是“画章”吧。人均习惯于以“猴子望太平”“童子拜观音”等形象的联想来歌颂自然界形式之美，还往往要用“栩栩如生”来形容其酷似，其实许多石头本身就很美，美就美在似与不似之间，张家界的石峰名堂可多了，什么秦始皇的“金鞭”，什么“三姊妹”……美丽的故事由人们的想象自由去创造吧！

为了探求绘画之美，我辛辛苦苦踏过不少名山。觉得雁荡、武夷、青城、石林……都比不上这无名的张家界美。就以峨眉来较量，峨眉位高势大，仗势吓人，其实并没有张家界这么突出的特色，至少大多数美术工作者将会同意我的看法的。

据说由于这数十里的山势像一匹奔腾的烈马，故又名马鬃岭。马鬃岭也好，张家界也好，都尚未闻名，等待游人们为这绝代佳丽起一个更贴切的芳名。

——节选自吴冠中. 养在深闺人未识——一颗失落的风景明珠［N］. 湖南日报“朝晖”副刊，1980.1

一、湖南地理概况

湖南省位于我国长江中游，因大部分区域处于洞庭湖以南而得名“湖南”，因省内最大河流湘江流贯全境而简称“湘”，又因潇湘、蒸湘、潇湘三大水系而称为“三湘大地”。汉唐以来，湘江流域遍植水芙蓉（荷花）和木芙蓉（木莲），唐代诗人谭用之《秋宿湘江遇雨》诗中有“秋风万里芙蓉国，暮雨千家薜荔村”的名句，后来就用“芙蓉国”借指湖南。

湖南地处云贵高原向江南丘陵、南岭山脉向江汉平原过渡的地带，在地势上处于我国的第二、三级阶梯上，全省以中低山与丘陵为主。东部有幕阜山、罗霄山脉，南部有南岭山脉，西部有武陵山、雪峰山脉，中部丘陵起伏，北部平原广阔，形成朝东北开口的不对称马蹄形。省内最高峰为炎陵县的酃峰，海拔2115.2米，最低点为临湘市的黄盖镇，海拔21米。由于特殊的地形地貌，造就了湖南壮丽秀美的山河。它拥有高山、峡谷、丘陵、平原、江河、湖泊和岛屿，多姿多彩，秀丽无比。湖南境内既有群峰高耸的神奇张家界石林，又有苍莽雄峙湘粤边地的第一峰——莽山；既有灿若明霞的丹霞地貌，又有神奇的喀斯特地貌奇观。

湖南省境内河流众多，流域面积50平方千米及以上的河流有1301条，总长度达到46011千米。境内主要水面有“一湖四水”，洞庭湖碧波万顷，湘、资、沅、澧长练似舞，由西南向北汇聚洞庭湖，经岳阳城陵矶注入长江。

二、湖南名山之旅

湘楚大地，山川形胜。张家界、南岳衡山、崀山、莽山，山山神奇，鬼斧神工，绿树红崖，高耸伟岸，迸发了山的峻拔与雄伟；岳麓山、衡山、九嶷山，祈福圣地，书香萦绕，松香不绝，昭示了山的神圣与包容；桃花源、苏仙岭、阳明山、沩山，红墙绿柳，诗意田园，森林幽瀑，孕育了山的温柔与浪漫。

（一）岳麓山

岳麓山是湖南省著名风景区，位于湘江西岸。南北朝刘宋时的《南岳记》记载：“南岳周围八百里，回雁为首，岳麓为足。”岳麓山由此得名。景区总面积35.2平方千米，最高峰海拔300.8米。素以“碧嶂展开，秀如琢玉，层峦耸翠，山涧幽深”的优美自然风景闻名于世，山中植物有290多种，其中有罗汉松、银杏、枫、樟、松、栗等，且有不少为千年古树，古麓山寺内的一棵六朝松，已有1700多年的历史，云麓宫旁的古银杏树龄已有千年以上。山涧中泉水潺潺，幽壑中兰芷飘香，使人领略到深壑优美，山涧清幽的审美情趣。

岳麓山是一座文化名山。自唐以来，许多著名文人、学士、名流登山览胜，吟诗作对，留下名篇。伟大的诗人杜甫漂泊潭州的时候曾以“著处繁花务是日，长沙千人万人出”的诗句描写清明节时长沙人游览岳麓山的盛况。宋代书法家米芾曾登山观摩《北海碑》，并在碑侧留下题记。清人吴恭亨的楹联曰：“直登云麓三千丈，来看长沙百万家。”清乾隆五十七年（1792），岳麓书院院长罗典在山脚的清风峡建红叶亭，著名学者毕沅根据唐代杜牧《山行》中“停车坐爱枫林晚，霜叶红于二月花”的诗句，更名为“爱晚亭”，这些都成为文苑佳话。

岳麓山最大特色体现在儒、道、释三教共存，山下有四大书院之一的岳麓书院，也是中国现今保存最完好的一座古代书院。山腰有被誉为“汉魏最初名胜，湖湘第一道场”的麓山寺，山顶有道教第二十三真虚福地云麓宫。另外还有爱晚亭、白鹤泉、禹王碑、清风峡、望湘阁、飞来石、自鸣钟、响鼓岭、舍利塔、蟒蛇洞等名胜古迹的神话故事，无不引人入胜，令人流连忘返。岳麓山在中国近代史上亦有重要地位，爱晚亭、半学斋是毛泽东、蔡和森早年从事革命活动的地方。而且在岳麓山的苍松翠柏中，有许多革命先驱的墓葬，黄兴、蔡锷、刘道一、陈天华、焦达峰、蒋翊武、陈作新等革命志士都葬于此。

岳麓山风景名胜区是湖南省人民政府1987年公布的湖南首批省级风景名胜区。人们来这里，不仅是登高望远，更多的是在山清水秀之中感受湖湘文化的魅力。

（二）南岳衡山

衡山位于湖南南部的衡阳市南岳区，以“五岳独秀”著称于世。南岳因“度应玑衡”，如衡器一样可称天地之重量，能“铨德钧物”，故名衡山。它南起衡阳回雁峰，北至长沙岳麓山，逶迤盘旋八百里。在南岳大小七十二峰中，以祝融、天柱、芙蓉、石廪、紫盖五峰较高。主峰祝融峰海拔约1300米，可俯瞰群山，观赏日出。

南岳的森林覆盖面积达90%，无峰不绿，被称为“绿色宝库”。南岳衡山已记录高等植物266科、973属、2149种，南岳衡山尚存古树名木46科83属124种，共计古树名木4816株，其中树龄100年以下的名木有44株，100～299年的古树有4595株、300～499年的古树有153株，500年以上的古树有24株。这些林海中的树木，形态不一，各具千秋，或老态龙钟，或盘根错节。所有这些林海中的珍品，都为这一座名山增添了绚丽的光彩。

南岳由于地形地貌多样，植被茂密，古木参天，是飞禽走兽的天然乐园，在这里生活的有国家一级保护动物黄腹角雉，二级保护动物灰胸竹鸡、红腹锦鸡、林麝、大灵猫、穿山甲、大鲵、青鼬、獐、小灵猫、斑羚、苍鹰、鸢、松雀鹰、虎纹蛙等21种，还有湖南重点保护动物34种。

相传炎帝神农氏带领氏族来到潇湘，火神祝融以火施化，所以南岳以祭祀神农氏为主，祝融为辅。自舜帝南巡开始，南岳就成了历代官员名流狩猎和祭祀的地方。南岳有四绝，分别为祝融峰之高，藏经殿之秀，方广寺之深，水帘洞之奇，令人神往。南岳风光绚丽多彩，还有由春日之烟云，盛夏之茂松，金秋之日出，冬雪之冰琼构成的四时佳景。

南岳原为道教圣地，素有二洞天、三福地、三十八宫观之说，黄庭观、玄都观都非常著名。后来佛教兴起，梁天监年间，惠海和尚南来创方广寺，海印和尚建南台寺，天台二祖慧海和尚住般若寺，遂有“十大丛林，八百茅庵”之说，成为东南亚的佛教圣地。唐宋以来，不少文人学士云集南岳，在此讲学论道，著书立说，如李白、杜甫曾在此吟咏，朱熹、张栻在此唱和，唐朝宰相李泌在此建邺侯书院，宋代胡安国、胡宏父子著书于春秋楼，湖湘学派由此创立。抗日战争期间，周恩来、叶剑英在此培训干部，以抗击日军的侵略。南岳的文化堆积，就是在道、佛、儒竞相发展中繁荣，形成了“中华文明的奥区”。

（三）武陵源

武陵源风景区位于湖南西北部，澧水中上游，属武陵山脉腹地，由张家界森林公园、索溪峪自然保护区、天子山自然保护区组成，总面积369平方千米。武陵源以独特的石英砂岩峰林地貌著称，以“峰奇、水秀、峡幽、林深、洞奥”为主要特色。

张家界只是一个普通的名字，但藏着世间的大美，若不是吴冠中一次不经意间的走入，恐怕现在仍不为人知。1979年，画家吴冠中应邀来湖南为人民大会堂湖南厅绘制巨型风景画稿《韶山》，采风途中，在老乡的推荐下，将信将疑的吴冠中来到了还是大庸县北一个林场的张家界，他被张家界举世无双的美震撼了。奇山异水触发了吴冠中的创作灵感。在接下来的三天中，他住在了张家界，并在艰苦的条件下连续画了五幅水墨风景，其中一幅宽两米、高一米的《自家斧劈——湘西张家界》惊艳了整个画坛。1980年元旦，吴冠中的散文《养在深闺人未识——一颗失落的风景明珠》发表在了《湖南日报》上。文中，吴冠中深情叙述：“为了探求绘画之美，我辛辛苦苦踏过不少名山，觉得雁荡、武夷、青城、石林……都比不上这无名的张家界。”一篇散文和多幅传世画作让世界都迷上了张家界。

1. 张家界森林公园

张家界

张家界森林公园（图4-1）位于武陵源西南部，面积130平方千米，是中国第一个国家森林公园，是张家界市开发最早的风景区。地貌奇特，石峰林立，形态各异，树木茂盛，森林覆盖率达97%；山峰高入云霄、顶端开阔平坦、气势雄壮，以黄石寨之雄、金鞭溪之幽、袁家界之奇、腰子寨之险、琵琶溪之秀、砂刀沟之野著称，有“三千奇峰，八百秀水”的美誉。

图4-1 张家界国家森林公园

2. 黄石寨景区

黄石寨景区位于张家界国家森林公园西部，是森林公园内景点集中、风光独特的景区。传说古时因黄石老人隐居于此得名，又因为山形酷似雄狮，又名黄狮寨。黄石寨是由悬崖峭壁托起的一块台地，海拔1200多米，是张家界景区最大的观景台，有“不到黄石寨，枉到张家界”的说法，在这里可以欣赏到峰林、云海、日出。登黄石寨，沿途可观赏到杉林幽径、罗汉迎宾、半壁江山、点歌台、天书宝匣、定海神针、南天一柱、金龟探海、五指峰等，登上山顶的六奇阁，可以将千山尽收眼底。

3. 金鞭溪景区

金鞭溪景区位于张家界国家森林公园东部，因流经著名的金鞭岩得名。金鞭溪发源于张家界土地垭，自南向北，蜿蜒曲折，穿行于幽谷深涧之中，经过紫草潭、跳鱼潭，最后再水绕四门与龙尾溪、鸳鸯溪、矿洞溪汇聚，是武陵源最美的溪流，有“千年长旱不断流，万年连雨水碧青”的美誉。金鞭溪两侧峭岩壁立，造型奇特，在山岚林霭中变幻莫测，有平滑方正的石碑峰、栩栩如生的骆驼峰、熠熠生辉的金鞭岩、气势雄伟的神鹰护鞭、妙趣横生的双龟探溪等。

4. 天子山自然保护区

天子山自然保护区位于武陵源风景区东北部，东连索溪峪，南接张家界。原名青岩山，传说明初土家族起义军领袖向大坤，自称向王天子，曾率军3万人在此与朝廷抗衡，土家人为了纪念这位英雄，改名为天子山。主峰海拔1262.5米，峰林、日出、云瀑、冬雪构成天子山四大奇观，特别是以峰林奇观闻名遐迩，是武陵源的“峰林之王”，人称这里是“扩大的盆景，缩小的仙境”。精华景点有神秘的神堂湾、壮观的西海石林、神兵聚会、将军岩、采药老人、御笔峰等，御笔峰被称为是张家界的标志峰。建在天子山云青岩的贺龙公园是武陵源唯一的大型人文景观。

5. 索溪峪自然保护区

索溪峪自然保护区位于武陵源风景区的东部，以山奇、水秀、桥险、洞幽著称于世，共有200多个景点。位于保护区南部的宝峰湖是一座罕见的高峡平湖，水面约30万平方米，深72米，湖长2.5千米，湖中有绿岛，四周群峰环绕，风景极为秀丽，被誉为“人间瑶池”。索溪峪河口村山腰上的黄龙洞更被誉为世界溶洞的全能冠军，是武陵源最著名的溶洞。以高阔的洞天、幽深的暗河、悬空的瀑布、密集的石笋汇成气势雄伟的洞穴大观。所有钟乳石中，以定海神针最为惊奇，定海神针高达19.2米。1998年，中国平安保险公司张家界分公司以1亿元人民币对该石柱进行投保，开创了世界自然遗产某一局部景观投保之先河。黄龙洞的规模与景观，在世界上也属罕见，有“洞中乾坤大，地下别有天”之称。

（四）崀山

崀山位于邵阳市新宁县城南约10千米处，其名称来源，传说古时舜帝南巡至此，被其秀丽风光所吸引，欲赐地名，他先用竹简写了一个“山”字，又在下面加了一个“良”字，意为天下良山，后人遂称崀山。崀山地处湘桂边境，南部靠近桂林风景区，北部跟张家界风景区呼应，被列入世界自然遗产、国家重点风景名胜区、国家地质公园等名录。景区总面积约108平方千米，其间有气势恢宏的丹霞峰林，纵横交错的赤壁峡谷，刀削斧劈的一线天，惟妙惟肖的象形景观，清澈碧透的扶夷江水。崀山是目前全国乃至世界稀有的大面积丹霞地貌景区，被誉为“丹霞之魂、国之瑰宝”。崀山有六绝：天下第一巷、鲸鱼闹海、将军石、骆驼峰、辣椒峰和天生桥。

1. 骆驼峰景区

骆驼峰景区（图4-2）地处崀山镇石田村一带，分别有骆驼峰、辣椒峰、飞濂洞、林家寨、连山五个小景区。骆驼峰峰顶高187.8米，那是“骆驼”的背部，前有惟妙惟肖的头部，连着这个驼峰形的山峰后是一个秃尾形的小山头。这匹“骆驼”总长273米。与骆驼峰遥遥相对的是辣椒峰，绝对高度180米，石顶周长100米，因酷似一只上大下小的辣椒而得名。

图4-2　骆驼峰景区

2. 八角寨景区

八角寨景区位于崀山风景区的最南端，与广西的资源县接壤。到这个景区必登云台山，云台山峰顶十分奇特，山石恰好分为八扇伸向八方，再连接八方的群山，八角寨因此得名，伸向八方的山峰，有六个在湖南，两个在广西。站在山上，浮云缥缈之中，群山逶迤起伏，大小百余拔地而起的赫红色奇峰异石，酷似一条条越浪遨游的巨鲸，穿云破雾，气势非凡，这就是“鲸鱼闹海”的奇观。

3. 扶夷江景区

扶夷江景区是崀山风景区里山与水相映成趣的精华景区之一。乘着竹筏在扶夷江中游览，碧水清波，雨后斜阳，一派诗情画意的世外桃源景象。这里最该叫绝的是将军石，此山因酷似古代武将的形象而得名，有75米高，英气地屹立在扶夷江畔，被当地群众称为护卫崀山好山好水的天神。除将军石外，还有长堤柳岸、崀虎啸天、团鱼石、婆婆岩、莲潭映月等景点。

4. 紫霞峒景区

紫霞峒景区在崀山风景区的北部。湘南人称的峒就是大峡谷类型的狭长开阔地。进入景区，可见两侧群山紧密相连，中间地带植物繁茂，这里有红云寨、象鼻山、将军墓、青蛙石、紫霞大佛、揽胜阁等景观。

（五）苏仙岭

苏仙岭位于郴州市城东1.5千米处，为五岭之一的骑田岭余脉，海拔525米，周围16平方千米，被誉为“天下第十八福地”。苏仙岭原名马岭山，又名牛脾山，因为郴州人苏耽在此修道成仙，改名为苏仙岭。苏仙岭从山麓至山顶有许多景点，如桃花居、白鹿洞、三绝碑、景星观、八字铭、沉香石、苏仙观等。

桃花居坐落在苏仙岭西麓，背靠青山，面对桃花流水溪，四周被葱茏的树木掩映，桃花居为青瓦白墙，装饰有花格窗棂，房前有假山流水，环境十分优雅。

在桃花居上方的石崖下有白鹿洞，从白鹿洞拾级而上可见“三绝碑”。北宋绍圣四年（1097），著名词人秦观遭贬至郴州，借景抒情，写下《踏莎行·郴州旅舍》，三年后含愤离世。苏轼在极度感伤中写下“少游已矣，虽万人何赎”的跋语。后来著名书法家米芾将秦词、苏跋书写下来，传到郴州。郴州人为了纪念秦少游，把秦词、苏跋、米书刻在碑上，史称三绝碑。南宋时郴州知军邹恭再把原碑拓上，转刻在苏仙岭白鹿洞的大石壁上，这就是今人所看到的“三绝碑”。

苏仙观位于山顶，也称苏仙庵。有正殿三间，为庑殿式三进，分上、中、下三厅，上厅塑苏仙童年雕像及白鹤，中下厅原为历代文人题刻，今已无存。登苏仙观远眺，四方风光尽收眼底。

（六）莽山

莽山位于郴州市宜章县境内，南岭山脉中段的湘粤交界处，总面积2万公顷。莽山地形复杂，山峰尖削，沟壑纵横，境内海拔1000米以上的山峰有150多座，最高峰猛坑石海拔1902米，被称为“天南第一峰”。这里气候温和，雨量充沛，是我国冬有冰雪的最南线。由于优越的自然条件，这里森林植被种类繁多，为南北植物荟萃之地，世界上亚热带原始次森林、常绿阔叶林保存最完好、最具代表性的林区。有植物1700余种，属于国家一级保护的珍稀植物5种，有脊椎动物近300种，其中雪豹、黄腹角雉、梅花鹿、金猫、蟒蛇等属国家一级保护动物。莽山烙铁头是世界上首次发现的新蛇种，被中外专家称为“天然动植物博物馆”和“生物基因库”，是国务院批准的国家级自然保护区。

鬼子寨风景区是一个高山峡谷，谷深数百米，山谷中树木茂盛，人迹罕至。谷中有一瀑布，高约数百米，分三级飞泻而下，汇入山溪石潭。岩子石风景区，惊险壮丽，人站在山顶上俯视峡谷，云雾漂浮，高深莫测。踏入谷底，乱石林立，藤葛牵挂。除此之外，莽山还有通天蜡烛峰、三姐妹、摩天岭、浪畔湖、林子坪水库等众多景区。

（七）九嶷山

九嶷山位于宁远县城南30千米处，又名苍梧山，属南岭山脉萌诸岭山系。此处有九峰矗立，舜源峰居中，娥皇、女英、桂林、杞林、石城、石楼、朱明、萧韶八峰拔地而起，如众星拱月，无不朝向舜源峰，有“万里江山朝九嶷”之说。九嶷山风景区面积达200平方千米，横亘宁远、道县、江华、蓝山之间。相传九嶷山为舜帝埋葬处，《史记·五帝本纪》记载："舜南巡崩于苍梧之野，葬于江南九嶷。"这里至今保存全国仅有的舜帝陵和历代祭碑等重要古迹。

境内群山起伏，景观迷人，山上古木参天，云雾缭绕，斑竹丛生，清泉飞溅；山中溶洞众多，钟乳、石笋千姿百态，以紫霞、碧虚、玉琯、飞龙、白马最为著名；山下瑶胞散居，吊楼幢幢，林木掩映。九嶷山以其独特的风光，动人的传说，丰富的文物，奇异的溶洞，古朴的瑶家风情驰名中外。

（八）桃花源

桃花源位于常德市桃源县城西南15千米的水溪附近，距离常德市43千米。早在陶渊明之前，西晋文人黄闵所著的《武陵记》就记载："武陵山中，有避秦人居之，寻水，号桃花源。"自陶渊明的《桃花源诗并序》后，不少文人雅士慕名而来，留下大量诗词歌赋，据史籍记载，孟浩然、张旭、王维、李白、刘长卿、刘禹锡、王昌龄等名流都到过桃花源。

景区总面积为157平方千米，包括神话故乡桃仙岭、道教圣地桃源山、福地洞天桃花山、世外桃源秦人村四个景区近百个景点。桃仙岭扼桃花源的大门，桃花源牌坊就立于319国道旁，为仿古建筑，牌坊上方匾额题有"桃花源"三字，两边有"红树青山斜阳古道，桃花流水福地洞天"的对联，陶渊明塑像神情淡泊，颇具仙风道骨。桃源山是道教圣地，有水府阁、桃川宫、天宁碑院等。桃花山里有"武陵渔郎沿溪行欲穷其林"的穷林桥、陶渊明采菊东篱悠然饮酒的菊圃、王质观棋烂柯的遇仙桥、缅怀先哲的集贤祠、古香古色的桃花观等，景区内的方竹亭为明代所建，是桃花源现存最古老的建筑。秦人村重山阻隔，有秦人古洞、豁然台、秦人宅和天下一绝的十里竹廊。桃花源种植的桃花品种达90多种，每年春季花开时节，桃红柳绿，繁花似锦。桃源县把每年的3月28日定为桃花节。

（九）城步南山

南山位于邵阳市城步苗族自治县西南部，雪峰山脉南段，总面积152平方千米，拥有连片天然草山23万亩，绵延80余里，人称八十里大南山，是中国南方最大的现代化牧场，被称为南方的"呼伦贝尔"。它得天独厚，平均海拔1760米，像一块碧绿的翡翠，嵌镶在湘桂边陲的崇山峻岭之上。上有48坪，48溪，坪坪芳草茵茵，溪溪清流涓涓。这里风光秀丽、空气清新，既有北国草原的苍茫雄浑，又有江南山水的灵秀神奇，年平均气温10.9℃，夏季最高气温28℃，冬无严寒，夏无酷暑，是一个集放牧、旅游、疗养、避暑、狩猎于一体的天然草场公园。主要景点有青塘坳神雾区、神牧区、大丫口、饺子洞、神童山、南山湖等。

（十）阳明山

位于永州市双牌县东北部，素享"北有庐山，南有阳明"的美誉。阳明山东西纵横75千米，南北蜿蜒60余千米，境内有大小山峰161座，主峰望佛台海拔高达1624.6米。这里山高林密、沟壑纵横、森林茂密、树种繁多，清泉飞瀑，云山雾海，鸟语虫鸣，奇花异草，相互辉映。钟灵毓秀，气候宜人，冬无严寒，夏无酷暑，有“不装空调不摇扇，伏暑午睡盖棉被”的说法。阳明山植被丰富，尤以“十万亩连片野生杜鹃林海”最负盛名。从海拔300米的山脚，到海拔1600多米的山顶，杜鹃随处可见，有30多个品种，花期长达一个半月。阳明山古迹众多，原有寺庵27处，是湘南重要的佛教圣地。阳明山以奇特、秀美、自然、清新、齐全的旅游资源为特色，是一处天然的游览、避暑、疗养、修禅胜地。

三、湖南秀水之旅

湖南江河纵横，湖泊水库星罗棋布，水域宽阔，水景资源非常丰富。流域面积50平方千米及以上的河流1301条，总长度为46011千米，大大小小的河流大都汇经湘、资、沅、澧四水注入洞庭湖。

洞庭湖是全国第二大淡水湖，烟波浩渺，湖光山色，四季皆宜。这“一湖四水”在湖湘大地上织成宏阔大气的水网，显示出湖湘大地的灵动与秀逸。

（一）湘江

湘江，湖南最大的河流，发源于湖南省永州市蓝山县紫良瑶族乡蓝山国家森林公园的野狗岭，河源为潇水，在永州市的萍岛汇合广西白石河水，简称湘江。湘江斜贯永州市、衡阳市、株洲市、湘潭市、长沙市，至岳阳市湘阴县濠河口注入洞庭湖，其在湖南境内全长670千米，沿途接纳大小支流2157条，流域面积9.5万平方千米。永州、衡阳为上、中、下游的分界，长沙以下为河口段。上游水急滩多，中下游水量丰富，水流平缓。干支流大部分可通航，过去为两湖与两广的重要交通运输线路。湘江是湖南的母亲河，是孕育湖湘文明的生命之河，湖南因有湘江而简称“湘”。

潇湘二水相汇，荟萃了永州美景之精华。朝阳旭日、回龙夕照、萍洲春涨、香零烟雨、恩院风荷、愚溪眺雪、绿天蕉影、山寺晚钟组成的永州八景，是永州最负盛名的景致。如此美景，使得历代诗画层歌迭唱，五代南唐画家董源最早创作了《潇湘图》，后又有宋迪作《潇湘八景图》，唐代诗人杜荀鹤曾咏叹“残腊泛舟何处好，最多吟兴是潇湘”，宋代文豪欧阳修惊叹“画图曾识零陵郡，今日方知画不如”。潇湘二水相汇，不仅使湘江有了更为宏阔的气势，更重要的是为潇湘大地增加了无尽的诗意和厚重的底蕴。舜帝南巡潇湘，他那以人为本、勤政爱民、谦恭尚礼的深广情怀和道德文化，伴随着滔滔江流，滋润着一代代华夏子孙。在这条河流里，还流淌着中国乃至世界最古老的稻作文化及后来的周敦颐理学文化，它们又深远地影响着中国乃至世界。

（二）资江

资江，又称资水，位于湖南省中部。按方位排序，资江排第二，但是按照河长排序，资江是湖南省的第三大河。它有两个源头：左源赧水源出湖南省城步苗族自治县北青山，是其主源；右源夫夷水发源于广西壮族自治区资源县越城岭，两水在邵阳县双江口汇合，始称资江，流经邵阳市、娄底市、益阳市。在益阳市赫山区甘溪港后分为两支，北支于杨柳潭注入南洞庭湖，南支于湘阴县临资口注入湘江。资江自源头至甘溪港长653千米，流域面积2.81万平方千米。资江至新邵县小庙头为上游，小庙头至桃江县马迹塘为中游，马迹塘以下为下游。中上游穿行于山区，河道弯曲狭窄，水流湍急，下游河谷开阔，水流缓慢。

在资江之源赧水上游有历史文化名城武冈，这里流传着后汉阀五溪蛮的传说，有南宋诗人陈与义的诗作石刻；顺赧水而下至隆回，这里是“睁眼看世界第一人”魏源的故乡；资水与邵水汇合处是邵阳市，古称宝庆，自西汉置县，历代繁华；沿资江而下便是娄底市的新化县和益阳市的安化县，这里有神秘的梅山文化和勤政爱民的陶澍；资江过安乡，两百里水路到益阳，这里有绿波浩荡的竹海，渔舟唱晚的湖乡，有唐代的白鹿寺，还有著名的裴公亭。

（三）沅江

沅江，又称沅水，为湖南第二大河。它有南北两源，南源龙头江，发源于贵州省都匀市云雾山，北源重安江，发源于贵州省麻江县平越大山，两江于岔河口汇合后称清水江，由銮山入湘，至洪江市与渠水汇合后始称沅江。沅江流经怀化市、湘西自治州和常德市，在常德汉寿县德山注入洞庭湖，全长1033千米，湖南境内长568千米，流域面积8.92万平方千米，其中位于湖南省有5.11万平方千米，多年平均径流量393.3亿立方米，其流域水量和水能资源居四水之冠。

沅江从江源到洪江为上游，从洪江到沅陵为中游，沅陵以下为下游。在沅江中游，有湘黔边境上的大商埠洪江古商城，它地处沅江与巫水交汇处，是古黔、汉之间水运必经之地。沅江北下，来到凤凰，体会沈从文《边城》中描写的“梦里的故乡，远去的家园”。沅江流经沅陵，接纳了西来的酉水，这里有“学富五车，书通二酉”典源地二酉山、发掘了万枚秦代简牍的里耶古镇、夸父遗址夸父山、江南第一古刹龙兴寺。沅江经沅陵而下，直抵常德，常德因德山而得名，德山因善卷而名动，其“善德积彰”精神，浸润着一代代湖湘儿女。

（四）澧水

澧水是湖南的第四大河流，有北、中、南三源，北源在桑植县杉木界，中源在桑植县八大公山，南源在永顺县龙家寨，三源在桑植县南岔汇合后，经张家界市、慈利县、石门县、澧县，在津市小渡口注入洞庭湖，全长388千米，湖南境内流域面积约1.85万平方千米。澧水自河源至桑植为上游，桑植至石门为中游，石门以下为下游，中上游溶洞暗河遍布，岩险石怪，潭多流急，下游河道平缓。澧水沿途有苦竹河古镇、九溪卫治所江垭、城头山古遗址等。

（五）洞庭湖

洞庭湖（图4-3），古称“云梦泽”，其名最早见于《战国策》：“昔者，三苗之居，左彭蠡之波，右有洞庭之水。”屈原名作《九歌·湘夫人》中亦有“洞庭波兮木叶下”之句，可见早有“洞庭”之名。洞庭湖位于湖南省北部，属于构造湖，是长江中游大型洪道型湖泊。由西洞庭湖、南洞庭湖、东洞庭湖三个主要的湖泊组成，为我国第二大淡水湖，洞庭湖吞吐长江纳“四水”，号称“八百里洞庭湖”，水量充沛，但变化大，有“洪水一大片，枯水几条线”之说。

洞庭湖

洞庭湖是湖南的宝地，是鱼米之乡，充足的水和光造就洞庭湖区农业的富足，适宜的气候赋予了洞庭湖区万物生机。湖南将近三分之一的粮食、近二分之一的芦苇和油料、十分之七的棉花、十分之八的麻类都来源于此。洞庭湖是鸟类、水禽、鱼类的王国，这里有三百余种鸟类，包括雁、鹤、野鸭等数十种水禽种群，还有中华鲟、白鲟等珍稀鱼种。东洞庭湖1992年被列入《国际重要湿地名录》，有鸟类13目50科306种，其中国家一级保护的有白鹤、白头鹤、白鹳、黑鹳、大鸨、中华秋沙鸭，白尾海雕7种，二级保护的有小天鹅、鸳鸯、白枕鹤、灰鹤、小白额雁等37种。

洞庭湖旅游资源丰富，是我国湖泊旅游景观的典型代表。清代《洞庭湖志》所载“潇湘八景”中的“洞庭秋月”“远浦归帆”“渔村夕照”尽在洞庭一湖。洞庭湖为荆襄门户，为兵家必争之地，汉代马良入武陵，曾屯兵于益阳马良湖；三国刘备与孙权分荆州以湘水为界，屯兵防守；钟相、杨幺在此揭竿起义；吴三桂据岳阳金鹗山与清军抗衡达6年之久。洞庭湖也是文人墨客歌咏不尽的天堂，屈原、陶渊明、杜甫、李白、刘禹锡、范仲淹等在此留下了不朽篇章。屈原为洞庭湖专门创作了《云中君》《湘君》《湘夫人》《招魂》等名篇，杜甫的《登岳阳楼》更为千古绝唱，范仲淹的《岳阳楼记》使得洞庭湖与岳阳楼一同名扬天下。

图4-3 洞庭湖

（六）浏阳河

浏阳河又名浏渭河，位于湖南省东部，是湘江的一级支流河，发源于罗霄山脉大围山北麓，有大溪河和小溪河两个源流，全长共234.8千米，流域面积4665平方千米，流经浏阳市、长沙县共40多个乡镇。浏阳河上游为杨潭乡（现高坪乡）双江口河段；中游为双江口至镇头市河段；下游从镇头市起始，在长沙市的陈家屋场注入湘江。浏阳河十曲九弯，清波荡漾，两岸风光秀丽，名胜古迹不计其数，有开福寺、马王堆汉墓、陶公庙、许光达故居、黄兴故居、徐特立故居、谭嗣同故居、浏阳文庙等，土特产也非常丰富，有湘绣、花炮、豆豉、茴饼、纸伞、竹编等。

（七）东江湖

东江湖位于郴州市东部资兴市境内，距郴州市区约40千米，自然景观和人文景观交相辉映，是融山、水、湖、坝、岛、庙、洞、庄、漂、瀑、雾、林、园、石、温泉、狩猎、水上娱乐于一体的国家级风景名胜区和度假区。东江湖风景区的旅游资源主要集中在东江湖、天鹅山国家森林公园、程江口三大区域。东江湖景区树古林密，全景区的自然植被被规划为一级保护区，拥翠峡、龙景峡谷、东江漂流沿岸的植被有很多都是原始次森林。而水体景观不仅表现在“山山有水景，处处闻水声”的数量优势上，更表现在水体景观的种类齐全和水上旅游项目的花样繁多上，不仅具有风景河段、湖泊、瀑布、泉等水体景观，还开展了水上漂流、水上跳伞、水上滑道、垂钓、猴古山负离子呼吸区以及水上观光等旅游项目。特别是被誉为“中华奇景、宇宙奇观”的小东江水雾（图4-4），每年的4～11月，每逢太阳升空前和太阳落山后，从东江湖风景区的门楼至东江大坝12千米的小东江狭长的平湖上，云蒸霞蔚，宛若一条玉带在峡谷中飘拂，似驾祥云，遨游仙境。东江湖总面积200平方千米，蓄水量81亿立方米，相当于半个洞庭湖。湖周森林环绕，水质清冽，有湖心岛和半岛13个，岛上山奇水秀，景色迷人，其中最大的岛是兜率岩，岛中有兜率寺，寺中有幽深奇特的大溶洞，洞中景态万千，享有“东方瑞士”的美誉。国家森林公园天鹅山坐落在东江湖畔，形成了山水交融的东江湖，这里有东江急流险滩、兜率灵岩神境、龙景

图4-4 小东江水雾

峡谷奇景、岛屿群落等景观，形成了集旅游观光、休闲度假、康体疗养于一体的湖岛型旅游区，被誉为“人间天上一湖水，万千景象在其中”。

（八）猛洞河

猛洞河风景区位于湖南省湘西土家族苗族自治州永顺县境内，地跨古丈和永顺两县，与张家界和天子山毗邻，总面积约五百平方千米。它是一个集山势、水色、洞景和生物于一地，汇古镇风貌、民族风俗、山野情趣于一体的旅游胜地。猛洞河风景区由王村、猛洞河、不二门、老司城四部分组成，景色各异，令人神往。王村古朴美观的吊脚楼、曲曲弯弯的石板路、繁荣热闹的集市；猛洞河奇异峻美的高山峡谷、神奇莫测的飞瀑流泉、玲珑瑰丽的悬崖洞府；不二门奇特的石林碑刻、飞檐翘首的庙宇亭阁、原始古朴的民情风俗；老司城土司王故都宏伟的宫殿、纵横交错的卵石街道、难以计数的古墓牌坊都使来这里寻幽探胜的游客流连忘返，拍手称绝。他们夸赞猛洞河“纳三峡之雄伟、聚张家界之神奇、融漓江之旖旎、怀西湖之温馨”，是一幅奇妙的天然山水画卷。猛洞河不仅风光秀丽迷人，而且还是一个天然动物园和天然植物园。金丝猕猴、猴面鹰、飞鼠、金鸡等一百九十多种珍禽异兽，出没于山涧峡谷之中。植物种类繁多，树木五百多种，其中水杉、银杏、珙桐、鹅掌楸、毛红椿等国家珍贵保护树种十几种。奇花异草二百多种，厚朴花、百合花、芍药花、芙蓉花，以及各种各样叫不出名的香草野花，遍地皆是。一年四季，山花烂漫，鸟语花香。

猛洞河流域也是土家族同胞聚居的地区，有着独特的民情风俗和丰富多彩的民族传统文化。土家人的调年节、社巴节、吃新节、重阳节，以及提前一天过年的习俗都别有情趣。而土家族的摆手舞、茅古斯舞，以及打溜子、咚咚喹、挖土歌等歌舞乐曲，更是像陈年老酒一样醉人。猛洞河属亚热带温润季风气候区，年平均气温在16℃左右。春季，鲜花盛开；夏季，清凉静谧；秋季，满山红遍；冬季，冰花怒放。无论什么时候来这里旅游，都会有不同的感受。

任务小结

1. 收集古潇湘八景和新潇湘八景的基本信息。
2. 了解湖南14市州其他山水景观代表及其概况。

课后练习

一、判断题

1. 湖南省位于长江中下游，因大部分区域处于洞庭湖以南而得名。（　）
2. 湖南地势上处于我国的第二三级阶梯上，全省以高、低山与丘陵为主。（　）
3. 湖南最高峰为炎陵县的酃峰，海拔最低点为临湘市的黄盖镇。（　）
4. 张家界森林公园被称为“扩大的盆景，缩小的仙境”。（　）
5. 南岳有四绝，分别为日出、云海、森林、石瀑。（　）

6. 崀山位于邵阳市，属于丹霞地貌。(　)
7. 全国仅有的舜帝陵位于九嶷山。(　)
8. 资江主源是广西壮族自治区资源县越城岭。(　)
9. 潇湘八景中的“洞庭秋月”“远浦归帆”“渔村夕照”尽在洞庭一湖。(　)
10. 长江上游水急滩多，中下游水量丰富，水流平缓。(　)

二、思考题

1. 湖南的自然旅游环境有哪些特征?
2. 试比较武陵源风景区和崀山风景区的异同。

任务二

湖湘文化景观

学习目标

1. 素质目标

（1）爱国守法、崇德向善、文化自信。

（2）爱岗敬业、诚实守信、团结协作。

（3）热爱劳动、积极进取、精益求精。

（4）家国情怀、工匠精神、创新精神。

2. 知识目标

（1）了解湖南省文化景观的概况。

（2）熟悉湖湘文化景观的代表及其基本情况。

3. 能力目标

（1）收集湖湘文化景观的资料和信息，对其发展渊源进行分析总结。

（2）感受不同类型文化景观的特点，增强对湖湘文化的内涵探索。

（3）积极对文化景观背后的文化脉络和文化背景进行梳理。

（4）热爱湖湘文化，增强民族自豪感。

任务导入

岳麓书院的教学体制在今天看来还是相当合理的。书院实行“山长负责制”，山长这个称呼听起来野趣十足，正恰与书院所在的环境相对应，但据我看来，这个称呼还包含着对朝廷级别的不在意，显现着幽默和自在，尽管事实上山长是在道德学问、管理能力、社会背景、朝野声望等方面都非常杰出的人物。他们只想好生管住一座书院，以及满山的春花秋叶、夏风冬月，管住一个独立的世界。名以山长，自谦中透着自傲。山长薪俸不低，生活优裕，我最近一次去岳麓书院还专门在历代山长居住的百泉轩流连良久，那么清丽优雅的住所，实在令人神往。在山长的执掌下，书院采取比较自由的教学方法，一般由山长本人或其他教师十天半月讲一次课，其他时间以自学为主，自学中有什么问题随时可向教师咨询，或学生间互相讨论。这样乍一看容易放任自流，实际上书院有明确的学规，课程安排清晰有序，每月有几次严格的考核，此外，学生还必须把自己每日读书的情况记在“功课程簿”上，山长定期亲自抽查。课程内容以经学、史学、文学、文字学（即小学）为主，也要学习应付科举考试的八股文和试帖诗，到了清代晚期，则又加入了不少自然科学方面的课程。可以想象，这种极有弹性的教学方式是很能酿造出一种令人心醉的学习气氛的，而这种气氛有时可能比课程本身还能熏陶人、感染人。直到外患内忧十分深重的1840年，冯桂芬还在《重儒官议》中写道：今天下唯书院稍稍有教育人材之意，而省城为最。余所见湖南之岳麓、城南两书院，山长体尊望重，大吏以礼宾之，诸生百许人列屋而居，书声彻户外，皋比之坐，问难无虚日，可谓盛矣！

这种响彻户外的书声，居然在岳麓山的清溪茂林间回荡了上千年！

在这种气氛中，岳麓书院的教学质量一直很高，远非官学所能比拟。早在宋代，长沙一带就出现了三个公认的教学等级：官办的州学学生成绩优秀者，可以升入湘西书院；在湘西书院里的高材生，可升入岳麓书院。在这个意义上，岳麓书院颇有点像我们现在的研究生院，高标独立，引人仰望。

——节选自余秋雨．千年庭院［M］．北京：中国盲文出版社，2006

一、湖南文化景观概况

湖南省是我国古代文化发达的地区之一，三湘大地保存着极为丰富的文物古迹。通过考古发现，湖南境内有30多处旧石器时期遗址，900多处新石器时期遗址，常德澧县城头山原始社会古城址的发现把中华文明史向前推进了两千年。悠久的历史造就了灿烂的文化，中华民族两大始祖之一的神农氏炎帝、中国人文始祖舜帝的陵墓分别在株洲炎陵县和永州宁远县。湖南还是我国釉下彩陶瓷技艺的发源地，望城的铜官窑为唐代名窑。千年学府岳麓书院是世界上古老的大学之一。在广袤的三湘大地上，古镇古村如珍珠般散落，有中国第一古商城洪江、天下第一村张谷英村等。

二、湖南文化景观代表

（一）岳麓书院

岳麓书院

岳麓书院是一片古朴典雅的明清风格古建筑群，它坐落在风景名胜岳麓山清风峡口。它与江西白鹿洞书院、河南嵩阳书院、睢阳书院并称中国古代四大书院，是湖湘学派、宋明理学的发源地，其前身可追溯到唐末五代（约958年）智睿等二僧办学。北宋开宝九年（976），潭州太守朱洞在僧人办学的基础上，正式创立岳麓书院。而后，历经宋、元、明、清各代，至清末光绪二十九年（1903）改为湖南高等学堂之后相继改为湖南高等师范学校、湖南工业专门学校，1926年正式定名为湖南大学至今，历经千年，弦歌不绝，故世称“千年学府”。

岳麓书院占地面积21000平方米，是一座坐西朝东，由门堂、亭、台、楼、轩、斋、祠组成的古建筑群，现存建筑大部分为明清遗物，中轴线上依次为前门、赫曦台、大门、二门、讲堂和御书楼，北侧是半学斋、文庙、湘水校经堂、船山祠等纪念性建筑，南侧有教学斋、百泉轩、麓山寺等景点。各部分互相连接，合为整体，完整地展现了中国古代建筑气势恢宏的壮阔景象。

除建筑文物外，岳麓书院还以保存大量的碑匾文物闻名于世，如唐刻“麓山寺碑”、明刻宋真宗手书“岳麓书院”石碑坊、“程子四箴碑”、清代御匾“学达性天”“道南正脉”（图4-5）、清刻朱熹“忠孝廉洁碑”、欧阳正焕“整齐严肃碑”、王文清“岳麓书院学规碑”等。

图4-5　道南正脉匾

岳麓书院之所以人才辈出，湖南之所以人才辈出，都与岳麓书院“经世致用”的思想密切相关。一个人若想有经天纬地之才，救济万民之心，就必须要在年少时刻苦攻读，完善自我。岳麓书院内遍植桑树，就是提醒每一位学子都要像春蚕一样埋头苦学，终生不辍；讲堂四壁上石刻的书院院规则是要规范每一位学子的思想、品格乃至言行举止；书院内“实事求是”“道南正脉”等匾额也是告诫每一位学子都要牢记儒家传统中虚怀若谷、严谨治学的优良风格。岳麓书院“经世致用”的教育原则就是要求每一位学子将知识取之于书，用之于民，只有那些济世救国、奋勇当先的学子才能在岳麓书院永远受到尊重和怀念。

（二）铜官窑遗址

长沙铜官窑遗址位于湖南长沙市望城区铜官镇至石渚湖一带的湘江岸边约5千米的范围内，为全国重点文物保护单位，素有“十里陶城”之称，总面积100多平方千米，创烧于唐初，衰于五代，是该时期有名的古窑之一。1958年这里首次发现了古代的窑址，因为瓦渣坪隶属于铜官镇，所以称铜官窑，又因为铜官属长沙，故也称之为长沙窑。1965年和1978年湖南的考古工作者对铜官窑遗址进行了两次发掘，在约30万平方米的范围内共发现了古窑址19处。遗址公园包括谭家坡遗迹馆、长沙铜官窑博物馆和觉华塔等景点，整体展现唐风古韵。谭家坡龙窑是目前发现世界上保存完好的唐代龙窑，谭家坡遗迹馆全方位展示长沙铜官窑的历史文化和陶瓷制作工艺；长沙铜官窑博物馆共有精品文物1100余件，基本陈列以“诗意的彩瓷”为主题，展现1200年前唐代长沙铜官窑陶瓷文化的发展历史，馆内设有“黑石号”文物专题展厅，展示千年“古丝绸之路”的遗珍；觉华塔是遗址公园标志性景点，位于觉华山顶，在宝塔上可俯瞰湘江北去。

铜官窑首创的釉下多彩工艺、模印贴花为其两大特色。出土瓷器种类繁多，造型优美，以生活器具为主。瓷塑的动物非常生动，褐绿色彩绘制人物、动植物、自然景物等，图案新颖多变，反映了唐代高度发达的瓷器制作水平。器物上的题诗、款识等文字材料，是长沙铜官窑瓷器的重要特征之一。铜官窑生产的瓷器以外销为主，极力开拓和占领海外市场，具有非常强烈的国际市场意识。

（三）开福寺

“天下名山僧占多”，许多著名寺院都是“古庙依青嶂，行宫枕碧流”，而开福寺没有藏于深山之内，却居于闹市之中。古开福寺位于长沙市北的开福寺路，湘江北大桥桥东，是我国佛教禅宗中临济宗杨岐派的著名寺院。开福寺由马希范建于五代时期，后经宋、元、明、清各朝，香火不绝，名僧辈出。寺院占地面积4.8万平方米，建筑面积1.6万平方米，有佛殿三进，即三圣殿（弥勒殿）、大佛殿（大雄宝殿）和毗卢殿。东厢有客堂、斋堂、库房、方丈居室；西厢为说法堂、禅堂等。山门额题“古开福寺”，两侧石联“紫薇栖凤，碧波潜龙”。寺内清康熙、光绪年间石碑各一块。开福寺是中国佛教重点开放寺院之一，被列为湖南省级重点文物保护单位，湖南省佛教协会和长沙市佛教协会均设在寺院内。

（四）炎帝陵

炎帝陵为举世闻名的始祖三陵之一，位于湖南省炎陵县城西鹿原陂。炎帝神农氏是中华农耕文化的创始者，为中华民族的始兴和繁衍做出了开创性的伟大贡献。炎帝生于湖北的随州，长于宝鸡姜水，名叫姜石年。晚年巡视南方，体察民情，为民宣医疗疾，因误食断肠草而“崩葬于长沙茶乡之尾”的炎陵县鹿原陂。史载汉代以前有帝陵，唐代奉祀以昌，宋乾德五年（967）宋太祖登基夜梦炎帝，遂于鹿原陂找到帝陵，“立庙陵前，肖像而祀”。古时历代帝王每年命官员定期于清明、冬至节气扫陵祭祀，至清朝末年，历代帝王祭祀炎帝陵达200多次。炎帝陵历经一千零三十几年，经过20多次大的修葺，1954年春节因香客失火，主殿、行礼亭全被焚毁。1988年按清代形制修复，1996年被列为全国重点文物保护单位。炎帝陵祭典被列为第一批国家级非物质文化遗产。

炎帝陵陵区面积2.4平方千米，共分五进。第一进为午门，左右为戟门、掖门。第二进为行礼亭，左右两廊为碑房。第三进为主殿，高官司祠、天使馆等。第四进为墓碑亭。

第五进为炎帝陵寝宫。四周红墙环绕，是中华儿女缅怀远古祖先的圣地。

（五）岳阳楼

岳阳楼矗立于岳阳市城区西北的古城墙上，与黄鹤楼、滕王阁并称为江南三大名楼。自古有“洞庭天下水，岳阳天下楼”的盛誉。岳阳楼的景观特色可以概括为四个方面。一是历史悠久，岳阳楼的前身为鲁肃修建的阅军楼，始建于东汉建安十九年（214），唐肃宗乾元二年（759）开始被称为岳阳楼。在江南三大名楼中历史最为悠久；二是风景独特，岳阳楼胜景由江、湖、山、城构成，“巴陵胜状，在洞庭一湖。衔远山，吞长江，浩浩汤汤，横无际涯，朝晖夕阴，气象万千”。岳阳楼得水而壮，得山而妍，形胜江南；三是它的文化深厚，《岳阳楼诗文集》中收录千余篇名篇佳作以及大量的楹联匾屏和书画碑刻，大多数都贯穿着中华民族的忧患意识，如杜甫的《登岳阳楼》，其忧国忧民情怀溢于言表，范仲淹的《岳阳楼记》“不以物喜，不以己悲”的处世哲理，“先天下之忧而忧，后天下之乐而乐”的忧患意识，更是将这个优秀传统发挥到了顶峰；四是文物珍贵，江南三大名楼中，唯有岳阳楼是保持原址原貌，具有历史艺术科学价值的国家级历史文物，岳阳楼为纯木结构，1983年按“整旧如旧”的原则落架大修而成，全楼没有一块砖石和一颗铁钉，全部用木料构成，门缝对榫，工艺十分精巧。“岳阳楼”的匾额为郭沫若手书，各层悬挂历代名家撰写的楹联，一、二楼各嵌有一副《岳阳楼记》雕屏，一楼的雕屏是清道光年间的复制品；二楼所嵌雕屏为清乾隆年间著名书法家张照所书，为传世珍品；三楼所嵌雕屏是毛泽东书杜甫诗《登岳阳楼》。

岳阳楼的右前方有四重重檐歇山顶的三醉亭，与君山郎吟亭相呼应；左前方是重檐六方攒尖顶的仙梅亭；靠湖边建有方形怀甫亭，玲珑典雅，亭中石碑刻有杜甫的画像和《登岳阳楼》诗，匾额为朱德手笔。园内还种植了许多名贵花木，楼亭参错，花木环绕，衔山纳翠，卓然生辉。

（六）张谷英村

位于岳阳张谷英镇的笔架山下，素有“江南第一村”之誉，是我国目前保存最完整的，体现汉族聚族而居的古建筑群。明洪武四年（1371）由始祖张谷英起造，经明清两代多次续建而成，具有明清时期古庄园建筑的风格。全村600多户人家、2600多人系明代张谷英的子孙。张谷英村建筑基本上保留了明代的原貌，保留下来的有三栋形似三翼飞机型的住宅，有当大门、西头岸、枫树屋、东头岸等片，全村总建筑面积5万平方米，有237个厅堂，1个礼堂，10间教室，1484间民房。独具特色的60条巷道四通八达，总长1459米，把整个屋场连成一片，走遍张谷英村，可晴不暴日、雨不湿鞋。 大小天井200多个，利于采光和通风，并且排水功能独特。

湖南夏季多暴雨，张谷英村又四面环山，如坐盆底，雨天天井底下横竖有序的石条下，有四通八达的隐形水道，水平适度，无一疏漏，水道通向村外的沟渠注入河流，且百年未疏不堵。

（七）城头山古文化遗址

位于澧县车溪乡南岳村城头山，发现于1979年，历经多次发掘，已发掘面积4000平方米。据考证，这是中国南方史前大溪文化至石家河文化时期的遗址，也是迄今中国唯一发现时代最早、文物最丰富、保护最完整的古城遗址，被誉为“中国最早的城市”。由于它的发现，将中华文明史向前推进了1000多年。这里有我国最早的保存较完整的古城垣遗址，城址平面呈圆形，由护城河、夯土城墙和东、西、南、北四门组成，而且还有比较完整的制陶作坊和多座台基式房屋建筑群。古城东城墙下发现的水稻田遗址，是当今世界上发现的历史最早、保存最好的水稻田遗址，证实了长江流域也是中华文化的摇篮。

（八）芙蓉镇

芙蓉镇（图4-6）位于湘西自治州永顺县酉水之滨，本名王村，是一个拥有两千多年历史的古镇。原为西汉酉阳县治所，因得酉水舟楫之便，上通川黔，下达洞庭，自古为通商口岸，素有“楚蜀通津”之称。因宏伟瀑布穿梭其中，又称“挂在瀑布上的千年古镇”。与龙山里耶镇、泸溪浦市镇、花垣茶峒镇并称湘西四大名镇，又有酉阳雄镇、“小南京”之美誉。后因姜文和刘晓庆主演的电影《芙蓉镇》在此拍摄，更名为“芙蓉镇”。

芙蓉镇不仅是一个具有悠久历史的千年古镇，也是融自然景色与古朴的民族风情为一体的旅游胜地，又是猛洞河风景区的门户、一个寻幽访古的最佳景点。四周是青山绿水，镇区内是曲折幽深的大街小巷，临水依依的土家吊脚木楼以及青石板铺就的五里长街，处处流淌着淳厚古朴的土家族民风民俗，让游人赞不绝口，流连忘返。胡绩伟先生游览猛洞河和王村以后作词赞道：“武陵山秀水幽幽，三峡落溪州。悬崖壁峭绿油油，悠悠荡华舟。烹鲜鱼，戏灵猴，龙洞神仙游，芙蓉古镇吊脚楼，土家情意稠。”“溪州民俗风光馆”

图4-6　芙蓉镇

中溪州铜柱为国家重点保护文物，高约5米，重2500千克，体现了我国古代铸铜技术的高超水平，是研究我国民族关系的重要实物史料。

（九）南方长城

中国南方长城又称苗疆边墙，地处湘黔交界的武陵山区。始建于明嘉靖三十三年（1554），竣工于明天启三年（1622），长城南起与铜仁交界的亭子关，北到吉首的喜鹊营，全长191千米，是中国历史上工程浩大的古建筑之一。南方长城沿城墙每三五里便设有边关、营盘和哨卡，以防苗民起义，如亭子关、乌巢关、阿拉关、靖边关等，如今这一线还依稀可见碉堡、炮台和边墙。城墙高约3米，底宽2米，墙顶端宽1米。凤凰县廖家桥镇永兴坪村的全胜营是南方长城目前保存最好的一段。南方长城是研究明清两代对边远少数民族征服统治鲜活的历史史料。

（十）洪江古商城

位于怀化市洪江区，在沅水、巫水汇合处。它起源于春秋，成形于盛唐，鼎盛于明清，以集散桐油、木材、白蜡、鸦片而闻名，是滇、黔、桂、湘、蜀五省地区的物资集散地，曾扼西南之咽喉而控七省，是湘西南地区经济、文化、宗教中心，素有“湘西明珠”“小南京”“西南大都会”之美称。古商城共保存有明、清古建筑（窨子屋）380多栋，总面积达50000多平方米。窨子屋青瓦灰墙，阁楼飞檐，按井字型排列，大多为两进两层或两进三层，主人皆为豪门贵族，富贾商人。庆元丰、萧恒庆、杨恒源、徐荣昌等“八大油号”所创的洪油品牌富甲一方，驰名海外。散落于商城内的60余座宫、殿、祠、寺、庙、院、堂、庵和串联在一起的17家报社、23个钱庄、34所学堂、48个半戏台、80家客栈、上百个作坊、近千家店铺各显神奇，确如一幅直观的明、清、民国社会市井全貌的“清明上河图”，一本了解资本主义萌芽历史的形象教科书，一座集政治、军事、经济、宗教、文化史料大全的活性博物馆，被有关专家誉为“中国资本主义萌芽时期的活化石”。

（十一）龙兴讲寺

位于湖南省沅陵县城西虎溪山的南麓，是一座保留有宋代至清代建筑风格的佛寺建筑，也是湖南现存最古老、规模最宏大、保护最完好的木结构建筑群。龙兴讲寺始建于唐朝贞观二年（628），后经元明清各朝陆续增修，更为壮观。该寺占地面积近2万平方千米，气势恢宏，现有山门、天王殿、弥勒殿、大雄宝殿、观音阁、弥陀阁及东西厢房，均依山而建。龙兴讲寺群体建筑装饰艺术极为丰富多彩，所有的木门窗棂格的花心裙板及横披皆雕刻而成并加以彩绘，构图饱满，线条流畅，花样繁多，特别是大雄宝殿中的镂空石刻讲经莲花座，玲珑剔透，甚是精美，相传为明代所制，为国内罕见之物。1999年中国考古十大发现之一的汉代呈阳墓就在“龙兴讲寺”后面。明代哲人王阳明来虎溪讲学，于寺后建“虎溪书院”，二者合一，称“龙兴讲寺”，是一座佛儒合一的寺庙。现为沅陵县博物馆所在地，是全国重点文物保护单位之一。

（十二）南岳大庙

南岳大庙位于赤帝峰下南岳古镇北方，是一座集民间祠庙、佛教寺院、道教宫观和皇宫殿宇于一体的古建筑群，有“江南第一庙”“南国故宫”之称，也是我国南方及五岳之中规模最大的庙宇。根据现存资料记载，唐代初年在衡山山脚修建了司天霍王庙，唐玄宗时改为南岳真君祠，宋代开始营建南岳司天昭圣帝庙祠，后经历六次大火和十六次重修扩建，最后在清光绪八年（1882）重建，由平江举人李元度受命重修，才形成今天的规模。大庙现存建筑共有九进、四院、八寺和八观，前后纵深375米，左右横宽前半段139米，后半段174米，总计占地面积98500平方米，四周围以红墙，角楼高耸，寿涧山泉，绕墙流注，颇似北京故宫风貌。中轴线上的主体建筑由棂星门、奎星阁、正川门（正南门）、御碑亭、嘉应门、御书楼、正殿、寝宫和北后门组成，为儒家的建筑风格。东边有八个道观、西边有八个佛寺。早在明清时期，大庙就以其出色的木刻、石雕、泥塑被誉为“江南三绝”。同时以八百蛟龙为最大特色，无论殿宇的梁柱、屋檐，还是柱基、神座，乃至门框、斗拱，神态各异的蛟龙，随处可见，原来这里自古就有八百蛟龙护南岳的传说。每到秋天，这里都要举行大型传统庙会。终年香客如云，香火鼎盛。

（十三）东江大坝

位于湖南省郴州资兴市，湘江支流耒水上游，是一座以发电为主，兼有防洪、航运等综合效益的水电工程。东江大坝是我国自行设计建造的第一座双曲薄壳型拱坝，坝高157米，底厚35米，顶宽7米，坝顶中心弧长438米，坝型美观、结构新颖、气势雄伟，当时在国际同类型坝中排名第二，在亚洲居第一位。

大坝两侧有三条滑雪式溢洪道，每当泄洪时，湖水从溢洪道飞泻而下，再腾空跃起，顷刻间化成雨雾，迷漫整个峡谷，其势如万马奔腾，其声似万钧雷霆。身历其境，如梦如幻，仿佛在缥缈之中，羽化飞升。即使在几里开外，仍感水星拂面，颇具“盘空舞雪飞泉落，扑面银花细雨来”的诗画意境。“一坝锁东江，高峡出平湖”。东江大坝就像一把巨锁锁住了往日放荡不羁的东江河，造就了烟波浩渺、风景如画的“湘南洞庭”——东江湖。

（十四）浯溪碑林

浯溪风景名胜区位于祁阳湘江大桥南端，面积16公顷，清代王士祯说过：“楚山水之胜首潇湘，潇湘之胜首浯溪。”浯溪保存有唐、宋、元、明、清至民国的诗文石刻共505块，是我国江南现存最大的露天碑林，也是全国罕见保存完好的露天碑林。

浯溪原为无名小溪。公元763年，唐代著名散文家、诗人元结因参与平定“安史之乱”有功，出任道州刺史，几次舟过祁阳，将无名溪命名为“浯溪”，将其山命名为“峿台”，修建的亭命名为“吾亭”，合称“三吾”，并撰写了三篇名文，请篆书家季康、袁滋、瞿令问分别以“玉著”“钟鼎”“悬针”篆体书刻于溪畔石上。元结还将761年所撰《大唐中兴颂》，请颜真卿大字正书摹刻于峿台崖壁，因其文奇、字奇、石奇，故称“摩崖三绝”。

自此，黄庭坚、米芾、秦观、范成大、董其昌、解缙、袁梅、何绍基、吴大澂等历代名人骚客在这里留有诗文书赋画刻于石上，遂成遍崖密布的露天碑林，是研究史学、文学、文字、书法的天然资料库。

（十五）曾国藩故居

曾国藩故居富厚堂，又名毅勇侯第，是曾国藩的府第，位于湖南娄底市双峰县东部的荷叶镇富托村，总占地面积四万多平方米，主体建筑近一万平方米，是典型的中轴线对称的明清回廊式建筑群体。富厚堂坐南朝北，背倚的半月形鳌鱼山从东南西三面把富厚堂围住。从远看去，富厚堂好似坐在一张围椅中。周围自然环境优美，后山上树木茂密，古树参天。门前是一片较开阔的平地，平地中有小河向东流去，平地四周峰峦叠嶂，群山环抱。

同治四年（1865）秋，素无终身官场打算的曾国藩，准备先动员家眷回籍“立家作业”，自己以后再作引退，因夫人欧阳氏对旧居黄金堂门前“塘中有溺人之事，素不以为安”，即令其子曾纪泽，“回湘禀商两叔”，移兑富托庄屋，由曾国潢、曾国荃、曾纪泽经手主持，依照侯府规模，花十年工夫营造了富厚堂。富厚堂为土石砖木结构，回廊式风格，内外建筑群有八本堂、求阙斋、旧朴斋、艺芳馆、思云馆、八宝台、辑园、凫藻轩、棋亭、藏书楼等各种建筑，当年正门上悬挂着“毅勇侯第”朱地金字直匾，门前花岗石月台上飘扬着大清龙凤旗、湘军帅旗、万人伞等，景象颇为壮观。整个建筑虽具侯府规模却古朴大方，虽有雕梁画栋却不显富丽堂皇，基本体现了曾国藩对建宅“屋宇不肖华美，却须多种竹柏，多留菜园，即占去四亩，亦自无妨”的意旨。富厚堂原称八本堂，取曾国藩“读书以训诂为本，诗文以声调为本，事亲以得欢心为本，养生以少恼怒为本，立身以不妄语为本，居家以不晏起为本，作官以不要钱为本，行军以不扰民为本”的家训，后曾纪泽据《后汉书》“富厚如此”而改现名。

（十六）魏源故居

魏源故居，坐落在湖南省邵阳市隆回县司门前镇学堂湾村之沙洲上，是一座两正两横的木结构四合院，院前有木结构槽门，四周用干打垒土墙围绕，形成一个独立的院落。魏源故居所在地，名曰沙洲，实则是一个台状的宅地，因其地形狭长如船，所以又叫“船形上”。四周为开阔的田垅，一条清澈的金水河从院后穿过，垅中有狮、象两山分立金水河两岸，狮山如奔，象山如扑，连着南端看似闸板高耸云天的五主峰，形成故居所在地有名的“狮象把水口，金板铲龙门”胜迹。南面远处矗立群山峻岭的中笔架山，是由三座大山的山尖并排而成的一个大笔架，正好与故居读书楼遥遥相对。

故居的主体建筑，为两正两横的木结构四合院，坐西朝东，院前有木结构槽门，四周有干打垒土围墙。平行排列的两栋正房均为平房，单檐悬山顶、盖小青瓦，面阔五间，进深二间。前正屋的一边是魏源父母的居室，另一边是一家人的起居之所。正屋的后面用作祭祀和接待重要客人。左侧厢房亦为平房，面阔五间，进深三间，曾被故居内住户改建得面目全非，2000年维修时恢复原貌，现辟为魏源生平业迹展览室。右侧厢房为二层楼房，面阔七间，进深四间。底五间正房为谷仓，两端为楼梯间。二楼为读书楼，魏源就是在这里启蒙读书，当年读书用的条案、条凳仍保留陈列在此。故居内的匾额和对联也都是当年魏源亲手撰写。故居的遗物不多，看上去简单朴拙，走进去就像是走进一个博大精深的文化思想宝库。

任务小结

1. 整理湖湘文化景观的相关知识，了解不同类型文化景观的概念、特征及代表。
2. 了解湖南14市州文化景观代表及其概况，熟悉文化景观背后的历史背景和文化背景。

课后练习

一、判断题

1. 岳麓书院与江西白鹿洞书院、河南嵩阳书院、城书院并称中国古代四大书院。(　)
2. 铜官窑生产的瓷器以内销为主。(　)
3. 炎帝神农氏是中华农耕文化的创始者。(　)
4. 江南三大名楼中，唯有岳阳楼是保持原址原貌的。(　)
5. 张谷英村具有元明时期古庄园建筑的风格。(　)
6. 城头山古文化遗址是中国南方史前大溪文化至石家河文化时期的遗址。(　)
7. 南方长城是研究明清两代对边远少数民族征服统治鲜活的历史史料。(　)
8. 龙山里耶古镇被称为“挂在瀑布上的千年古镇”。(　)
9. 浯溪保存有唐、宋、元、明、清至民国的诗文石刻共505块，是我国江南现存最大的露天碑林。(　)
10. 富厚堂原称八本堂，后曾纪鸿据《后汉书》“富厚如此”而改现名。(　)

二、思考题

1. 湖湘文化景观的类型主要有哪些？
2. 简述岳麓书院的发展历史、治学理念及其对湖湘文化的影响。

任务三

湖湘博物馆

学习目标

1. 素质目标

（1）爱国守法、崇德向善、文化自信。

（2）爱岗敬业、诚实守信、团结协作。

（3）热爱劳动、积极进取、精益求精。

（4）家国情怀、工匠精神、创新精神。

2. 知识目标

（1）了解博物馆的概念及特征。

（2）了解湖南省内博物馆的基本情况。

（3）熟悉主要博物馆的概况、基本陈列，了解其馆藏珍品。

3. 能力目标

（1）查阅和收集湖南省各大博物馆信息。

（2）感受不同市州博物馆特色，增强对湖南各市州的了解。

（3）热爱湖南，熟悉湖南历史。

任务导入

皿方罍［léi］

1919年湖南省桃源县出土，器盖高28.9cm，器身高63.6cm。器盖铸有“皿而全作父己尊彝”八字铭文，呈庑［wǔ］殿顶形；器身则铸有“皿作父己尊彝”六字铭文。罍身全器以云雷纹为地，上饰兽面纹、夔龙纹、凤鸟纹。肩部两侧装饰双耳衔环，正面腹部下方置一兽首鋬。四面边角及各面中心共装饰八条突起的长条钩戟形扉棱。整器集立雕、浮雕、线雕于一身，其造型、装饰风格来源于商代宫殿和宗庙建筑。

该皿方罍器型硕大，雄浑庄重，雕刻精美，富丽堂皇，是中国晚商青铜器鼎盛时期的代表之作，充分反映了中国青铜器铸造鼎盛时期的高超技艺和摄人心魄的气势，被誉为“外形与内涵”兼具的“神品”，堪称“方罍之王”，是中华灿烂文明和湖湘文化源远流长的绝佳见证。

——节选自湖南博物院官方网站

一、湖南省博物馆概况

博物馆是征集、典藏、陈列和研究代表自然和人类文化遗产实物的场所，对馆藏物品分类管理，为公众提供知识、教育和欣赏的文化教育机构、建筑物、地点或者社会公共机构。博物馆是非营利的永久性机构，对公众开放，为社会发展提供服务，以学习、教育、娱乐为目的。

湖南省文物保护及博物馆事业发展迅速。2020年，全省159家博物馆推出各类陈列展览近600个，开展“5·18国际博物日”、文化和自然遗产日等主题宣传展示活动370余场。在普及科学文化知识及进行爱国主义教育方面都收到了良好的效果。

二、湖湘博物馆巡礼

（一）湖南省博物馆

湖南省博物馆

湖南省博物馆是湖南省最大的历史艺术类博物馆，筹建于1951年，1956年正式对外开放，今馆址为其新馆，启用于2017年11月29日，总占地面积4.9万平方米，总建筑面积9.1万平方米，是首批国家一级博物馆、中央地方共建的八个国家级重点博物馆之一、全国优秀爱国主义教育示范基地。据博物馆官网显示，湖南省博物馆展厅面积2.7万平方米，馆藏文物18万余件，尤以长沙马王堆汉墓出土文物、商周青铜器、楚文物、历代陶瓷、书画和近现代文物等最具特色。湖南省博物馆共设长沙马王堆汉墓陈列和湖南人——三湘历史文化陈列两个基本陈列和青铜、陶瓷、书画、工艺4个专题展馆来展示人类优秀文化遗珍，定期举行特别展览和交流展览。

长沙马王堆汉墓陈列位于湖南省博物馆3楼展厅，面积5243.8平方米，分为序厅及惊世发掘、生活与艺术、简帛典藏、永生之梦四个单元。马王堆汉墓是西汉初期长沙国丞相利苍及其家属的墓葬，墓葬内的随葬品十分丰富，共出土丝织品、帛书、帛画、漆器、陶器、竹简、印章、封泥、竹木器、农畜产品、中草药等遗物3000余件。

湖南人——三湘历史文化陈列位于湖南省博物馆2楼展厅，以“湖南人”第一人称的自身来展示湖南的历史与文化，分别解读湖南人生活的自然环境与发展轮廓，即第一部分“家园”；湖南生活着什么样的人，现在的湖南人是如何形成的，即第二部分“我从哪里来”；湖南人如何获取生活资源，即第三部分“洞庭鱼米乡”；不同历史时期的生活状况以及相关生活习俗，即第四部分“生活的足迹”；湖南人的精神气质，即第五部分“湘魂”。

湖南省博物馆自2010年7月10日开始设置特别展览，至2021年1月15日，已先后举办了51次特展，包括有画吾自画——馆藏齐白石绘画作品展、楚骚回响——刘一原水墨艺术展、归真——张继陶现代陶艺作品展、大爱·大美——徐悲鸿与周令钊、戴泽艺术成就展、新时代的中国：创新湖南融入世界——新中国成立70周年湖南发展成就专题展、千年遗墨——中国历代简帛书法展、经验与策略——2019第七届“艺术长沙”等特展、从文艺复兴到印象派：欧洲绘画500年、秘鲁古代文明展——探寻印加帝国的源流等。

馆藏国宝有马王堆一号汉墓出土的黄纱地印花敷彩直裾式丝绵袍、商代晚期文物大禾人面纹方鼎、被誉为方罍之王的皿方罍（图4-7）、商代打击乐器象纹铜铙、汉墓T形帛画（图4-8）、朱地彩绘棺、黑地彩绘棺、人物御龙帛画、商代豕形铜尊、人物龙凤帛画、曲裾素纱禅衣、褚遂良所书《兰亭序》。

图4-7　皿方罍

图4-8　T形帛画

（二）湖南省地质博物馆

湖南省地质博物馆位于湖南省长沙市天心区杉木冲路49号，是湖南省最大的自然类博物馆、湖南省地学文化展示的重要窗口，与湖南省青少年活动中心、湖南省群众艺术馆和湖南省科技馆共同组成“三馆一中心”。据省地质博物馆官网显示，湖南省地质博物馆占地面积4.8万平方米，建筑面积3.2万平方米，其中地质博物馆主体大楼建筑面积2万平方米，展区面积7800平方米，共6个基本陈列，展出各类标本1万多件。

湖南省地质博物馆设蓝色星球，唯一家园——地球奥秘厅；丰厚宝藏，发展基石——地质矿产厅；山明水秀，造化天成——地质环境厅；地史更迭，生命演化——生命演化厅；大地馈赠，绚丽瑰宝——矿物宝石厅；经天纬地，智慧三湘——测绘地理信息厅6个基本陈列，另不定期设置特别展览。

（三）长沙市博物馆

长沙市博物馆位于湖南省长沙市开福区长沙滨江文化园景区（新河三角洲）内。长沙市博物馆是集文物收藏、保护研究、展示宣传、教育服务等功能于一体的国家一级博物馆、综合性地志博物馆。长沙市博物馆成立于1986年，新馆于2015年12月28日开馆，建筑层高5层，建筑面积2.4万平方米。

据官网显示，长沙市博物馆有展览面积9000平方米，馆藏文物达5万余件（套），涵盖了从旧石器时代至近现代印证长沙历史文化发展的各类实物，包括了能够展现长沙历史的商周青铜器、楚汉文物、唐代长沙窑瓷器和近现代文物，长沙市博物馆共设长沙古代历史文化陈列和长沙近代历史文化陈列两个基本展览，定期更新特色展览和交流展览。“湘江北去——长沙古代历史文化陈列”为长沙历史文化陈列上篇，分六个展区——湘江晨曦、青铜之乡、楚南重镇、大汉王国、湖湘首邑、明清府城，解读长沙自20万年前有人类活动以来，历经商周南征、楚人经略、汉廷分封、唐宋繁华至清初定为湖南中枢的发展过程，彰显长沙历史文脉。“中流击水——长沙近代历史文化陈列”为长沙历史文化陈列下篇，分倡导经世、引领新政、辛亥首应、建党先声、秋收起义、团结御辱、和平解放七个部分，表征长沙人民英雄为民族独立和人民解放做出的革命贡献。

馆藏精品有象纹大铜铙、乳钉云雷纹编铙、兽面纹提梁铜卣、草叶纹四山字铜镜、青釉褐绿彩绘兽座枕、长沙窑青釉褐彩“七贤”人物诗文罐、洪宪元年五彩瓶、双面透雕龙纹青玉佩、羊脂白玉翠盖鼻烟壶等。

（四）长沙简牍博物馆

长沙简牍博物馆位于长沙市天心区白沙路92号，成立于2002年，是国内首座集简牍收藏、保护、整理、研究和陈列展示于一体的现代化专题博物馆，藏品主要为1996年长沙走马楼出土的14万余枚三国孙吴时期纪年简牍和2003年发现的2万余枚西汉初年纪年简牍，另外，青铜、漆木、书画、金银等其他藏品约3500件。

长沙简牍博物馆占地30亩，主体建筑面积14100平方米，馆内展览面积约5000平方米，分为上下两层。展厅一层为《文明之路——长沙简牍博物馆基本陈列》，该陈列由四个部分组成：《三国吴简》《中国简牍》《世界文字载体》和《中国简牍书法》；二层为《湘水流过——湖南地区出土简牍展》，由“潇湘弦歌”和“简里湖湘”两大部分组成。

馆藏精品文物有嘉禾吏民田家莂、“陛下赠物”木楬、“君教”文书木牍、黑漆坐具、云鸟纹漆盘、博局盘、龙纹漆木瑟等。

（五）株洲市博物馆

株洲市博物馆位于湖南省株洲市天元区珠江北路205号（神农城景区内）。株洲市博物馆成立于1984年6月，是湖南省和株洲市两级爱国主义教育基地，属于综合性博物馆。

据官网显示，株洲市博物馆有馆藏文物5万余件，涵盖各个历史时期，尤以古生物化石、青铜器、陶瓷器、金银器和民俗文物具有特色。株洲市博物馆新馆总建筑面积20516平方米，其中地上建筑面积16536平方米，包括自然地理、历史文物、民俗文物、美术精品四大主题陈列展厅。

（六）湘潭市博物馆

湘潭市博物馆位于湖湘东路，新馆于2015年12月25日开馆，与规划展示馆、党史馆在同一座建筑中。湘潭市博物馆为城市综合型博物馆，展陈面积约8600平方米，有湘潭故事、名人世家、乡土情怀、馆藏赏珍4个主题展区。

博物馆收藏各种铜铁器、陶瓷器、玉器、字画等藏品10000余件，尤其为湘潭地方文物征集，其中以战国青瓷瓿、战国隐纹铜矛、春秋方形铜镜、越式青铜鼎、元代青花缠纹牡丹花纹罐、雍正天青釉瓷尊，以及谢时巨、陈鹏年、何绍基、左宗棠、彭玉麟等名人字画较为珍贵。

（七）衡阳市博物馆

衡阳市博物馆成立于1973年，位于风景如画的西湖公园对面。馆内展览大厅7间，陈列面积7260平方米，现有馆藏青铜器陈列展、馆藏陶瓷珍品陈列展、馆藏工艺杂项展、湖湘名人书画展和湖湘文化展5个展览。

衡阳市博物馆为全国重点博物馆，馆舍占地面积5000余平方米，文物藏品总数14499件。在这些文物中，最具特色的是商周青铜器、明清书画以及衡山窑粉上彩绘瓷器和明代纺织品服饰。商周青铜器中有国宝级文物春秋时期动物纹提梁卣和觥形青铜牛尊，书画精品有明代萧云从的《南岳七十二峰图卷》，瓷器有衡山窑粉上彩绘绿釉粮仓，纺织品文物有提花缎面狮纹补服等。

（八）岳阳市博物馆

岳阳市博物馆位于湖南省岳阳市岳阳楼区南湖新区龙舟街14号，地处南湖北畔，是地方志综合性文物类博物馆、国家二级博物馆。岳阳市博物馆始建于1996年8月，总占地面积1.1万平方米，总建筑面积8000余平方米，由赵朴初先生题名。

据2021年4月博物馆官网显示，岳阳市博物馆馆藏文物有5万余件，其中6件为国家一级文物，尤以春秋时期的青铜器最具特色，“愠儿”青铜盏是岳阳市博物馆的“镇馆之宝”。岳阳市博物馆设有洞庭长歌——岳阳古代文明展、岳阳民俗文化展和雷锋的故事——手绘连环画作品展3个基本展览，另有2个展厅定期举办内容各异、形式多样的临时性或纪念性专题展览。

（九）常德市博物馆

常德市博物馆位于湖南省常德市武陵区武陵大道282号，始建于1990年，是国家二级博物馆、湘西北地区大型地方综合性博物馆，其馆舍面积达1.1万平方米，有“常德历史”“常德民俗”“常德名胜”“常德根艺”“常德名人”五个常设展览，其中“常德历史”为基本陈列，其余为专题陈列。

截至2020年12月，常德博物馆有藏品12071件（套），其中珍贵文物1650件（套），藏品年代跨度大（战国到现代），类型多样，包括战国青铜兵器、汉代滑石器、五代铜镜、元代金银器、清代瓷器等。

（十）益阳市博物馆

益阳市博物馆始建于1984年，现为2005年兴建的新馆，位于益阳市赫山区康富南路，为国家二级博物馆。馆名由我国著名学者余秋雨先生题写，总占地面积50亩，建筑面积10200平方米。馆内珍藏有各类文物2万余件，有石器、玉器、陶瓷器、青铜器、书法、绘画、钱币、近现代文物等十多个门类，其中商周青铜器、宋元至明清益阳窑瓷器以及“中国的辛德勒——国际正义人士何凤山博士生命签证文物史料”为馆藏特色，主要举办有国际正义人士何凤山博士“生命签证”展览、益阳印象——益阳历史文物陈列、益阳竹文化陈列、益阳非物质文化遗产展示四大基本陈列。

（十一）郴州市博物馆

郴州市博物馆为国家二级博物馆，位于五岭广场南侧郴州市文化中心内，建筑面积约8000平方米，设有历史文物陈列、简牍陈列和抗击特大冰雪灾害展三个展厅，280余件珍贵文物、100余枚西晋简牍、180余幅图片集中展出了郴州最具代表性的部分珍贵历史文物，从不同时代、不同层面展示了郴州社会发展及政治、经济、文化、生活等基本概况，特别是郴州市古井出土的、以竹简形式记录政府档案的西晋简牍，在中国文物史上具有重要价值。博物馆内藏书达16万套。同时郴州市博物馆是爱国主义和革命传统教育的重要基地，是展示郴州优秀历史文化、社会文明和建设成就的窗口。

（十二）湘西土家族苗族自治州博物馆

湘西土家族苗族自治州博物馆创建于1957年11月1日，新馆于1992年开馆，是湖南省成立最早的地方综合性重点博物馆，也是迄今为止湖南省唯一的一个少数民族地区级博物馆，坐落在吉首市风景秀丽的芙蓉岗公园内，占地57亩，主体建筑为两层园林式仿古建筑，陈列厅面积1733平方米。

该馆办有三个基本陈列：湘西土家族苗族民俗展览，内容主要介绍民族分布、风情名胜、物产资源、历史遗迹、文化名人、生产活动、节庆婚嫁、补花、织花锉花、剪纸、蜡染、雕刻、竹编等；湘西、湘鄂川黔革命根据地历史展览，内容重点介绍了贺龙、周逸群、任弼时等同志领导的中国工农红军第二、六军团从1928年至1935年在湘鄂西、湘鄂川黔发动群众，建立革命武装，创建革命根据地的伟大创举，从内容到形式上都突出了党的建设、军事建设、土地革命、战争动员等方面的光辉业绩，共展出革命文物140件，照片250幅；湘西傩文化展览，内容主要介绍傩祭、傩舞、傩戏、土家族梯玛跳神、土家族毛谷斯，苗族椎牛、苗族跳马等活动，共展出文物百余件。

任务小结

1. 收集博物馆的相关知识，熟悉博物馆的不同类型及其特征。
2. 了解湖南14市州博物馆代表藏品及其概况。
3. 了解湖南其他特殊类型博物馆的基本情况。

课后练习

一、判断题

1. 博物馆是征集、典藏、陈列和研究代表自然和人类文化遗产实物的场所。(　)
2. 2020年，湖南省共有博物馆149家。(　)
3. 被誉为方罍之王的皿方罍、王羲之所书《兰亭序》都收藏在湖南省博物馆。(　)
4. 长沙简牍博物馆是国内首座集简牍收藏、保护、整理、研究和陈列展示于一体的现代化专题博物馆。(　)
5. “愠儿”青铜盉是岳阳市博物馆的“镇馆之宝”。(　)
6. 湘西土家族苗族自治州博物馆是迄今为止湖南省唯一的一个少数民族地区级博物馆。(　)

二、思考题

1. 简述博物馆与地域文化的关系。
2. 简述湖南博物馆的概况。

任务四

湖湘历史文化名城

学习目标

1. 素质目标

（1）爱国守法、崇德向善、文化自信。

（2）爱岗敬业、诚实守信、团结协作。

（3）热爱劳动、积极进取、精益求精。

（4）家国情怀、工匠精神、创新精神。

2. 知识目标

（1）了解历史文化名城的概念。

（2）熟悉湖南历史文化名城的基本情况。

（3）掌握湖南国家级历史文化名城长沙、岳阳、凤凰、永州的基本情况。

3. 能力目标

（1）了解历史文化名城的概念和特征。

（2）感受各历史文化名城的特色，能够加深对各历史文化名城内涵的探索。

（3）积极对历史文化名城背后的文化脉络和历史背景进行梳理。

（4）热爱湖湘文化，增强文化自信。

任务导入

一个好事人，若从一百年前某种较旧一点的地图上去寻找，当可在黔北、川东、湘西一处极偏僻的角隅上，发现了一个名为“镇筸”的小点。凡有机会追随了屈原溯江而行那条长年澄清的沅水，向上游去的旅客和商人，若打量由陆路入黔入川不经古夜郎国，不经永顺、龙山，都应当明白“镇筸”是个可以安顿他的行李最可靠也最舒服的地方。那里土匪的名称不习惯于一般人的耳朵。兵卒纯善如平民，与人无侮无扰。农民勇敢而安分，且莫不敬神守法。商人各负担了花纱同货物，洒脱单独向深山中村庄走去，与平民作有无交易，谋取什一之利……

地方东南四十里接近大河，一道河流肥沃了平衍的两岸，多米，多桔柚。西北二十里后，即已渐入高原，近抵苗乡，万山重叠，大小重叠的山中，大杉树以长年深绿逼人的颜色，蔓延各处。一道小河从高山绝涧中流出，汇集了万山细流，沿了两岸有杉树林的河沟奔驶而过，农民各就河边编缚竹子作成水车，引河中流水，灌溉高处的山田。河水长年清澈，其中多鳜鱼、鲫鱼、鲤鱼，大的比人脚板还大。河岸上那些人家里，常常可以见到白脸长身见人善作媚笑的女子。小河水流环绕“镇筸”北城下驶，到一百七十里后方汇入辰河，直抵洞庭。

这地方又名凤凰厅，到民国后便改成了县治，名凤凰县。

我就生长在这样一个小城里，将近十五岁时方离开。出门两年半回过那小城一次以后，直到现在为止，那城门我还不曾再进去过。但那地方我是熟悉的。现在还有许多人生活在那个城市里，我却常常生活在那个小城过去给我的印象里。

——节选自沈从文．我所生长的地方［M］．北京：天天出版社，2014

一、历史文化名城

中国五千年的历史孕育出了一些因深厚的文化底蕴和发生过重大历史事件而青史留名的城市。这些城市，有的曾是王朝都城；有的曾是当时的政治、经济重镇；有的曾是重大历史事件的发生地；有的因为拥有珍贵的文物遗迹而享有盛名；有的则因为出产精美的工艺品而著称于世。它们的留存，为人们回顾中国历史打开了一个窗口。1982年2月，为了保护那些曾经是古代政治、经济、文化中心或近代革命运动和重大历史事件发生地的重要城市及其文物古迹免受破坏，“历史文化名城”的概念被正式提出。根据《中华人民共和国文物保护法》，“历史文化名城”是指保存文物特别丰富，具有重大历史文化价值和革命意义的城市。

湖南历史悠久，数千年来，在四大水系之畔，由于交通便利，物产丰富，人类聚居和交易物品，逐渐形成了大小城市、城镇。这些城镇经历了盛衰之变故，积淀了深厚的文化底蕴。至今，湖南有国家级历史文化名城四座，分别是长沙、岳阳、凤凰和永州。省级历史文化名城15座，分别是衡阳市、郴州市、洪江黔城、芷江县、汝城县、新晃县、湘潭市、武冈市、沅陵县、茶陵县、新化县、益阳市、桂阳县、宁远县、道县。

二、湖湘历史文化名城

（一）长沙

长沙

长沙，湖南省省会，简称长，地处湖南省东部偏北，湘江下游和长浏盆地西缘。东邻江西省宜春市和萍乡市，南接株洲、湘潭两市，西连娄底市，北抵岳阳、益阳两市。全市面积1.18万平方公里，现辖芙蓉、天心、岳麓、开福、雨花、望城六区，长沙县和宁乡、浏阳两市。截至2021年年末，长沙全市常住总人口1023.93万。香樟树为长沙市市树，杜鹃花为长沙市市花。长沙生态环境优美，人文资源厚重，是国务院首批公布的历史文化名城，也是国家首批授予的“中国优秀旅游城市”“天上长沙星，地上长沙城”。长沙的名字是由天上的星辰得来的。古人将天上的星辰分为二十八星宿，每一星宿与地上的某一地区对应。在二十八星宿中，有一宿叫轸宿，对应荆州之地，而长沙以前属荆州之地。轸宿的旁边还有一颗主管人间寿命的小星，又名长沙星。《明史·天文志》中说：“长沙小星，下应长沙。”于是，长沙星对应的地面就称为长沙，别称星沙。

长沙之名始于西周，距今已有3000余年的历史。春秋战国时期长沙就已经成为楚国南部的一个经济、文化、军事重镇。秦统一中国后，天下设36郡。长沙及周边9县为长沙郡，这是长沙正式列入地方行政系统建制的开始。汉朝时，吴芮被封为长沙王，始建长沙国。自唐起，长沙就成为湖南政治、经济、军事、文化中心，直到今天。

“潇湘洙泗，屈贾之乡”，这是历史对长沙的馈赠。屈原、贾谊留传的辞赋，汉墓出土的文物，三国的简牍，张仲景的《伤寒论》，长沙窑的釉下彩，无不闪烁着长沙历史文化的光辉。

长沙物产丰富，素有“鱼米之乡”“花炮之乡”“湘绣之乡”“陶器之乡”“有色金属之乡”的美誉。这里自古商贸繁荣，历史上就是中国四大茶市、四大米市、五大陶都之一。工艺美术品有湘绣、浏阳菊花石、望城剪纸、铜官瓷器、捞刀河刀剪。主要土特产品有浏阳烟花爆竹、湘粉、浏阳金橘等。主要风味食品有火宫殿小吃、德园包子、糖油粑粑、臭豆腐等。主要文化艺术有湘剧、花鼓戏。

（二）岳阳

岳阳古称巴陵、岳州，位于湖南省东北部，东至幕阜山，西滨洞庭湖，长江从北蜿蜒而过。岳阳是湖南的北大门，北连湖北，东接江西，南通长沙，西邻益阳。现辖岳阳楼、云溪、君山三区和岳阳县、华容县、湘阴县、平江县及汨罗市、临湘市2市，以及屈原管理区、岳阳经济开发区、岳阳南湖风景区3个非行政区。总面积15019平方千米。截至2021年年末，人口505.19万。岳阳市花为栀子花，市树为杜英。

岳阳历史悠久，文化发达，千百年来，尤以中国江南三大名楼之一的岳阳楼闻名于世，首批国家级历史文化名城。据考古发现，早在旧石器时代，洞庭湖一带就有人类活动。新石器时代，先民们就在这块肥沃的土地上繁衍生息。夏商时为“三苗”之地。春秋属楚。战国时，为蜀之黔中郡地。秦时，东属长沙郡，西属南郡、黔中郡。南朝宋元嘉十六年（439）置巴陵郡。西晋太康元年置县。隋朝时，建岳州。新中国成立后，建岳阳市。

岳阳自然资源丰富，素有“鱼米之乡”的美誉，是全国重要的商品粮、棉、鱼、茶生产基地。岳阳也是一座新兴工业城市和沿江首批对外开放城市，是中南地区最大的石化工业基地。

岳阳交通极为便利，境内长江、京广铁路、蒙华铁路、京广高铁、京港澳高速公路、杭瑞高速公路等国家交通主动脉在市区交织成网。岳阳有长江黄金水道，岳阳港是长江航运中湖南唯一的一站，也是湖南唯一的国家一类水运口岸。岳阳城陵矶港是湖南最大最现代化的国际港口，也是中国内陆省市唯一一个亿吨大港。城陵矶顺江而上可到重庆，顺江而下可到武汉、南京、上海，为重要的交通枢纽。

岳阳人文底蕴深厚、风景秀丽，集名山、名水、名楼、名人、名文于一体，是中华文化重要的发源地之一，亦是海内外闻名的旅游胜地。主要景区有岳阳楼、君山、东洞庭湖自然保护区、屈子祠、平江起义旧址、任弼时故居、张谷英村、大云山和幕阜山国家森林公园等。名茶有北港毛尖、洞庭春、君山银针等。著名风味土特产有湘莲、洞庭银鱼、君山金龟等。工艺品有岳州扇，酒有巴陵酒。

（三）凤凰古城

凤凰古城

凤凰古城，位于湖南省湘西土家族苗族自治州的西南部，总面积约1700平方千米。截至2021年年末，人口35.36万，由苗族、汉族、土家族等28个民族组成，为典型的少数民族聚居区。凤凰古城古称镇筸，历史悠久，春秋战国时属楚地，秦属黔中郡，唐设渭阳县，元、明设五寨长官司，清设厅、镇、道府，成为湘西军事政治中心。

凤凰风景秀丽，名胜古迹众多，自古就有东岭迎晖、南华叠翠、奇峰挺秀、溪桥夜月、龙潭渔火、梵阁回涛、山寺晨钟、兰径樵歌的凤凰八大景。城外南华山国家森林公园，唐代修建的至今仍保存完好的黄丝桥古城，地下艺术宫殿奇梁洞和神奇的风动岩，壮观的尖多朵瀑布，神秘的高达不峡、三门洞将军岩以及如画的屯粮山、凤凰山、象鼻山、天星山都在向人们招手。

凤凰古城不仅山川秀美，而且人杰地灵。浙江处州镇总兵郑国鸿、贵州提督田兴恕等民族英雄、中华民国第一任内阁总理熊希龄、著名作家沈从文、著名画家黄永玉都是凤凰人。古城内有沈从文故居及墓地、熊希龄故居、北门城楼、东门城楼、连接两城楼的城墙、虹桥、万名塔、文昌阁等。古城现有文物古建筑68处，古遗址116处，明清时代特色民居120多栋，各种庙祠馆阁30多座，是中国西南现存文物建筑最多的县份。城内还有古色古香的石板街道200多条。2001年12月，凤凰古城被国务院批准为国家级历史文化名城。

凤凰的特产有苗族刺绣、苗族扎染、湘西腊肉、凤凰姜糖、血粑鸭、凤凰社饭、凤凰红米酒等。

（四）永州

永州位于湖南省南部，南岭山脉北麓，潇、湘二水汇合处，故雅称“潇湘”，别称“竹城”。永州市东接郴州市，东南抵广东省清远市，西南达广西贺州市，西连广西桂林市，西北邻邵阳市，东北靠衡阳市。下辖零陵区、冷水滩区2区和祁阳县、东安县、双牌县、道县、宁远县、新田县、蓝山县、江永县、江华瑶族自治县9县，总面积22440平方千米。截至2021年年末，永州市常住人口约为519.05万，是我国瑶族的主要聚居地和瑶族文化的发祥地之一。

永州古称零陵，自公元前124年始置泉陵侯国以来，永州已有2000多年的建制史，在秦代开始设县。永州历代名人辈出，孕育了怀素、黄盖、周敦颐、李达、陶铸、何绍基等一批驰名中外的书法家、哲学家和政治家。唐宋八大家之一的柳宗元被贬至永州时，留下了《永州八记》，在中国文学史上影响重大。北宋著名诗人欧阳修有“画图曾识零陵郡，今日方知画不如”的诗句。南宋著名诗人陆游有“挥毫当得江山助，不到潇湘岂有诗”的诗句。此外，司马迁、蔡邕、李白、杜甫、李商隐、元结、颜真卿、苏东坡、寇准、朱熹、徐霞客都曾到过永州，留下大量诗文、胜迹。中华人文始祖之一的舜帝陵寝坐落在九嶷山。舜文化，周敦颐的理学，怀素、何绍基的书法，柳文化和古老的女书构成了湘楚文化的重要源头。

永州境内通过湘江北上可抵长江，南下经灵渠可通珠江水系，自古便是重要的交通要塞，是湖南通往广西、海南、粤西及西南各地的门户。境内有民用永州零陵机场，洛湛铁路、湘桂铁路、207国道、322国道、二广高速、泉南高速都贯穿全境，另有9条省道在境内交错纵横。

永州民族风情浓厚，自然景观多样，人文景观丰富，旅游资源较为发达，有永州柳宗元文化旅游区、东安舜皇山国家森林公园、宁远九嶷山舜帝陵、祁阳浯溪碑林、祁阳文昌塔、双牌阳明山、江华瑶城、道县湘源温泉等景区，还有女书习俗、瑶族长鼓舞、祁剧、舜帝祭典等国家级非物质文化遗产。特产主要有永州血鸭、东安鸡、永州异蛇酒、油茶、江永“三香”（香米、香柚、香芋）、陶岭三味辣椒、祁阳草席等。

任务小结

1. 熟悉历史文化名城的概念特征，了解湖南历史文化名城的基本情况。
2. 熟悉国家级历史文化名城长沙、岳阳、凤凰、永州的基本情况、历史渊源、著名人物、特产等。

课后练习

一、判断题

1. 历史文化名城是指保存文物特别丰富，具有重大历史文化价值和革命意义的城市。(　　)
2. 湖南第一批国家级历史文化名城是长沙、岳阳、凤凰和永州。(　　)
3. 香樟为长沙市市树，杜鹃花为长沙市市花。(　　)
4. 春秋战国时期长沙就已经成为楚国南部的一个经济、文化、军事重镇。这是长沙正式列入地方行政系统建制的开始。(　　)
5. 岳阳城陵矶港是湖南最大最现代化的国际港口，也是中国内陆省市唯一一个亿吨大港。(　　)
6. 岳阳是全国重要的商品粮、棉、鱼、茶生产基地。(　　)
7. 长沙是中国西南现存文物建筑最多的县份。(　　)
8. 凤凰的特产有苗族刺绣、苗族扎染、湘西腊肉、凤凰姜糖、巴陵酒等。(　　)
9. 永州位于湖南省南部，潇、湘二水汇合处，故雅称“潇湘”，别称“竹城”。(　　)
10. 浯溪碑林、祁阳文昌塔、双牌阳明山、江华瑶城、道县湘源温泉等景区、江永女书生态博物馆均属于永州代表景区。(　　)

二、思考题

1. 长沙为什么能入选第一批国家历史文化名城？请简述理由。
2. 在四个国家级历史文化名城中你最向往的是哪一个？为什么？

知识链接

1. 文化苦旅　　作者：余秋雨
2. 红星照耀中国　　作者：埃德加·斯诺
3. 故事湖南：皿方罍回家
4. 中央广播电视总台纪录片：千古忧乐——岳阳楼
5. 故事湖南：芷江芷江
6. 远方的家：山水洲城　幸福长沙

05

模块五

湖湘民俗文化

任务一

湖湘民居习俗

学习目标

1. 素质目标

（1）爱国守法、崇德向善、文化自信。

（2）爱岗敬业、诚实守信、团结协作。

（3）热爱劳动、积极进取、精益求精。

（4）家国情怀、工匠精神、创新精神。

2. 知识目标

（1）了解湖湘民居择址习俗。

（2）掌握湖湘民居特色。

3. 能力目标

（1）查阅资料并收集湖湘传统民居的特点，对各民族民居的特色和创新进行分析总结。

（2）感受不同地域民居的特点，增强对湖湘民居文化的内涵探索。

（3）领略湖湘各民族民居之美，增强民族自信和文化自信。

任务导入

建筑本来是有民族特性的，它是民族文化中重要的表现之一……在人类各民族的建筑大家庭中，中华民族的建筑是一个独特的体系。我们祖先采用了一个极其智慧的方法：在一个台基上用木材先树立构架以负荷上部的重量；墙壁只做分隔内外的作用而不必负重，因而门窗的大小和位置都能取得最大的自由，不受限制。这个建筑体系能够适应任何气候，适用于从亚热带到亚寒带的广大地区。这种构架法正符合现代的钢架或钢筋水泥构架的原则，如果中国建筑采用这类现代材料和技术，在大体上是毫不矛盾的。这也是保持中国风格的极有利条件。我们古代的建筑匠师们积累了世代使用木材的特别经验，创造了在柱头之上用层叠的挑梁，以承托上面横梁，使得屋顶部分出檐深远，瓦坡的轮廓优美。用层叠挑出的木材所构成的每一个组合称做“斗拱”。“斗拱”和它们所承托的庄严的屋顶，都是中国建筑上独有的特征，和欧洲教堂石骨发券结构一样，都是人类在建筑上所达到的高度艺术性的工程。我们古代的匠师们还巧妙地利用保护木材的油漆，大胆地把不同的颜色组成美丽的彩画、图案。不但用在建筑内部，并且用在建筑外部檐下的梁枋上，取得外表上的优异的效果。在屋瓦上，我们也利用有色的琉璃瓦。这种用颜色的艺术是中国建筑体系的一个显著特征。在应用色调和装潢方面，中国匠师表现出极强的控制能力，在建筑上所取得的总效果都表现着适当的富丽而又趋向于简练。另外还有一个特点：在中国建筑中，每一个露在外面的结构部分同时也就是它的装饰部分；那就是说，每一件装饰品都是加工了的结构部分。中国建筑的装饰与结构是完全统一的。

——节选自林徽因．中国建筑常识［M］．北京：北京理工大学出版社，2017

一、汉族民居建筑形制及特色

湖湘民居特色

湖南典型的汉族民居（图5-1）具有造型均衡简洁、色调素净明雅的特点。多由前后两个一明一暗的3间房组成，屋体的架构采用“三间四架”“五柱八棋”的形式，灵活运用吊脚楼穿斗、马头山墙等手法构成多变的形制。中间为一内院种植花木，形制较小者则成为天井，以此作为整个住宅平面布局组合的中枢。房屋的空间高大通敞，便于通风除湿。房顶覆青瓦，墙体刷白粉，其山墙多做成“马头墙”，又称“风火墙”或“封火墙”（用以封闭隔绝邻居可能发生的火灾），高出屋面，随屋顶的斜坡而呈阶梯状。城镇一般富裕人家住

图5-1　湖南汉族传统民居张谷英村

宅的典型单位布局为：大门临街；门内为过堂，过堂两侧为两耳房；第一进堂屋为全家的活动中心，两侧是正房，为主人的卧室；第二进堂屋设有祭奉祖先的供设，两边正房是晚辈卧室；厢房放置家庭生活用物，退堂屋放置杂物；卫生间设在后院隐蔽处。

当然，官绅富商的花园式豪宅则又另当别论，结构形制要远比此复杂。普通的乡村农舍，则多为东西折厢式，俗称“一担柴”；与前者相较的区别是没有内院或天井。韶山毛泽东同志故居就是这种建筑形制的典型。湘中、湘北地区的农舍前多有一块地坪或晒谷坪；厅侧正房必有一间烤火房，冬天客人来访，多引至此屋烤火休息。该房靠窗户一侧设火炉，从屋梁上悬挂下来一通钩（亦称“火钩”），钩上挂烧水的饮壶炉罐等；炉中多烧松木劈柴，也烧树蔸、谷糠等，近时亦有烧煤者。农家夏天多在地坪或晒谷坪歇凉至夜深人静；冬天则喜欢围炉共话。

为了适应环境，湖南民居多为木造和石造，既给人留下质朴纯洁的印象，又很好地展现了当地的文化特色。这些民居作为历史文化结晶的地域建筑，是地域文化在物质环境和空间形态上的体现，蕴含着传统的居住文化和精神，是非常珍贵的存在，不能丢弃。

如今，居住需求的改变使人们对于居住环境和居住建筑提出了更高的要求，随着美丽乡村建设工程的不断推进，民宿的兴起，各具特色的乡村别墅（图5-2）随处可见，既能更好地满足现代居住需求，又充分体现了地域特色。

图5-2　湖湘现代美丽乡村民居

现代城市民居建筑多是钢筋水泥预制板组合焊接建成的平顶高楼，数十家或上百家共居一幢楼，依楼梯、电梯分单元上下出入。这些居民外观已经现代化，但室内陈设仍然显示出民族特色。

二、苗族传统建筑形制及特色

苗族大多居住在山区，由于各地自然环境的差异，民居形式与习俗不尽相同。苗族村寨大多依山顺坡，或傍水顺河，故建筑物的位置及朝向随着山势的改变和溪河的流向不定而不一，石板村道蜿蜒其间。民居样式多为木质的平地屋或“吊脚楼”，也有一些苗民垒石或垒土为屋；传统住房建筑多以茅草、树皮、石块为顶，现代砖瓦房逐渐增多。房屋结构一般为四排三间，也有五排四间或六排五间者。柴棚、猪牛圈和厕所大多建在住房前后数十米处。不论平房或“吊脚楼”，苗家住宅的屋内一般都有“火塘”，是煮饭、烧水、就餐的地方，也是烤火和接待来客的场所。

吊脚楼（图5-3）是一种半杆栏式建筑，是湘西南苗、侗、土家族等少数民族聚居地区最常见的民居，也是湖湘传统民居建筑样式中人们最喜欢的特色建筑物。吊脚楼大都依山傍水而建，即所谓“山地水居”。《楚辞·湘夫人》记载：“筑室兮水中，葺之兮荷盖。”可见这种建筑形制至少也有两千多年的悠久历史了。苗家吊脚楼用当地盛产的杉木搭建成两层楼的木构架，全部结构用卯榫嵌合，不用一颗钉子，柱子因坡就势长短不一地架立在坡上。房屋的下层不设隔墙，里面作为猪、牛的畜棚或堆放农具和杂物的处所；上层住人，分客堂和卧室，客堂中置火炉，为主要的日常生活起居及待客场所；四周向外伸出挑廊，可供主人在廊里做活和休息。廊柱大多不是落地的，以便于廊下通行无碍，起支撑作用的主要是楼板层挑出的若干横梁，廊柱辅助支撑，使挑廊稳固地悬吊在半空。这种住宅因其外形和结构特点被称为“吊脚楼”，其优点是楼上通风防潮，亦可防止野兽和毒蛇的侵害。

吊脚楼

图5-3　沱江边吊脚楼

三、侗族传统建筑形制及特色

侗族的村寨也大多依山傍水，寨门边古木参天，溪流绕寨前或穿寨而过，吊脚楼廊檐相接、鳞次栉比，鹅卵石砌就的花街路盘旋其间，风雨桥横跨溪流，鼓楼耸立寨中，凉亭及鱼塘星星点缀于寨内寨外，凉亭边多有水井，有的寨子还有寨墙，从而构成侗乡特色。

侗家吊脚楼多为三层，高的有五六层，沿等高线横向排列。一般底层架空，饲养牲畜和安置石碓等生产生活工具，楼上住人。楼上有外廊、堂屋、卧室。外廊前伸，饰以栏杆，室内中为堂屋，左为卧房，右为火塘。建筑样式多为四排三间，与苗寨吊脚楼相比，侗家吊脚楼除了火塘的位置不同外，每排还有“五柱五瓜”或“五柱七瓜”。侗家称“柱”为“母”而“瓜”为“子”，“瓜”寓意为多子多孙。屋面多为两面分水的悬山顶，盖杉木皮或小青瓦；前檐高称为“凰抬头”，后檐低称为“金鸡摆尾”，飞檐翘角、古朴端庄。吊脚楼前后还有晒糯禾把的高大木架“禾晾”。

最具侗家民族特色的建筑物是鼓楼（图5-4）和风雨桥（图5-5，图5-6）。鼓楼通常建于村寨之中，高两三丈甚至五六丈，有五层、九层或十一层，呈四方、六方或八方形；系木质结构，用卯榫嵌合，飞阁重檐，画栋雕梁，兼具宝塔之壮美和凉亭之清雅；楼中置有大鼓一面，寨中有大事则击鼓聚众来此议事。有的鼓楼还兼作戏台，供寨民开展文娱活动。风雨桥多建于村寨附近溪流之上，一般有两三个至七八个大青石砌成的桥墩，桥面铺木板、建长廊，靠长廊两边栏杆置长条木板凳，以供行人歇息或避雨；依桥的长度修有三五个桥阁，以中间的一座略高，既有桥梁之雄伟，又有楼阁之壮观。

图5-4　侗族鼓楼

图5-5　湖南新晃县风雨桥

图5-6　风雨桥

四、土家族传统建筑形制及特色

土家族的传统民居主要有土砖瓦屋、木架板壁屋、吊脚楼（图5-7）等类型，此外还有石板屋和岩洞。

图5-7　土家吊脚楼

吊脚楼是一种全木结构的干栏式建筑，为土家族最为常见的民居建筑。与苗、侗两个民族相比，其形制差异多为在住宅的两侧建环抱式吊脚楼。具体房屋样式为一正两厢（也有一正一厢的），其厢房为吊脚楼，吊脚楼的底层也相对低矮，悬空主要是为了防潮防虫，使二层的居住间更加干燥和干净。二层住宅正中的堂屋是家庭公共活动场所，并用以供奉祖先和接待客人；神龛上有“天地君亲师”牌位，牌位两侧为祖宗及诸神之位。堂屋两旁的厢房称为人间。每一边的人间分为前后两间，前为火铺房，后为卧室或贮藏室。整座房屋的出檐很深。

土家族还有四合院式的“印子房”，多为富裕家庭所建造，其建筑物外围有高大的封火山墙，有三进、四进之别，宅内有天井、厅、房等。土家族建筑物以木板为住宅四周的围护，梁柱、木板等一般均不涂油漆，保持本色，也没有过多的装饰，仅仅用桐油刷面以防潮。

五、瑶族传统建筑形制及特色

瑶族是一个极具迁徙性传统的民族。历史上瑶族迁徙频繁，因此住房非常简陋。又因其迁徙性民族特质，导致整个民族的地域分布面极为广泛，在保持其最基本之民族特色不变的基础上，经过千百年的演变，糅合了各个地域的文化，形成了许多不同的民族支系，有着相异的居住习俗。就居住形态而言，大致可以分为平地瑶和山地瑶两种类型。

山地瑶包括“山瑶”和“过山瑶”，后者又称“盘瑶”或“勉瑶”。湘南山区的“过山瑶”旧时长期生活在人烟稀少的崇山峻岭中，因经常性地迁徙，俗称“过山”而得名。他们主要靠狩猎和种植为生，每到一地，便刀耕火种，并在附近狩猎，一旦地力下降、猎源枯竭，便迁徙他处；又因多信奉自然神灵，遭遇各种自然灾害如山洪、山崩、雷暴火灾等时，便认为是神灵的意志，即使原来居住地的生存条件不错，也会舍去而他迁，故其居住的房屋非常简陋，以便于舍弃。“过山瑶”或筑土而居，或修建简易的木房竹棚。所建造的房屋多为竹木结构，以木头为柱、竹片为墙，屋顶加盖茅草或竹瓦，一栋四柱三间横向排列，中为厅堂，两侧前为火塘、后为卧室，房前屋后搭有洗澡棚、猪圈牛栏、晒粮食衣物的晒楼等。新中国成立后，部分瑶民在组建的林场中定居下来，修建了砖瓦房，但仍有少数偏远山区的零散过山瑶民至今仍然保留着过山迁居的传统习俗。

平地瑶的住宅多为土木结构，形制样式与其居住地的汉族民居建筑基本相同。

任务小结

1. 收集湖湘少数民族民居的相关知识，熟悉特色民居特征。
2. 收集并介绍侗族风雨楼和鼓楼的功能及特征。

课后练习

一、判断题

1. 湖南苗族民居具有造型均衡简洁、色调素净明雅的特点。(　　)
2. 最具侗家民族特色的建筑物是吊脚楼和风雨桥。(　　)
3. 土家族吊脚楼多为三层，高的有五六层，沿等高线横向排列。(　　)
4. 与苗、侗两个民族相比，土家族吊脚楼其形制差异多为在住宅的两侧建环抱式吊脚楼。(　　)
5. 平地瑶的住宅多为土木结构，形制样式与其居住地的汉族民居建筑基本相同。(　　)
6. 苗族还有四合院式的“印子房”，多为富裕家庭所建造。(　　)
7. 土家族的传统民居主要有土砖瓦屋、木架板壁屋、吊脚楼等类型。(　　)
8. 吊脚楼是一种半杆栏式建筑，是湘西南苗、侗、土家族等少数民族聚居地区最常见的民居，也是湖湘传统民居建筑样式中最为世人所倾倒的特色建筑物。(　　)
9. 湖湘汉族传统民居为房顶覆青瓦，墙体刷白粉，其山墙多做成“马头墙”，高出屋面，随屋顶的斜坡而呈阶梯状。(　　)

二、思考题

1. 湖湘汉族传统民居特色有哪些？
2. 湖湘主要少数民族民居特色有哪些？

任务二

湖湘传统服饰习俗

学习目标

1. **素质目标**

（1）爱国守法、崇德向善、文化自信。

（2）爱岗敬业、诚实守信、团结协作。

（3）热爱劳动、积极进取、精益求精。

（4）家国情怀、工匠精神、创新精神。

2. **知识目标**

（1）了解湖湘传统服饰习俗。

（2）熟悉湖湘少数民族传统服饰特色。

（3）区分苗族、土家族、侗族、瑶族传统服饰。

3. **能力目标**

（1）查阅和收集湖湘传统服饰习俗资料，介绍特色服饰习俗。

（2）感受湖湘不同民族服饰特点，增强对湖湘服饰文化的内涵探索。

（3）区分湖湘不同民族服饰。

（4）尊重不同民族服饰习俗，增强民族自信心和自豪感。

任务导入

我国是一个多民族的国家，在960万平方公里的土地上，除汉族外，还生活着55个少数民族。他们在漫长的历史发展过程中创造了优秀的民族文化，其中包括绚丽多姿的服饰文化。由于大多数少数民族聚居在边远地区，长期处于自然经济状态中，较少受外来文化的影响，所以其独具风格的服饰文化得以完好地保存下来。少数民族服饰以种类繁多的款式、特殊的面料质感、鲜艳夺目的色彩审美、精美绝伦的制作工艺和它蕴涵着的深沉凝重的文化内涵，在世界上独树一帜。……

在与民族服饰一次又一次的零距离接触中，我知道了，中国的民族服饰，不但美，不但文化厚重，不但承载着历史信息，它还创造出了一系列的“世界之最”：最宽的裤脚；最短的裙子；最短的裤子；最小的帽子；最长的袍子；最重的衣服……

民族服饰，是民族文化的载体，亘古不变。

——节选自韦荣慧．云想衣裳：中国民族服饰的风神［M］．北京：北京大学出版社，2015

一、湖湘汉族传统服饰

湖南汉族旧时服饰材质多为棉质“家织布”，用于外衣外裤的家织布染成青或蓝色，而夏天穿的单衣则用黑白两色棉线织成黑白条纹或黑白格子布。冬日穿棉袍、羊袄。穿衣戴帽的材质和人们所处的总体经济状况、商品获得难易程度密切相关。消费观念的改变导致服饰种类与质地多样化。衣服样式随朝代不同而不同，也随着时代变化而改变。

湖湘汉族服饰在不同的历史时期有着不同的样式特征，随时间的推移变异性较大，但仍然有一些传统的样式，尤其是婴幼儿服饰及逝者的装殓衣（寿衣）较具特色，其中保留着许多民间俗信的成分。各少数民族的服饰则各具特色，有些历经千百年而变化不大。

就像未离母体的胎儿还保留着人类远古进化的遗传密码一样，汉族民间服饰的历史记忆大多保留在婴幼儿的衣着，尤其是在帽子上。例如，全省各地民间都流行一种“狗头帽”（图5-8），即在帽子的两边饰有狗耳，帽子的前沿钉有“长命富贵”“金玉满堂”等字样的银饰，或用五彩丝线绣上类似吉祥字样。此帽男女婴儿均可佩戴。俗信认为戴上这种帽子可以像狗儿一样“贱”，在民间，“贱”有一种特殊含义，表示哪怕在最低贱艰辛的环境里都不容易夭折，而是健康成长，聪明活泼。

图5-8 长命富贵狗头帽

类似的婴儿帽子还有“老虎帽”（图5-9），是一种用彩色丝线在帽子上绣出老虎眼眶、睫毛、虎鼻、虎嘴、“王字”，并在额头左右缝上两只虎耳的虎形帽。俗信认为虎为百兽之王，婴儿戴上老虎帽，可辟百邪、利生长。湘西汉族及侗族则有一种“罗汉帽”（图5-10），即在帽檐上饰有银制的十八罗汉，认为有十八罗汉护身，鬼神均不敢接近。此帽的两侧或后面还系有若干根银链或彩绳，末端吊有银铃、方印等具有辟邪寄寓之装饰物，小孩活动时，铃铛发出清脆悦耳的响声。

旧时民间还有穿红的习俗。据说红色具有辟邪的作用，故男男女女，尤其是被认为容易受到邪害侵袭的妇女和婴儿，大多在贴身处系上红肚兜（图5-11）；妇女还有穿大红外衣，尤其是红棉袄的习俗。近些年来，这一习俗又在社会复苏和蔓延，多为女性穿红内衣和红内裤，男性穿红内裤，以致多家超市都设有此类衣裤的专柜。由此事例可以看出传统民间俗信生命力的顽强。

图5-9　老虎帽

图5-10　罗汉帽

图5-11　婴儿红肚兜

二、土家族传统服饰习俗

在土司制度时期，湘西土家族的男女服饰（图5-12）样式区别不大，一般为头裹刺花巾帕，身穿无领大袖满襟衣和八幅罗裙；衣裙多绣花边。男女之间的差别仅仅是男衣花边较少，女衣花边较多；男裙较短，女裙较长。男女均佩戴首饰，男子左耳戴银耳环，左腕戴玉镯，头巾一端垂右耳后齐肩。

图5-12　土家族服饰

清代“改土归流”后，由于受到汉族服饰的影响，男女服饰逐渐有别。一般男子穿无领对襟上衣，中间安5～7对布扣，称为“琵琶襟”；下穿青、蓝色加白布裤腰的镶边筒裤；头缠7～9尺的青丝帕或青布帕，包成人字形；佩戴各种金、银、玉质饰物。

一般女子上穿立领左襟阔袖衣，下着镶边汉式筒裤或八幅罗裙，衣裤均镶有较宽的花边并施以精美的刺绣；系围腰；头帕为精美的"西兰卡普"(图5-13),缠在头上呈筒状;脚穿绣有各种花草、蝴蝶、蜜蜂等图样的绸面花鞋;劳动妇女不穿袜子,冬天喜缠一双白布裹脚。姑娘的素装为外套黑布单褂,春秋季节多穿白衣、外套黑褂,因色似鸦鹊,称为"鸦鹊衣"。未婚少女梳辫子,已婚妇女挽发髻于脑后。传统银饰有头簪、花插、项圈、手镯、耳环等。

图5-13 土家织锦西兰卡普

儿童衣裤多不讲究,只是点缀些花卉图案;胸前围有花兜肚;帽子则样式很多,春季多戴紫金冠,夏季多戴圈圈帽、蛤蟆帽、凉帽,秋冬季节多戴冬瓜帽、风帽、八角帽、凤尾帽等,均以多种彩线绣以"喜鹊闹梅""凤穿牡丹"等花鸟及"长命富贵""易养成人""福禄寿喜"等字样,钉以银质"文八仙""武八仙""十八罗汉"等装饰品;脚穿"粑粑鞋""猫头鞋",均绣五色花卉;颈项戴有项圈,上系银质响铃和"百家锁"等饰品;手脚上戴系有空心银槌、银铃等饰物的银圈。

新中国成立后,土家人平日着装已与汉人没有多大区别,只有在喜庆节日、隆重集会或边远山村,才有展示传统民族服饰风采的机会。

三、苗族服饰习俗

苗族服饰

经数千年的历史大迁徙,苗族形成了如今分布在湘、黔、滇、川、鄂等地与其他民族大杂处小聚居的格局,由此形成了众多的苗民族支系。就服饰样式及色调而言,可以说,苗族有多少个支系,就有多少种服饰。至今人们尚未弄清全国苗族的服饰类型究竟有多少。

大致而言,清代之前,湖湘地区苗族男女之间的服饰差别很小,服装的材质均为自织的彩色斑斓布;上穿大筒短袖无领满襟花衣,下着百褶裙,蓄长发,编辫子,包头帕,缠裹腿,穿船形鞋,佩戴各种银饰。清康熙年间,政府指令"服饰宜分男女"。初始男女上衣尚无多大区别,均为无领满襟,袖短而大,系黄、红两色围腰,胸前袖口均绲边绣花,下摆及开叉处加绣花、数纱或挖云钩。直至民国时期,男子才逐步改穿对襟衣,外套小背褂;衣袖长而小,裤脚短而大。妇女服装亦由繁变简,下装由百褶裙改为筒裤,衣裤均镶有花边。新中国成立后,不少苗胞改着汉装,尤其是男子服装与汉人几无差异。

下面看看湖湘境域内几个具体地区的苗族服饰。

湘西花垣县苗族男子均头缠布帕,雅酉一带为花帕,其他地区为青帕,帕长3~9尺,呈多层"人字形";身穿对襟衣,袖长而小;裤筒短而大;包青色裹腿。衣料多为自织"家机布”，颜色有花格、全青、全蓝等；以花格衣最具特色。妇女衣着较为复杂，衣服一律满襟，腰大而长，袖大而短，无衣领；裤短而大；腰系围裙；胸前、袖口、围裙、裤脚均绲边、绣花或排纱；头帕颜色与男子相似，但包法不同，多为折叠式，由前额向后脑延伸，下小上大，成扁圆形，形似古代汉族官妇发髻。雅西一带妇女喜包花帕，包法又有区别，层层相叠，如峨冠秋菊。盛装时多佩戴各种银饰（图5-14）。

图5-14 苗族盛装时的各种银饰

与许多少数民族一样，苗族没有自己的文字，故其历史文化的传承主要靠口耳相传的口述文学和日常生活中的装饰艺术图画来记录，其中尤以苗族服饰的刺绣图案中所记载的历史文化信息最为深厚丰富，并且是最能代表该民族特征的物品。湘西花垣苗族衣服绣花和银饰的题材种类繁多，样式各异。绉绣、散绣、堆绣为苗族特有的绣法：绉绣上衣花纹呈浮雕状，装饰效果强烈；散绣花纹精致漂亮；堆绣则指由各色三角绫子堆绣而成，装饰效果奇特而美丽。用这三种绣饰方法制作的上衣均为盛装礼服，称为“花衣”，并须钉上银饰才算最后完成，故又称“银衣”。绣花题材有寓意吉祥如意的“喜鹊闹梅”（图5-15）、“双凤朝阳”（图5-16）、“双狮滚球”等，有反映生产的“五谷丰登”“六畜兴旺”“瓜瓞绵绵”等，有歌颂爱情的“鸳鸯戏荷”“鱼水相怜”等。

图5-15 刺绣“喜鹊闹梅”

图5-16 刺绣“双凤朝阳”

苗族女性佩戴的首饰种类繁多、造型美观，有金饰、银饰（图5-17）、铜饰、玉饰之分，以银饰最为普遍。苗家认为银饰不仅可以辟邪，更可给人带来吉祥幸福，同时也是财富的象征，故苗家少女全身佩戴的银饰，多的可达数千克乃至十余千克；其种类繁多，造型奇特，工艺精致，在中国各民族中首屈一指。银饰有银帽、银盆、凤冠、耳环、项圈、手镯、戒指、牙签、扣绊、银花、银牌、披肩之别；以耳环、项圈、手镯、戒指为常戴之物。各种银饰还有不同造型，如项圈有轮圈、扁圈、盘图等，耳环有瓜子耳环、石榴耳环、梅花针耳环、圆圈耳环、粑粑耳环等。苗族妇女每当出嫁、串亲、做客、赶集、节日赴会等均佩戴银饰。新中国成立后，湖湘苗族服饰习俗逐渐改变，现除吉卫、补抽、雅西、排碧、排料、董马库等乡镇仍然穿苗装者居多外，其余乡镇男女青年衣着基本上与汉族没有多大区别。

图5-17 苗族银饰

图5-18 苗族服饰

比较而言，怀化靖州苗族的服饰则要简朴得多（图5-18）。女子上衣环胸镶花边，佩以各种银饰，下穿绣花百褶裙；男子穿对襟衣，以裤代裙，裹绑腿，头戴花边帕，系围自织花带，足穿绣花鞋；“青衣苗”妇女头戴绲边白帕，着右衽襟衣。“青衣苗”和“白头苗”衣着和银饰均较为简单。

四、侗族服饰习俗

唐宋以前就已有侗民定居于湖湘之地。侗族先民很早就用一种手摇纺车织布，开始了原始的纺织业，采用野麻纤维织成布匹缝制衣服。据史料载，靖州等地纺织的斑细布、白练布、白绢等在北宋时早负盛名，有的还成为贡品。服饰历来是侗民追求美的重要组成部分，也是侗族社会发展的重要标志。因各地生活习惯有所不同，侗族衣着服饰也样式各异。一般而言，湖湘侗民衣着多为青、紫、蓝、白、浅蓝等颜色；男子多穿对襟衣，女子则因地域不同而样式风格迥异。侗族女性服饰分为盛装和便装两种，盛装尤其荟萃了民族工艺的精华，具有传统的民族特色。

怀化靖州寨牙、江东、横江桥、平茶一带侗族服饰为男子短衣长袖，老人为右衽襟衣，青年为对襟衣；长裤裤脚筒大而不盖脚面；以长青布包头。衣料多为棉质自纺自织自染的侗布，有粗纱、细纱之分，现在则用市场销售的机织布料；色为深紫、深蓝、浅蓝、黑青、白色数种。妇女穿着绚丽多姿，未婚姑娘着右衽斜襟上衣，蓝色长裤；已婚妇女穿长裙或蓝长裤。发式头饰为未婚姑娘梳辫，戴绲边花头帕；已婚妇女挽发髻，插银簪戴项圈、耳环。与苗族杂居之地如藕团乡新街村的侗族姑娘，逢喜庆节日和传统社交活动，则用红、蓝、白三色绒线和头发缠绕织成花辫盘头，辫上插银花、银蝶，前额垂一圈银铃，并戴银手镯、银环、银戒指等，颈项上戴大小不一的四个扁平形的银项圈，胸前佩有银盾牌，身穿斜襟花边衣。儿童一般头戴蛤蟆帽、猫头帽，帽前沿有银佛装饰，帽后吊铜钱或银铃，脚穿猫头鞋。

邵阳绥宁、城步等地侗族服装（图5–19）的衣料材质与前述相同，颜色或蓝或青。男子以丈余布匹缠大圆盘青包头；身着对襟衣、大管裤；脚扎青色三角绑腿，惯于赤脚；劳动、行旅喜戴竹斗篷。老年妇女多以二丈长的青丝帕缠头，称“丝包头”；身着大襟衣，衣长过臀；裤脚绲边；足裹脚布或穿布袜，布袜筒外缠三角绑腿，穿钩鼻绣花鞋。年轻女子喜戴短纱帕，衣短裤长，较少穿裙；衣边、衣袖、裤脚多镶梅条花边；冬穿绣花鞋，夏着布凉鞋；喜戴手镯、耳环。发式饰物为未婚姑娘剪短发或结双辫；已婚妇女留长发，脑后挽髻，髻插银簪，胸前喜缚围裙，裙带多为银链或手织花带。幼儿多戴凉帽、狗头帽、瓜壳帽和罗汉帽等，颈上围一块拼花刺绣的圆形“口水搭”。

图5–19　侗族服饰

侗族首饰多为银质，除手镯、戒指等少数饰物外，大多为妇女佩戴于头颈部的项链、项圈、耳环、头花、银梳、银冠、银簪、银帽等，而以耳垂饰物最有特色：一般呈环形，如钥匙圈大小，不封口，尾部勾着雕刻精美的圆形、扁形或帽形装饰物，多用细银线弯结成果状、花状或绣球状；周围、下方吊有鱼形、桃形、扁长体、菱形、塔状的各种小饰物，上刻细小花纹。有的耳环形似竹根，上涂珐琅；或用一根细银线缠绕在环形圈上，未缠线处涂珐琅花纹。又因使用人和场合不同而有所区别：小女孩、老年妇女所戴较为简单；青年妇女戴者名为“色板”，纹饰丰富，节日盛装时还戴两三对，显示其美丽与富有。侗族男子盛装时亦戴“银帽”，并佩戴银牙签、银烟嘴、银戒指等其他饰物。儿童常佩戴银帽、银锁、银项圈、银脚圈等。

五、瑶族服饰习俗

瑶族为一个比较典型的山地民族。一般认为瑶族先民是秦汉时长沙、“武陵蛮”的一部分，亦说源于“五溪蛮”。最初主要生活在湖南北部，后不断向周边尤其是南方的广西、云南、贵州、广东、江西、海南等省区的山区迁徙，区域分布非常广泛，形成了众多的支系，其自称有“勉”“门”“敏”等63种，他称有“盘瑶”“过山瑶”“蓝靛瑶”“红头瑶”“白头瑶”“白裤瑶”“大板瑶”“平头瑶”“沙瑶”等390种，新中国成立后统称为瑶族。因其支系较多分布较广，且经历了漫长的历史演变，并各自受到不同地域民族文化的影响，生活习俗有着非常大的差异，仅仅是服装式样便多达六七十种（图5-20）。实际上，对不同支系的瑶民，主要是从其居住习俗和服饰特征等方面进行区分。

蜡染是中国古老的民间传统纺织印染工艺品，迄今已有2000多年的历史。瑶族是较早掌握纺织蜡染工艺的民族之一，至迟不晚于南朝时期，故史称此纺织印染工艺品为“瑶斑布”（图5-21）。至今，瑶家的衣服、被单、头巾、腰带、围裙、背袋、花布鞋等，主要材料仍是自家织染的“瑶斑布”。

图5-20　瑶族服饰

图5-21　瑶斑布

湘南与湘中地区的瑶族男性服饰基本相同，唯妇女稍有差别，即湘南瑶女穿裤而湘中穿裙。一般的传统服饰为男子穿齐领琵琶襟短衣，或右衽铜扣上衣，亦有穿交领花边衣；下穿宽脚长裤；腰缠布带；打绑腿；多蓄发盘髻，扎青头帕，头巾一般为六尺，有的长达两丈，两端绣有花边，在头的左边翘起一节二三寸长的头巾，或在头后留一节四五寸长的头巾披着；出门穿草鞋。妇女穿着样式与男子大致相同，上身为圆领花边对襟或右衽长衣；下着挑花长裤或百褶裙；扎绣花腰带、围裙和绑腿；着绣花鞋；头扎包成尖角形的青帕。未婚姑娘峨冠，冠檐高耸，上绣花鸟图案，两边缀丝绦、珠串之类。妇女喜佩戴金银饰物，臂戴铜钏；未婚则戴银手钏。男子佩腰刀。瑶族男女服装一般都用青布或蓝黑色布制作，喜用黄、蓝、绿、白、红五种颜色点缀，俗称“五色衣”，并运用绣、挑、织、染等技艺加工成各种图案花饰，其中尤以挑花最为精致（图5-22）。瑶族服饰的挑花构图风格独特，整幅图案均为几何纹，其头饰特点更为突出，有“龙盘”形、“A”字形（图5-23）、“飞燕”形等。与其他少数民族比较，瑶族的服饰显得朴实无华。新中国成立后，已有不少瑶族同胞改着汉装。

图5-22 瑶族服饰挑花图案

图5-23 瑶族“A”字形头饰

六、服饰中象征符号及解读

费孝通在《中国少数民族服饰图解》中说：“衣和饰的结合，突破了衣着原有的单纯基本功能而取得了复杂的象征作用，成为亲属、权力、宗教等社会制度的构成部分，更发展成了表现美感的艺术品，显示出民族精神活动的创造力。”所以，服与饰往往相连，而“饰”则写实少而写意多，其图案以吉祥为主，可诠释其为象征生命的原始符号。

服饰图案象征符号解读

与中国其他地区的服饰一样，湖南服饰中的吉祥图案起始于商周，发展于唐宋，鼎盛于明清。湖南楚服图案多有人神交融的浪漫意境。楚人相信，灵魂是永生的，人死只是灵魂脱离了躯壳进入了另一个世界。山川、草木、鸟兽等亦皆有灵。至明清时，服饰吉祥图案达到较高境界，人们把对富、贵、寿、喜的愿望寓于服饰当中。富是财产富有的表示，包括丰收；贵是权力、功名的象征；寿保平安，有延年之意；喜，则与婚姻、友情、多子多孙等有关。吉祥图案成为中国传统文化的重要部分：花草树石、蜂蝶虫鱼、飞禽走兽，无不入画，虽貌似平凡但不乏真趣与深情；纹样形象将一些动植物的自然属性、特性等延长并引申。

（一）凤

楚人尚凤，凤是原始社会人们想象中的保护神，在远古图腾时代被视为神鸟。据传它有锦鸡头、鸳鸯身、大鹏翅、仙鹤腿、鹦鹉嘴、孔雀尾。凤居百鸟之首，象征美好与和平，曾被作为封建王朝最高贵女性的代表，与帝王的象征——龙相配。

（二）麒麟

我国古代传说中的祥瑞之物，在神话和民间传说中象征着仁慈和吉祥。后人传有“麒麟送子”之说。麒麟属于龙族，人们笃信麒麟送来的童子长大后必然是贤良之臣，能辅助治国。

（三）蝴蝶

湖南民间喜爱的装饰形象，亦是美好、吉祥的象征。蝴蝶的形态美丽、轻盈，常用来比喻爱情和婚姻的美满、和谐。湘西苗族把蝴蝶当成生命起源的象征。

（四）鱼

湖南人喜爱鱼纹，更赋予它人的情愫。人们把彼此间的书信交流称作“鱼雁传书”，如诗句“关山梦魂长，鱼雁音尘少”“鱼书欲寄何由达，水远山长处处同”。鱼与余音同，故在传统习俗中它又被视为吉祥物，常用来寓意富余、吉庆和幸运。湘西苗族还认为鱼是自由、灵活的表征。

（五）“弥埋”图案

湘西苗族花边、花带上最流行的几何图案，其创作意图是“弥埋”（骏马）“高本高价”（踏河跨山），在“乃勾嘎登”（一步步在宽广的大路上行走，留下一串串不灭的脚印）挥鞭前进。从民族角度来看，其含义有三：一是“弥埋追史”。追述蚩尤战败后，苗族祖先向南迁徙时，骑马飞渡大河大江（指黄河长江），跨越崇山峻岭去另求安身之地的情景。二是“弥埋衡松”。湘西苗族认为穿“弥理”图案的衣饰可显示自己的身价很高；未婚女子在谈恋爱时常以“弥埋”花带作为定情信物送给恋人，寓意永远相爱。三是“弥埋为族徽”。它是人“生前记家籍，死后进祖坟”的凭证。苗族人传说祖宗住过的地方有大江大河，回到故居要翻九十九座陡山，要涉过清水河、黄河、浑河才能到达。老人死后穿上“弥埋”“浪务”，便象征着他能乘“飞马”腾空、腾云驾雾到达祖先故居，灵魂便可回到祖先居住的地方去，亲族兄弟才能相认，姊妹才能相会。

任务小结

1. 收集湖湘各民族传统服饰的相关知识，熟悉其特征。
2. 收集湖湘各民族服饰图片，并介绍其特色。

课后练习

一、判断题

1. 湖湘汉族传统服饰中，俗信认为戴上狗头帽子可以像狗儿一样“贱”。（　）
2. 旧时民间还有穿红的习俗，人们认为红色能辟邪。（　）

3. 苗族头饰为精美的“西兰卡普”头巾。( )
4. 苗族女性佩戴的首饰种类繁多、造型美观，有金饰、银饰、铜饰、玉饰之分，以银饰最为普遍。( )
5. 湖湘侗民衣着多为青、紫、蓝、白、浅蓝等颜色。( )
6. 侗族首饰多为银质，以耳垂饰物最为有特色。( )
7. 瑶族是较早掌握纺织蜡染工艺的民族之一，史称此纺织印染工艺品为“瑶斑布”。( )
8. 瑶族男女服装一般都用青布或蓝黑色布制作，喜用黄、蓝、绿、白、红五种颜色点缀，俗称“五色衣”。( )
9. 湘西土家族花边、花带上最流行的几何图案是“弥理”。( )
10. 湘南与湘中地区的瑶族服饰基本相同。( )

二、思考题

1. 湖湘汉族传统服饰特色有哪些?
2. 苗族、土家族、侗族、瑶族服饰特色有哪些?

任务三

湖湘岁时节日习俗

学习目标

1. 素质目标

（1）爱国守法、崇德向善、文化自信。

（2）爱岗敬业、诚实守信、团结协作。

（3）热爱劳动、积极进取、精益求精。

（4）家国情怀、工匠精神、创新精神。

2. 知识目标

（1）了解湖湘各民族岁时节日由来。

（2）掌握湖湘汉族岁时节日习俗及其特色。

（3）熟悉湖湘少数民族特色节日习俗。

3. 能力目标

（1）查阅并收集湖湘岁时节日习俗相关资料，对特色节日习俗进行分析总结。

（2）感受湖湘少数民族节日氛围，理解湖湘节日文化内涵。

（3）介绍湖湘各民族节日习俗，增强民族自豪感和民族文化自信心。

任务导入

我生长的家乡是湘西边上一个居民不到一万户口的小县城，但是狮子龙灯焰火，半世纪前在湘西各县却极著名。逢年过节，各街坊多有自己的灯。由初一到十二叫“送灯”，只是全城敲锣打鼓各处玩去。白天多大锣大鼓在桥头上表演戏水，或在八九张方桌上盘旋上下。晚上则在灯火下玩蚌壳精，用细乐伴奏。十三到十五叫“烧灯”，主要比赛转到另一方面，看谁家焰火出众超群。我照例凭顽童资格，和百十个大小顽童，追随队伍城厢内外各处走去，和大伙在炮仗焰火中消磨。玩灯的不仅要气力，还得要勇敢，为表示英雄无畏，每当场坪中焰火上升时，白光直泻数丈，有的还大吼如雷，这些人却不管是“震天雷”还是“猛虎下山”，照例得赤膊上阵，迎面奋勇而前。我们年纪小，还无资格参与这种剧烈活动，只能趁热闹在旁呐喊助威。有时自告奋勇帮忙，许可拿个松明火炬或者背背鼓，已算是运气不坏。因为始终能跟随队伍走，马不离群，直到天快发白，大家都烧得个焦头烂额，精疲力尽。队伍中附随着老渔翁和蚌壳精的，蚌壳精向例多选十二三岁面目俊秀姣好男孩子充当，老渔翁白须白发也做得俨然，这时节都现了原形，狼狈可笑。乐队鼓笛也常有气无力板眼散乱的随意敲打着。有时为振作大伙精神，乐队中忽然又悠悠扬扬吹起“踹八板”来，狮子耳朵只那么摇动几下，老渔翁和蚌壳精即或得应着鼓笛节奏，当街随意兜两个圈子，不到终曲照例就瘫下来，惹得大家好笑！最后集中到各会馆前点验家伙散场时，正街上江西人开的南货店、布店，福建人开的烟铺，已经放鞭炮烧开门纸迎财神，家住对河的年轻苗族女人，也挑着豆豉萝卜丝担子上街叫卖了。

——节选自沈从文．中国民俗文化［M］．北京：人民教育出版社，2022

岁时节日民俗是由岁时民俗和节日民俗两个部分组成的。所谓岁时民俗，指的是一年中伴随着季节和时序的变化而相继出现的一些风俗。所谓节日民俗，是指人们约定在某些具体的日期进行某种活动或者仪式的民俗。岁时民俗与节日民俗既有联系也有区别，其联系是，两者不仅都是以一年的时间为周期，周而复始地出现，而且有些节日民俗是由岁时民俗发展变化而来。两者的区别在于，岁时民俗受自然因素的影响发展而来，节日民俗则带有明显的人为因素，文化色彩更为浓厚，是一种带有政治的、经济的、艺术的、宗教的、民族心理等多种因素的综合性民俗文化现象。

在湖湘民俗文化中覆盖面最广、影响最大而又最具地域特色和民族风情的是岁时节日民俗。湖湘岁时节日众多，除传统节日春节、元宵节、清明节、端午节、鬼节、中秋节、重阳节，以及现代的五一劳动节、十一国庆节、元旦等较大型节日外，还有立春节、二月二“龙抬头”、三月三上巳节、四月八姑娘节、四月十八牛王节、立夏节、尝新节、六月六（“过半年”、晒龙袍）、六月十六倒稿节、十月初二“啪嘎节”、腊八节、辞灶节、过“赶年”，等等。此外，还有一些与巫风祭祀文化密切相关的节日，如南岳圣帝爷生日、土地菩萨生日、观音生日、还盘王愿等。近年来，湖南公祭炎帝、舜帝的庆典活动也大有演变成湖湘固定节日之势。湖湘岁时节日可以说是名目繁多，从节日的起源看，有的节日是从湖湘之地兴起，而后以湖湘为中心向中原乃至全国各地传播，如端午节；有的是受中原文化影响而生的传统节日，如春节、中秋节等；有的是只有湖湘本土才有的岁时节日。从其具体特征来看，湖湘的岁时节日习俗同样表现出丰富多样、巫风文化等特征。如与汉民族同样过春节的湖湘少数民族，在过年的时候除了祭祖、祈愿等习俗外，土家族还有“抢贡鸡”、跳“摆手舞”的习俗，侗族有“抢花炮”的习俗。“端午节”是为纪念伟大的爱国诗人屈原而设，食粽子、喝雄黄酒、赛龙舟等，都是古老的巫文化流传下来的习俗。即使是受中原文化影响较深的一些节日，在历史发展的长河中，也不可避免地烙上了湖湘文化的印记，具备了独特的地域色彩与湖湘民族风情。岁时节日习俗一方面蕴涵着浓浓的湖湘文化气息，另一方面也承载着深厚的湖湘文化内涵，反映出湖湘悠久的历史文化传统与湘人的精神特质，是湖湘文化极为重要的组成部分。

一、湖湘汉族传统节日习俗

全国各地一样，湖湘汉族的传统节日主要有春节、端午节和中秋节。

（一）春节

春节又称“过年”，是中国最大的节日，有“百节年为首”的说法。春节不仅是汉民族最为重要的一个节日，同时也是少数民族最为重要的节日。从其起源来看，年应该与中国作为古老的农业大国密切相关。与节日相关的“年”字，就是根据农作物生长周期而逐步确定的，在《说文解字》中“年”的最初解释就是“谷熟也”。《谷梁传》记载；“五谷皆熟为有年，五谷皆大熟为大有年。”从时间来看，狭义的“春节”应该是指新年到来之际（大年初一凌晨）及之后（正月十五日之前）的一段时间，事实上，在人们的心目中，春节的节期包括年前年后两个连为一体的时间段，即新旧年交替之际辞旧迎新的整个时间过程。一般而言，即向年前追溯到腊月二十四日过小年之日、向后延续到正月十五元宵节前后。在民间，春节是最受重视的传统节日，与端午节、中秋节并称中华民族最重要的三大节日。

在湖湘大地，“过年”有小年和大年之分，“小年”一般指腊月二十四，大年则是年三十。“小年”在一般意义上是为小孩过的，大年则是全员的。俗谚中有“小孩过年一个蛋，大人过年一顿饭”的说法。从腊月二十四过小年开始，过年的序幕就拉开了。大年之前，人们多对家里家外进行一场彻底的清扫，疏浚阳沟、打扫扬尘、蒸年糕、打糍粑、做豆腐、备点心、写春联、扎灯笼，大部分的家庭成员都要添置新衣，有的家庭还宰杀年猪。小年要“辞灶”，民谣曰：“辞了灶，年来到，妹子要花，伢子要炮，婆婆要新衣，爹爹要新帽。”从此日起，长工下工，匠师不再上门，家家筹办年货，忙得不亦乐乎。

年关将近，小孩子们多喜欢放鞭炮，在时断时续的鞭炮声中，年味便一日浓似一日。过去，人们流行家家贴年画，邵阳滩头的年画就非常有名，远销国内数十省份，甚至还远销海外，无论质地用料，还是色彩图案，都堪与杨柳青的年画并称。现在人们多用挂历。大年三十，一家人热热闹闹地准备丰盛的饭菜，出门在外的家庭成员也都要在除夕夜之前赶回家团聚。除夕夜，旧俗有“吃团年饭”“辞年”“守岁”等活动。掌灯时分，吃团年饭之前，焚香鸣炮，拜祖先家神，叫辞年。年三十夜，长沙一带农村家家火塘中燃着一个俗称“年财佬”的枫树蔸（或松、栗等树蔸），铁炉锅里炖着猪脚萝卜，所谓“有钱无钱，萝卜过年”，男女老幼围炉共话，长辈给小孩压岁钱（如果小孩子熬不住睡了，就放在孩子的枕头边或底下，孩子醒来第一件事就是看看枕头边或下面是否有压岁钱），彼此忌说不吉利之语，一晚上其乐融融，欢坐待旦，叫“守岁”。大年初一，家家于鸡鸣时分即起，男女老幼换上新衣，由辈分最高的男主人燃香开大门，鸣放鞭炮，叫“出天行”，或说开财门。然后进入厅堂，秉烛敬拜祖宗，再向外拜天地神明，择吉时向吉方三揖，或向四方揖拜，祈求新年方方得利。接着儿孙依次向长辈拜年。正月初一早餐吃剩饭，叫吃隔年粮，寓意衣食有余。菜肴往往有青菜、芋头、豆腐等，寓意人丁清吉，万事遇头，清白传家。饭后晚辈向家族长辈拜年。小孩子们精力旺盛，往往成群结队打着灯笼依次去邻里人家“请辞岁”。这时，家家户户都热情迎接，用糕点糖果等塞满孩子们的口袋，很多孩子回家卸完口袋后，又迅速加入辞岁队伍，有时一个晚上可得一两瓷坛美食，这对那些家境不太富裕的孩子来说是难得的不小收获，个个乐得合不拢嘴，难怪谚云：“小孩望过年。”除孩子外，正月初一一般不外出拜年，有所谓“初一崽，初二郎，初三初四拜干娘，初五初六拜四方”的说法。特别是家族中辈分高者，一般初七之前是不到其他人家去的，地方习俗叫作“上七不出门”。春节期间，亲戚们都会互相走动，请“吃春饭”或回请。互相拜年的时候，遇有新人或贵人来家，还应燃放鞭炮，以示对来客的重视。

春节期间，湖湘民间的讲究、禁忌颇多。有的于除夕在大门合缝处贴红纸“财”字，在当眼处贴“开门大吉”“对我生财”之类的吉利语，初一开门时高声诵之，叫开门见喜、开门见财。出天行时，观风向天色，卜来年收成，认为“北（风）主丰，南（风）主歉”；阴多晴，暗多雨。在阶基和柴湾堆很多柴，谐多财。初一抱柴进门，意“进财”。初一不倒垃圾不扫地，非扫不可时，扫帚不向外而向柴湾扫。有的读书人则写“人寿年丰”“五谷丰登”之类的吉利语，叫“新年发笔，大吉大利”。初一特忌粗俗不雅之言，大人总要事先叮嘱小孩：初一要说好话！万一小孩说漏了嘴，大人马上解说：“童言无忌。”如不小心摔破了东西，要说“打发打发”；若酒杯倒了，要说“酒泼红地”。土家族大年三十不能吵嘴、不能打小孩、不能熄灯火。苗族大年初一忌动刀、挑水、扫地、敲板壁、赤足、食粑粑，忌倒垃圾，洗脸水不得倒于屋外，妇女不能去别人家里；腊月三十晚上忌断火种；初一至初三不可在寨内晾晒衣物，妇女不能在家中拿针线。

湖湘民间春节的文娱活动非常多，各地区各民族都有一些独特的民俗节庆活动，例如舞狮（图5-24）、辨花灯、迎神、灯会等，有的地方还会“赞土地”“打花鼓”。在春节各种娱乐活动中最热闹的莫过舞龙和舞狮。

图5-24　春节舞龙和舞狮

长沙作为省城，年关的娱乐活动，往往是最热闹的。旧时舞龙灯一般是“初七”之后开始出灯，正月十五收灯。“开灯”与“收灯”都有非常隆重的仪式，长沙俗语说：“三十夜的火，元宵夜的灯”，这里所说的“灯”当包括龙灯，可见其重视程度。龙灯队伍由执事擎“火神庙”大纛前导，旗牌手提长方形灯笼，执掌灯笼者必定是当地见多识广，非常有人脉的长者或者头面人物。进门时道声“恭喜发财”，于是金鼓唢呐齐鸣，龙身蜿蜒翻腾进入主家客厅。主家撒果品、放鞭炮，为舞龙灯者助兴。舞龙灯者迎着节拍用先前所练习的动作，舞出各种图案，小孩子跟着吆喝，主家更是喜笑颜开。临走时，主家为舞龙灯者准备一份礼金，并用鞭炮相送。如果哪人气度不凡，衣服华贵，舞龙灯者还会围绕着此人不去，并耍出种种花样，直到该人拿出彩头来，他们才欢闹着离去。位于长沙城内的定湘王庙和朗公古庙，每岁新年时都要扎一纸龙，沿街行走，鸣锣击鼓，热闹非常；家家户户烧香顶礼，就像迎接真神一样。如有妇女多年不生育者，每当龙灯游行至其家时，必加封红包，舞龙灯者以龙身围绕妇人一次，再将龙身缩小，上骑一小孩，在堂前绕行一周，这就是“麒麟送子”。《长沙新年纪俗诗》中所记：“纸扎龙灯奉作神，香花处处表欢迎。堂前一度兜圈子，步步龙行百草生。”“妇女围龙可受胎，痴心求子亦奇哉。真龙不及纸龙好，能作麒麟送子来。”正月十五，舞龙灯者彻夜狂欢后，便将纸灯烧毁，龙头放庙归位，名曰“完灯”，至此，新春舞龙活动结束。舞狮活动同样热闹，除道具及动作外，舞狮与舞龙最大的不同是，舞龙时执掌灯笼者主要作用是前导接洽，接收礼金红包，充当主事，看头都在舞龙人身上。舞狮时提灯人不光起上述作用，还需充当“唱赞词”角色。提灯人按所到家户家境应景赞颂，幽默生动，舞狮者随之动作，不光有看头，而且有听头。

正月十五日是传统的元宵节，在这一天夜里，龙灯、狮子都会终止。家家户户都要吃元宵，燃放鞭炮，在湖南一些地方还有一种独有的烧元宵活动。在烧元宵的晚上，人们多将晒干的稻草、收集的木柴等堆积在田塍上或者地头边点燃，有时还可能在屋檐下，水井边，甚或是在狗窝、鸡窝边点燃。这种放法的寓意一是能将动物圈栏中的寄生虫、病菌烧减；二是寄望着来年家人红火、六畜兴旺。同时，在湖南一些平原山村，人们还有一种极富意味的“偷青”习俗。正月十五夜，女人们成群结队地去菜园子里“偷青”。这一习俗源自一个古老的传说。传说孟姜女的丈夫被秦始皇抓去修建“万里长城”后一直杳无音信，她千里迢迢地去寻夫。一路上风尘仆仆，忍饥挨饿。万般无奈之下，她为了活命只能在菜地里趁着夜色偷些青菜充饥。后世之人为其坚贞与执着所感动，也就形成了“偷青”的习俗，对其进行缅怀。当然，这其中也表现出民间文化中妇女对自我命运的同情之感与身世之叹。

（二）端午节

端午节又称端阳节，是中国古老的节日之一。端午节源于农耕文化，起初是一个古老的疾病防控日，后来在屈原投江自尽之后，这一节日的文化内涵得以提升，并随着时间的推移，逐渐成为各地区、各民族共同的节日。随着历史的发展和文化的积淀，至今已形成蔚为壮观的端午文化。 但凡一种习俗，随着历史的积淀，成为人们生活的必需，以至影响人们的生活、思想，乃至社会发展时，这种习俗也就形成了一项独有的、独特的文化现象。“作为一种历史现象，文化的发展有历史的继承性；在阶级社会中，又具有阶级性，同时也具有民族性、地域性。不同民族、不同地域的文化又形成了人类文化的多样性。作为社会意识形态的文化，是一定社会的政治和经济的反映，同时又给予一定社会的政治和经济以巨大的影响。”端午文化对人们生活、社会经济的影响也是如此，随着历史的发展，正在日益扩大和深化，并在其特定的社会环境、地理环境、人文环境和不同的时代，都有其鲜明的时代特色和地域特色。

人们普遍认为端午节是为了纪念我国伟大的爱国主义诗人屈原的，唐代诗人文秀《端午》诗中说：“节分端午自谁言，万古传闻为屈原。堪笑楚江空渺渺，不能洗得直臣冤。”相传人们得知屈大夫投水后，大家自发争先划船去寻找他的遗体，并在河流中投入“角粟”，避免他的遗体被鱼吃掉。后来，屈原投水的这天就被定为端午节，两者之间的密切关系被进一步固定下来。屈原与端午节关系的固化提升了端午文化的内涵，端午文化反过来在意识形态领域也产生了巨大的力量，在提升全民爱国意识、增强民族凝聚力、拓展诗歌题材、影响文学艺术风格等方面，其作用均不可小视。

端午节的习俗在全国各地有着十分丰富多样的内容和形式，同时具有普遍性与地方特异性。端午节的主要习俗有吃粽子、吃咸鸭蛋、喝雄黄酒、门窗上悬挂菖蒲艾蒿、用特别配置的中草药煮水沐浴、身上戴香囊、儿童戴五毒兜兜等。民谣曰：“荒坡艾叶喷喷香，溪边菖蒲伴石长。青烟剑叶能驱疫，岁岁端午站门岗。”端午节最有特色、大众参与性最强的传统民间娱乐活动应数龙舟竞渡（图5-25），自古至今盛行不衰。南朝梁代吴均《续齐谐记》载：“楚大夫屈原遭谗不用，是日（五月初五日）投汨罗江死，楚人哀之，乃以舟楫拯救。端阳竞渡，乃遗俗也。”唐代诗人张说的《岳州观竞渡》描绘了当时端午节的赛龙舟场面：“画作飞凫艇，双双竞拂流。低装山色变，急棹水华浮。”描绘龙舟竞渡最为生动的诗作，当推唐代诗人张建封的《竞渡歌》：“五月五日天晴明，杨花绕江啼晓莺。使君未出郡斋外，江上早闻齐和声。使君出时皆有准，马前已被红旗引。两岸罗衣破晕香，银钗照日如霜刃。鼓声三下红旗开，两龙跃出浮水来。棹影斡波飞万剑，鼓声劈浪鸣

图5-25 赛龙舟

千雷。鼓声渐急标将近，两龙望标目如瞬。坡上人呼霹雳惊，竿头彩挂虹蜺晕。前船抢水已得标，后船失势空挥桡。疮眉血首争不定，输岸一朋心似烧。只将输赢分罚赏，两岸十舟五来往。须臾戏罢各东西，竞脱文身请书上。吾今细观竞渡儿，何殊当路权相持。不思得岸各休去，会到摧车折楫时。”将龙舟竞渡的场景描绘得具体逼真，其热烈的竞渡气氛扣人心弦。船上岸上，紧张热烈，锣声、鼓声、吆喝声、水波声，此起彼伏，一派热闹，组合成一幅动人的民俗风情图画。古代描绘端午节的诗歌还有很多，如宋代梅尧臣《五月五日》、欧阳修《端午帖子》，现代著名汨罗籍作家康濯《咏故园端午节》，等等。

端午这天，湖湘民间除了赛龙舟、吃粽子外，还有踏百草、斗百草的习俗。《荆楚岁时记》中写道：“五月五日，四民并蹋一百草，又有斗百草之戏。”踏百草是在初五的早晨进行。人们或赤足或穿上新做的布鞋，在有露水的草丛中行走。大人斗草，或以花草之名相对，以较个人的文化修养之高低，或以各人采集花草的品种多少为胜负；儿童斗草，则比斗草茎的韧性强弱，以屡斗不败者为胜，胜则欢呼雀跃。

（三）中秋节

中秋节俗称“团圆节”，是中华民族的传统节日。湖湘之地，人们早就对此节日情有独钟，家家户户多赏月和吃月饼、桂花糖、花生等食品。一家人吃罢晚饭，在院子里摆上几案，备好茶点，边闲话家常，边等待玉兔东升，全家人一起赏月。中秋之夜因秋高气爽，空气清新，明月也往往分外皎洁。在这样一个月明风清的节日夜晚，民间还演绎着许多极富趣味的习俗，其中衡阳等地有一种“偷瓜送子”的习俗就是在这一美好的节日晚上上演。中秋之夜，那些家中妇女未曾生育者，她的亲友会从附近的瓜棚菜园中避开园主，偷一个冬瓜回来，然后精心将冬瓜描绘成一个婴儿的样子，还给它穿上小孩子的衣服，装扮成一个小孩子，由一位年龄比较大的长辈在一阵锣鼓鞭炮的热闹声中将这个“婴儿”送到妇女的家中，并径直放到床上，口里还小声地默念着“种瓜得瓜，种豆得豆”，意图给这家送来子女。有的习俗稍微有些不同，是在一些热心肠的亲戚的帮助下，要自己的儿女在中秋之夜偷瓜送到某一自己熟悉或关系密切未孕妇女家里，以期盼她家早日添丁。与此有些相似，新晃侗族妇女们在中秋之夜也有结伴外出去“偷月亮菜”的习俗。在这一习俗中，人们多钟情于“偷”南瓜、豆角等，如“偷”到的南瓜和毛豆比较大，就满心欢喜，因为这预示着自家的孩子会长得非常强壮健康。如果“偷”到成双生长的豆角或并蒂的瓜果，便认为是喜兆。姑娘们往往爱到自己心上人家的菜地去偷，偷摘完后，并不就此作罢，还要在人家菜园里故意高声地叫喊。于是随行的那些女伴就会给对方以提示，有时还特意说出女孩子的名字，被偷的小伙子如果有意，就会去姑娘家做客，这样男女双方就在这样的活动中建立了情感，尔后随着关系的深入就能男婚女嫁，组成家庭。

在湖南湘潭，过中秋有“游宝塔”“烧宝塔”（图5-26）的习俗。在湘潭市河东宝塔岭上有一个七层的宝塔，是一个标志性建筑。中秋节之日，宝塔岭上到处张灯结彩，塔旁搭有戏台演戏，玩龙灯、耍狮子、打地花鼓、踩高跷者聚集于此。男女老幼倾城而出，去游宝塔。夜晚来临，小孩子在宝塔下聚集些木材、树叶或者其他燃料，再在这些上面浇一些油料，在空地上用瓦石搭成一个下大上尖、外圆内空的塔状物，点燃燃料，然后进行焚烧。如果宝塔烧不红，便认为一家将不会安宁，所以大人往往都会向小孩供给木材和油料。宝塔烧红后，孩子们一边唱着“八月十五烧宝塔，保佑癞子生头发”等歌谣，一边用乱砖将宝塔打倒以取乐。

图5-26 中秋烧宝塔

湖湘汉民族除了上述三大传统岁时节日外，还有一些节日：如立春之日的立春节，民间有打“春牛”、喝春酒、吃春饼的习俗。清明之日，民间有踏春和扫墓的习俗。九月初九重阳节，民间有酿造重阳酒、蒸米糕、携酒登高望远的习俗。一些具有雅趣的人，还会邀请好友一起欣赏菊花。十月初一至初十的“十月朝节”，民间也有在这一天来到先人坟墓之前，放一串鞭炮，斟两杯酒，进行祭奠的习惯，称为“挂十月朝”；大姓家族，多备酒肴于宗族的支祠，祭祀家族的支系祖先，称为“朝祭”，朝祭过后，人们开始进入冬闲的日子。在这些日子中，人们进行嫁娶的多。至于其他赛神、还愿的活动也比先前多了许多。农历十二月（腊月）初八日的腊八节，民间常在此日以糯米、腊肉、红枣、核桃等做“腊八饭”（图5-27）；湖湘最有特色的菜肴“腊八豆”（图5-28），也是以此日所做最佳；湖湘农家甚至连一些城市居民，也于此日开始熏制腊肉。

图5-27 腊八饭

图5-28 腊八豆

二、湖湘少数民族岁时节日习俗

不同的民族因其文化传统不同，历史社会文化等方面的独特性，往往各自有着属于本民族的节日。湖湘少数民族岁时节日主要有六月六日“过半年”、吃新节、还盘王愿、过赶年、冬节、古尔邦节等。

（一）六月六日“过半年”

在湘西南、湘中等地，瑶族、土家族同胞有六月六日“过半年”的习俗。每年六月初六，瑶胞们每个人都喜气洋洋，穿上节日的盛装，备齐了丰盛的食品，接来亲戚特别是外戚一起过节。在瑶族聚居的地方，人们有时还会举行盛大的集会。但不同民族对于这个节日有着不同的说法，民俗活动也不尽相同。瑶族相传古时有专管疟疾和发痧的两个瘟神下界传染疾病，不少瑶民染上瘟疫，死伤惨重。当人们知道瘟神要在过年之后才会回到天庭，于是人们就开始改变先前的过年要到腊月三十的习俗，而是改为六月六日过年，这样也就能够让瘟神早点离去，从而为人间减少许多病痛与灾难。于是他们在六月这样的大热天赶着杀猪宰羊，用葫芦当成萝卜，刮去青皮，代替冬天才有的萝卜，又在田间遍撒石灰，如同下雪，瘟神以为过年了，便离开人间返回天庭。六月六日为“过半年”，亦称“半年节”“小年节”。湘西土家族的“过半年”来源有三种传说：其一，相传其祖先于此日从外地迁徙而来，定居湘西；其二，传说土司覃垕于此日被皇帝杀害；其三，说此日为麻麻（姑妈）节，要把出嫁了的姑妈接回来歇伏。湘西苗族相传远古神犬盘瓠与高辛帝之女结婚，生下六男六女，自相婚配，繁衍后代，成为苗族祖先，故于此日进行纪念。

（二）“吃新节”“倒稿节”庆丰收

吃新节（图5-29）又称“吃新”“尝新节”，是农家每年举行的一种庆丰收活动。各地区、各民族吃新因历史文化与传统习俗等方面的原因，在吃新日子的选择上有所不同。具体来看前后不一，整体来看则是大致在农历六七月间新谷刚刚成熟或即将登场之际，其用意是感谢收成好，感谢上天与神仙的保佑以及对于先人的虔敬与追思。在吃新这天，人们多用苞谷或新米煮饭以敬“谷娘（谷神）”，并以鸡、鸭、鱼、酒等祭供土地和祖先。瑶族除了过尝新节外，还有更为隆重的“丰收节”（图5-30），江华县一带的瑶家人称为“倒稿节”。这一节日的时间是在阴历六月十六。邵阳洞口的瑶族人家也过类似的节日，不过他们称之为“啪嘎节”，时间不是在六月十六，而是在农历十月初二举行。两者的名称虽然不同，但意思都为“丰收”。在过节的那天，人们忙着杀鸡、宰猪、做粑粑、酿米酒，准备各样丰盛的食物，并且把这些食物都染成红色。过节日的那天早晨，寨子里的人们无论男女老少聚集一堂，由长者主持给每户分一块猪肉和一条染红的鲜鱼，既庆贺当年的丰收，又预祝来年风调雨顺、五谷丰登。然后，老年人便走村串寨，探亲访友，男女青

图5-29　尝新节

图5-30　瑶族丰收节

年则唱歌跳舞，尽情玩乐。

江华县在过“倒稿节”的那天，还有一项最为重要的活动——斗牛。瑶胞们吃过早饭后，便汇集到一处空旷的赛场。斗牛前，寨中长辈给斗牛者头上扎上“英雄结”，并对其祝福，然后斗牛者手持棍棒与牛角斗，直至牛被斗败为止。晚上，男女青年集聚一起唱《倒稿歌》（丰收歌），有的集合在一块坪地，围着篝火唱歌；有的小伙子在心仪的姑娘门前唱“引歌”，姑娘在屋里唱“迎歌”，将小伙子迎进屋内，以瓜斟满酒和土特产款待，边吃边唱暗传着情意，通宵达旦，洋溢着青春的气息和美好的祝福。

（三）土家族赶年

土家族赶年

土家族还有一个特殊的习俗，那就是过“赶年”（图5-31）。在湖南、湖北、贵州、重庆等地聚族而居的土家人有时要过三个年，分别是农历腊月二十九日（或二十八日）“过赶年”，六月二十五日过“六月年”，十月初一日过“十月年”。在这三个年中最有特色的是“过赶年”，即在腊月三十日前一天过年。对于节日，有三种说法。其一，嘉靖年间倭寇常年骚扰我国东南沿海，为了抗击这些侵略者，湖南永顺土家族人听命朝廷前去征讨。出发时是一年将尽之时，为了及时赶赴战场，人们提前一天过年。这样，不仅赶到了战场，而且沉重地打击了入侵的倭寇，大振了土家人的英名。为了纪念这一具有历史意义的事件，人们就将其作为习俗而沿用下来，以表现土家人的卓越与英勇。其二，在很久以前，一个土家族部落因遭到异族的攻击与侵略，为了抢得时间，并出其不意地向敌人进行攻击，土家人提前一天过了年。而这时，敌人却毫无防范，并没有料到攻击会在大年三十降临，结果大败而逃。其三，在民族压迫的日子中，土家族人多被迫在一些地主家打工。但是东家在过年之时也需要许多人来操办，也就不愿意土家人回去，于是，为了既能与家人团聚，又能按照主家的要求在年节期间照常帮工，他们就提前一天回家过年。

图5-31　土家女儿“赶年”迎新春

这一习俗从侧面反映了土家族人在旧的时代和社会中所遭受的剥削与压迫。这种“过赶年”的习俗至今已经持续了数百年的历史。由于这三种说法都是将“过赶年”设定在一种严峻的情境，所以旧时土家人过年也呈现出一种严肃紧张的气氛，例如，家中杀了年猪要藏在门角角里用蓑衣盖住，牛羊等牲口要往山洞里赶，家门外要插上削尖的硬木标枪，将大块肉、萝卜、白菜、粉条、豆腐、猪杂等煮成一锅“合菜”当年饭，等等；天黑后，由一人手持梭镖站立门口，发现有人路过，立即上前“抓住”，请进屋内一同过年；祭祖和吃年饭每于深夜进行，用竹簟或帐子遮住，表示在营幕之中。当然，随着历史的发展变化，先前的现实性都退居为形式上的东西，先前苦难性的内涵都向娱乐性方式演变，欢乐与愉快是所有节日的整体追求。如今，土家“过赶年”之夜，土家儿女们还会在聚会的禾坪上烧起一团熊熊的篝火，男男女女围着篝火跳摆手舞（图5-32），唱调年歌，跳起神秘而粗犷的“毛古斯”舞（图5-33），甚至通宵达旦；守候在家里的土家人则在火塘中烧着枫木树蔸，围炉聊天或静坐。

图5-32　土家赶年篝火摆手舞

图5-33　土家族“毛古斯”舞

（四）侗族冬节

在怀化通道侗族聚居的地方，还有一个传统节日，叫作冬节。这一节日一般是农历十月入冬至十一月底，具体日期不一，由各姓氏宗族、屯团村寨自己决定。有的过十月十二、十三日，有的过十月初一、初四日。节日期间，人们放鞭炮、玩龙灯、耍狮子，尽情欢乐；不分生人熟人，都可以去别人家“吃冬”，主人家必杀鸡宰鸭、备办酸鱼腌肉款待来客。

（五）瑶族“姑娘斗牛节”

湖湘少数民族还有一些其他的特色节日，如湖南江永一带瑶族于农历四月初八日过一个特殊的节日“姑娘斗牛节”。此活动有一个特殊的规则，那就是只有未曾出嫁的姑娘才能参加，因此又称“阿妹节”（图5-34）、“女儿节”。所谓“斗牛”与一般的斗牛不同，不是牛与牛相斗，也不是西班牙那样人与牛相斗，没有任何血腥和暴力的场面，而是一种竞赛性的游戏活动。每逢节日来临，瑶家姑娘身着最为艳丽的民族服装，三五成群结队，找一处风景优美的地方举行野餐。参加者均自带自制食物，其中三种必不可少，即在蛋壳上描绘了花纹图案的花蛋、用小刀刻画出各种花样的花糍粑、用蜂蜜熬干加熟米粉压块以黑白芝麻镶出各种图案的花糖。参加这个节日的姑娘们将各自带来的东西悉数拿出，让大家一起品尝，评价，并互相交流各自的技艺与经验，然后举行各种竞赛性的游艺活动。姑娘们的“斗牛”是不让男青年加入的，并且还不让他们旁观或者窥视。但小伙子们往往忍不住好奇，同时也有些小伙子想见美丽的姑娘，就躲在附近窥探，但一旦被姑娘们发现，姑娘们就会对其进行惩罚。这种惩罚也是娱乐性的，让小伙子们捡柴、烧火、烤食品、采山花等，彼此打打闹闹，好不热闹。有的小伙子与姑娘在这一活动中可能互生爱慕，产生美好恋情，甚至喜结良缘。

图5-34 瑶族阿妹节

任务小结

1. 收集湖湘各地节岁习俗，熟悉主要少数民族节日习俗。
2. 收集湖湘各地节日习俗图片，并介绍特色习俗。

课后练习

一、判断题

1. 湖湘岁时节日习俗蕴涵着浓浓的湖湘文化气息和内涵，反映了湖湘悠久的历史文化传统与湘人的精神特质。(   )
2. 春节期间“上七不出门”是家族中辈分高者，一般初七之前是不到其他人家去的。(   )
3. 侗族还有一个特殊的习俗，那就是过“赶年”。(   )
4. 湖南江永一带瑶族于农历六月初六日还过一个特殊的节日“姑娘节”。(   )
5. 吃新节又称“吃新”“尝新节”，是农家每年举行的一种庆丰收活动。时间大致在农历七八月间新谷刚刚成熟或即将登场之际。(   )
6. 瑶族除了过尝新节外，还有更为隆重的“丰收节”，江华县一带的瑶家人称为“倒稿节”。(   )
7. 毛古斯舞是瑶族的传统舞蹈。(   )
8. 湖南江永一带瑶族于农历四月初八日还过一个特殊的节日“姑娘斗牛节”，未婚姑娘们牵着自家强壮的牛参加盛会。(   )
9. 怀化通道侗族聚居的地方，一个传统节日，叫作冬节。届时，人们放鞭炮、玩龙灯、耍狮子，尽情欢乐；不分生人熟人，都可以去别人家“吃冬”。(   )
10. 湖湘汉族立春日，民间有打“春牛”、喝春酒、吃春饼的习俗。(   )

二、思考题

1. 湖湘汉族传统节日有哪些习俗？
2. 湖湘少数民族特色节日及习俗有哪些？

知识链接

1. 中国民居建筑丛书之两湖民居　　作者：李晓峰，谭刚毅
2. 中国传统建筑营造技艺丛书——苗族吊脚楼传统营造技术　　作者：张欣
3. 中央广播电视总台纪录片：多彩中国　土家族风情
4. 中央广播电视总台纪录片：我们的节日
5. 【百家讲坛】如果古建筑会说话（第二季）：落地生根吊脚楼

06

模块六

湖湘饮食文化

任务一

湖湘饮食文化的内涵及特征

学习目标

1. 素质目标

（1）爱国守法、崇德向善、文化自信。

（2）爱岗敬业、诚实守信、团结协作。

（3）热爱劳动、积极进取、精益求精。

（4）家国情怀、工匠精神、创新精神。

2. 知识目标

（1）了解饮食文化的内涵和特征。

（2）了解湖湘饮食文化和湖湘文化的关系。

（3）熟悉湖湘饮食文化的主要特征。

3. 能力目标

（1）查阅和收集湖湘饮食文化形成及发展的相关信息，具有对饮食文化的内涵进行分析和总结的能力。

（2）通过对收集到的资料进行分析，理解湖湘饮食文化是湖湘文化的重要组成部分。

任务导入

“人生开门七件事，柴米油盐酱醋茶”，从精英的治国之道到普通老百姓的日常谈资，饮食对国人的文化心理结构有着深刻的影响。不论是过去天子宴请诸侯，文人日常宴集，还是富贾商谈或百姓日常，各种涉及社会交往的事务，中国人喜欢尽可能地通过“吃饭”来解决。逢年过节的宴请，如果是家宴，善于烹调的主人总会在席间向客人介绍自己拿手菜的做法。关于如何做出美食，从选材、保存到烹饪方法的交流，往往是席间主要的话题之一。

即使在精英层面，饮食对整个文化的影响也非常显著。史书中，涉及社会经济的篇章被冠以“食货志”的名称。古人还常以饮食来比喻政治或人生道理。老子言，“治大国若烹小鲜”，以烹制小鱼来比喻治理大国需政策稳定；孟子曾说，“鱼，我所欲也；熊掌，亦我所欲也，二者不可得兼，舍鱼而取熊掌者也。生，亦我所欲也；义，亦我所欲也，二者不可得兼，舍生而取义者也”，以鱼与熊掌不可兼得的选择来比喻“义”比“生”更重要；《论语》中许多地方提到饮食，如“饭疏食饮水，曲肱而枕之，乐亦在其中矣”“君子谋道不谋食”“君子食无求饱，居无求安”等以表达君子安贫乐道的精神……“国之大事，惟祀与戎”，祭祀就必然涉及献祭的食物和食器，而饮食本身是礼仪制度的起点，正所谓“夫礼之初，始诸饮食”。可见华夏文化从一开始便有围绕饮食而展开的特质。

——节选自范玉吉．润物无声：人文中国十三讲［M］．北京：北京大学出版社，2018

中国的饮食文化历史悠久，博大精深，自古就有“民以食为天”的俗语，在数千年的历史发展中形成了具有鲜明特色的饮食文化，成为中华民族传统文化中最接地气的部分。中国饮食与法国饮食、土耳其饮食并称为“世界三大饮食体系”。

一个地方、一个民族饮食特色的形成，是与当地的地理环境、社会历史发展和文化背景分不开的，地域文化背景不同，饮食内容和方式也大不相同。湖湘饮食文化特色与湖南的地理环境、气候特征、食材物产及民风民俗等密切相关，湖湘饮食文化是湖湘文化的一个重要支脉。

饮食是人类基本生存的需要。经过数千年的发展，饮食文化已经上升为一种独特的文化，发展为一门综合了诸多社会文化内涵的艺术。饮食文化随着人类社会的出现而产生，又随着人类物质文明和精神文明的发展而不断丰富自身的内涵。

一、饮食文化

饮食文化是文化大范畴的一个重要分支，既是文化，又是科学，更是一门艺术。它是人类文化中有关饮食活动的部分，是人类有关饮食创造成果的总和，具有一般文化的属性。饮食的物质成果主要有古今烹饪原料、饭食、菜点、饮料、工具、能源等；饮食的精神成果主要有古今烹饪技法、菜谱、食单、宴席设计、饮食须知以及烹饪原料学、烹饪营养学、烹饪工艺学、烹饪美学等。

饮食文化是长期生活于某一区域内的民众对地域环境和物产的适应与习惯而逐渐形成的具有地域文化特征的生活习俗和饮食特征。结合文化的概念，饮食文化有广义和狭义之分。广义的饮食文化是中华民族在长期的社会实践过程中以饮食对象为主要内容所创造的物质财富和精神财富的总称。狭义的饮食文化是一种以满足人类生命生理需求为首要目的的实践活动。

二、湖湘饮食文化与湖湘文化

（一）湖湘饮食文化的概念

湖湘饮食文化是指湖湘民众在饮食烹饪的社会历史实践过程中，为满足生存、发展、享受的生理需要与心理需要所创造的物质财富和精神财富的总和，主要包括湖湘食物原料、湖湘饮食烹饪、湖湘饮食器具、湖湘饮食消费、湖湘饮食礼仪、湖湘饮食养生、湖湘饮食非物质文化遗产、湖湘饮食文学等内容，是湖湘民众食物生产和饮食生活的方式、过程、功能等内容组合而成的全部湖湘饮食事项的总和。

（二）湖湘饮食文化与湖湘文化

湖湘文化是一种地域性文化，是具有鲜明特征、相对稳定并有传承关系的历史文化形态，由南下的汉民族文化，中原文化和秦汉以来的本土荆楚文化融合组成。湖湘文化的基本精神有淳朴重义、勇敢尚武、经世致用、自强不息等。

湖湘饮食文化的内涵及特征

湖湘饮食文化是湖湘文化的重要组成部分，它融入湖湘文化的各个方面，深入湖湘大地每一个人的内心。湖湘饮食文化最突出的是《楚辞》里关于湖湘饮食文化的记载，形成古代“北方饮食文化代表作有《诗经》、南方饮食文化代表作有《楚辞》”的繁华局面。屈原描绘湘人祈天地、礼鬼神、祭先祖、宴宾客的歌辞对湖湘美味佳肴和五味烹调方法的记载，马王堆出土竹简菜谱和烹食内容更是湖湘菜肴起源于西汉以前的直接证明。2000多年来，湖湘饮食文化的内涵不断扩展，既形成了作为直接物化载体的名菜名厨、风味小吃和民族特色饮食，又外延切入社会生活的诸多方面，形成丰富的饮食习俗，并且因地域、时代和民族的不同展现出多姿多彩的风貌。湖湘菜肴极具包容性，吸收了各大菜系甚至是西方菜系的特点，成为我国八大菜系之一，并以其丰富的内涵和浓郁的地方特色声名远播，与其他地方菜系一起构成中国烹饪这一生机勃勃的整体，凝聚成华夏饮食文化的精华。

湖湘文化是一个地域文化的整体，湖湘饮食文化是湖湘文化的一部分，湖湘文化包含湖湘饮食文化，并覆盖湖湘饮食文化的全部，湖湘饮食文化依赖于湖湘文化，湖湘饮食文化汲取湖湘文化的养分，湖湘文化滋润着湖湘饮食文化，湖湘文化供给湖湘饮食文化内容。

三、湖湘饮食文化的特征

（一）历史悠久

1. 稻作历史悠久

考古发现，在湖南永州道县玉蟾岩遗址发掘出距今约1.2万年的人工培植水稻，这些稻谷具有野生稻、籼稻和粳稻的综合特征，是世界上发现最早的栽培稻标本，这说明湖南在新石器时代早期就已经从“茹毛饮血”进入“炊煮熟食”的阶段了。在玉蟾岩遗址发掘的质地疏松、外表呈黑褐色的陶片，是迄今为止世界上发现的历史最为悠久的陶器，证明湖湘先祖至少在1.2万年以前就从烧烤、石烹进入陶烹，而陶器的出现意味着人类科技的一次历史性飞跃。澧县城头山遗址发现了距今约8000年的大量稻田实物标本，其中40%有人工栽培痕迹，有原始灌溉系统，是现存灌溉设施完备的世界最早的水稻田，号称“天下第一田”。此外，在澧县大坪乡境内的彭头山文化遗址中首次发现了超过9000年至8000多年的世界上已知最早的稻作农业痕迹，陶器泥料中也普遍发现稻作遗存，在体式显微镜下，可清楚地看到陶器胎壁中有大量的碳化稻谷谷粒和稻壳。将稻壳作为陶胎的主要掺和料之一，成为彭头山文化陶器的一大明显特征。中华民族被称为“炎黄子孙”，作为中国农耕文明的开创者和传播者的炎帝神农氏族从陕甘地区迁入澧阳平原，在湖湘大地上逐渐形成了定居农业的经济形态，将稻作文化发展到了规模农业阶段。

2. 饮食活动历史悠久

最早以地域记载湖湘饮食的是《逸周书·王会篇》：“路人大竹，长沙鳖。”著者孔晁注：长沙鳖“特大而美，故贡也”。《吕氏春秋·本味篇》则系统记录了湖湘饮食品种和食材的丰富。湖南还发现了中国最早有文字记录的“宴席菜单”，屈原在《招魂》里记载了宴席上丰富多样的美食、美酒和点心等，记载了当地的许多菜肴品名及烹制方法。马王堆一号汉墓出土实物及312枚遣册（图6-1）中记录的随葬食品，一半以上都是记载食物的，主要有肉食类、调味品、饮料、主食、果品、菜肴六大类150余种，烹饪方法也一应俱全。沅陵县虎溪山一号汉墓发掘出土陶器、漆木器、铜镜、玉璧等近500余件，竹简近千支计三万余字，其中有300多支关于饮食的竹简，被称为《美食方》，里面记载了加工各种食物的选料和加工方法，人称湘菜第一食谱，填补了古籍中有关古代食物制作流程的空白，是中国烹饪史上最为珍贵的文字记载。

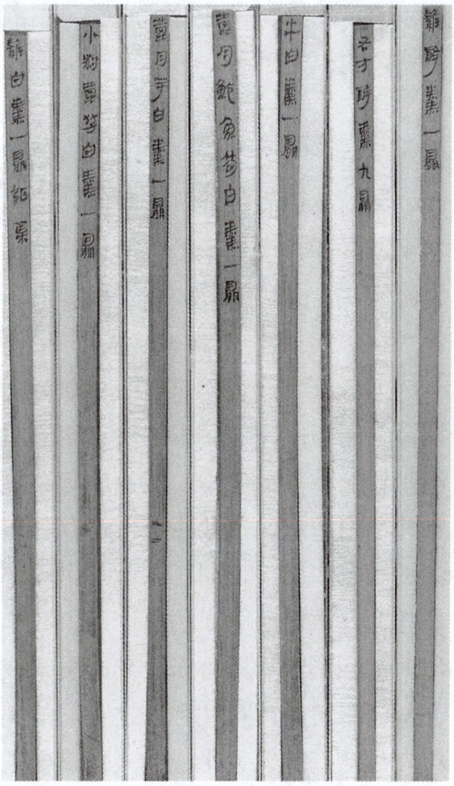

图6-1　马王堆一号汉墓出土的竹简遣册

3. 饮食器皿历史悠久

玉蟾岩遗址出土的陶片距今已有约1.2万年，距今6300～6500年前，湖南地区出土的陶器以红陶为主，也出现了一定数量的彩陶。岳州窑、长沙窑的考古发掘，出土了大量与饮食有关的器皿，碗、盘、罐、碟等，岳州窑的茶碗在唐代六大名窑中排名第四位，茶圣陆羽对岳州窑推崇备至，在《茶经》中评定六大名窑的茶碗时写道："碗，越州上，鼎州次，婺州次，寿州、洪州次。""越州瓷、岳瓷皆青，青则益茶。"长沙窑主要是青瓷，大多是生活用具，釉色有青、黄、白等色，首创釉下彩器和在瓷器上彩绘的装饰技法，造型丰富多样，体现了饮食器具在唐代讲究实用与美观相结合的特点。窑中发现了大量瓷杯，说明唐代盛行饮酒、喝茶，反映了唐代饮食文化的高度成熟和湖湘饮食文明的发达。

4. 湘菜成体系历史悠久

南宋以后，湘菜自成体系已初见端倪，一些菜肴和烹饪技艺在官府衙门盛行，后逐渐流入民间。北宋著名文学家欧阳修、黄庭坚、秦观等贬官南蛮，途经长沙、衡阳、郴州，留下了不少湖湘饮食诗词和逸事。南宋的陆游、胡寅、胡宏、张栻流落湖湘，对湖湘的饮食、食俗、节庆等多有诗词文赋描写，对湖湘饮食文化的传播和发展起到了重要作用。明清时期，随着社会经济的发展，尤其是城市经济文化的繁荣，湘菜发展进入全盛时期，官宦迎来送往，商贾贸易往来，文人墨客唱酬往来大都要宴请宾客，他们用具有湖湘特色风味的佳肴美食款待宾客，客观上有力推动了湖湘饮食文化的发展，茶楼酒馆遍布全省各地，湘菜的独特风味基本成型，湖湘饮食文化发展日趋完善，成为中国八大菜系中具有鲜明特色的一支菜系。

（二）物产资源丰富

湖南属亚热带季风气候区，这里土壤肥沃，气候温和，光照充分，雨量充沛。北部湖盆平原展开，沃野千里，河谷谷地肥沃，土壤疏松，造就了湖南极为丰富的动植物资源，为湖湘饮食文化的形成和发展提供了丰厚的物质基础。

1. 湖湘稻作资源丰富多样

据考证，在距今7000～9000年，湖南先民就开始过着定居的原始农耕生活。考古发掘，在湖南永州道县玉蟾岩新石器时代遗址中发现了迄今世界上最早的栽培水稻；在洞庭湖平原的澧县彭头山、城头山等遗址发掘中先后发现了距今9000年和6000年以前的大量稻谷和稻田遗址。这些古稻作遗存分布广泛，特征各异，多源头的产生展现湖南地区物产资源的丰富多样，证明了湖南是世界稻作文明的发源地之一。湖南稻谷不仅产量高，而且品质佳，自古就是贡米的出产地，江永"三香"之一的香稻有煮之"香闻十里"的美誉。明清时期，紫鹊界黑香米、乌山贡米成为朝廷指定的粮食进贡珍品。

湖南自古就有"鱼米之乡"的美称，湖湘大地大多适宜种植水稻，湖南是我国重要的粮食生产基地，大米成为人们重要的主食。此外，荞麦、小麦、高粱、小米、红薯等都有比较悠久的种植历史，是湖湘饮食文化中主食的重要补充。

2. 湖湘畜牧养殖业品种丰富

早在周代，湖南就以“其畜宜鸟兽，其谷宜稻”（《周礼·职方氏》）著称于世。著名的传统畜牧养殖禽畜有武陵马头羊、武雪山羊、浏阳黑山羊、涟源黑山羊、湘潭沙子岭猪、宜章猪、桃源黑猪、黔邵花猪、长沙大围仔猪、宁乡流沙河花猪、溆浦龙潭猪、东安猪、绥宁东山猪、泸溪浦市猪、湘西黄牛、滨湖水牛、雪峰乌骨鸡、湘黄鸡、桃源鸡、新邵麻鸭、攸县麻鸭、临武鸭、鼎城湖鸭、宁乡灰汤鸭、道州灰鹅、武冈铜鹅、溆浦鹅等，它们养殖历史悠久，品质优良，为湖湘饮食制作提供了丰富的原材料。

许多湘菜及风味小吃中的珍肴美味都是利用这些特产动植物烹饪出来的；一些著名的特产禽畜，大都与某种特定的传统名菜佳肴联系在一起。湖湘饮食还有浓郁的地域特征，例如代表山区特色风味的“熏烤腊全席”，代表湖区特色风味的岳阳“巴陵全鱼席”等。

3. 湖湘蔬菜品种丰富

湖南属亚热带季风湿润气候，四季分明，热量充足，雨量充沛，无霜期长，严寒期短，光能潜力大，适宜蔬菜等农作物生长，拥有丰富的蔬菜种类和种质资源。

据考证，湖南种植蔬菜和采集野生蔬菜，可以上溯到原始社会时期，长沙市郊马王堆汉墓出土文物中有芥菜、冬寒菜、生姜、莲藕、甜瓜种子等表明湖南蔬菜种植历史源远流长，距今已有3000余年的历史。近年来，通过建立健全蔬菜科技网络，加快蔬菜品种的引进和更新，扩大蔬菜栽培面积，提高蔬菜产业化经营水平，建立了浏阳、道县等大规模有机蔬菜种植基地，培育了以岳阳湘阴“樟树港辣椒”为代表的优质蔬菜品种。湖湘蔬菜主要有辣椒、萝卜、白菜、冬瓜、南瓜、苦瓜、丝瓜、茄子、瓠瓜、四季豆、西葫芦、扁豆、莲藕、荠菜、油菜、大头菜、蕹菜、苋菜、黄花菜、萝卜、芫荽、芹菜、茼蒿、茭白、马铃薯、百合、葱、姜、蒜等，不仅满足了湖湘百姓日常饮食的需要，也成为国内外重要的蔬菜供给源。

4. 湖湘特色调料丰富

（1）辣椒。辣椒，原产于墨西哥及中南美洲，自明代经丝绸之路和马六甲海峡传入中国，在新疆、甘肃、浙江、湖南等地栽培，后逐渐向全国扩展。清康熙二十三年（1684），《邵阳县志》中出现了“海椒”一词；清康乾时期，《辰州府志》记载“茄椒，一名海椒，辰人呼为辣子”；《泸溪县志》记载“海椒，俗名辣子”，到了清代末年，湖南大部分地区已嗜辣成性。清代掌故遗闻汇编《清稗类钞》中记载，当时的湖南人做菜习惯是处处不可少辣，连汤都不放过，口味直接从“食辣”转向“嗜辣”，可见对辣椒热爱之深。

在湖南，辣椒不仅是一种蔬菜，更是一种非常重要的调味品，辣椒炒肉、虎皮青椒、擂辣椒皮蛋等是湖南人餐桌上的家常菜；剁辣椒、白辣椒、酸辣椒、野山椒、辣椒粉、干辣椒壳都是做菜时常用的调料。

剁辣椒（图6-2）是选用新鲜的红辣椒洗净，晾干水分后去蒂剁碎，再加入大蒜、姜、盐或者白酒搅拌均匀，装进坛中腌制，最终呈现出“鲜咸味辣”的口感。制好的剁辣椒颜色艳丽，混杂着少许鲜红汁水，简单百搭，无论什么食材，只要放上几勺剁辣椒，就能散发出独属于湘味的独特韵味，问鼎湘菜的剁椒鱼头是典型代表。

白辣椒（图6-3）是湖南人对辣椒吃法的创新制作。盛夏时节，将新鲜肉厚的青辣椒用沸水煮过，放到太阳下暴晒2～3小时，直到颜色淡去呈白色，再加入盐腌制。这样的白辣椒放入罐子里密封，可以存储半年以上。白辣椒与其他食材搭配烹饪后咸辣鲜香，风味独特，如白椒蒸青鱼、白椒炒猪肚。

图6-2 剁辣椒

图6-3 白辣椒

（2）西渡湖之酒。西渡湖之酒原名酃酒（图6-4），产于衡阳市酃湖乡，酃湖乡因酃湖而得名，自古以来，居住在酃湖周围的百姓就用当地特产“麻矮糯”和酃湖水，配以科学方法和传统工艺精心酿制而成。该酒的特点是醇香浓郁，味正甘顺，富含营养，醇度适中，香甜爽口，千百年来为饮用者赞不绝口，是中国“贡品历史最悠久、闻名时间持续最长、诗赋记载最早、赞誉诗文最多”的传统美酒。

湖之酒属黄酒系列，用途广泛，除做酒饮品外，还用来做烹调佐料，除腐去腥，添色添香，是湘菜必备的调料。

（3）浏阳豆豉。浏阳豆豉（图6-5）产生于浏阳市，以“天马牌”最负盛名。浏阳豆豉以泥豆和小黑豆为原材料加工而成。用泥豆制作的豆豉，无硬心，无杂质，无异味，无

图6-4 贡品酃酒

图6-5 浏阳豆豉

灰末，气味芳香，味道鲜美，含糖类、蛋白质、氨基酸、脂肪、酶、烟酸以及维生素等，营养十分丰富，是烹饪菜肴的调味佳品。湘菜十大经典名菜之一的“腊味合蒸”就是以豆豉做佐料，鲜香味美。

浏阳豆豉历史悠久，1974年马王堆汉墓出土的豆豉姜就与浏阳豆豉相似。唐代，浏阳道吾山、石霜寺等名寺古刹香火旺盛，僧侣云集，他们在斋菜中品尝到豆豉的鲜美芳香，袋之云游，使浏阳豆豉名扬天下，历久弥新。

（4）龙牌酱油。龙牌酱油（图6-6）是湘潭历史悠久、驰名中外的传统产品。始创于清朝乾隆年间，当时湘潭有吴源泰、吴恒泰两家制酱作坊，相互竞争，制酱工艺不断提高，逐渐形成了一套独特的酿造工艺。龙牌酱油1915年获巴拿马国际博览会金奖而名扬四海。

图6-6　龙牌酱油

龙牌酱油以优质黄豆、面粉为主要原料制成，色深汁浓，酱香浓郁，营养丰富，味道鲜美，具有久储存不变质、不浑浊、无沉淀、无霉花浮膜等特点，龙牌酱油既是烹饪用的调味佳品，又是拼盘、凉拌菜肴的好作料，还可以用来泡制仔姜。著名的紫油嫩姜就是将新鲜嫩姜处理后用龙牌酱油泡制而成。

任务小结

1. 收集饮食文化的相关资料，了解饮食文化与湖湘饮食文化的内涵。
2. 收集湖湘饮食文化的相关资料，熟悉湖湘饮食文化的特征。

课后练习

一、判断题

1. 饮食文化是文化大范畴的一个重要分支，既是文化，又是科学，更是一门艺术。（　）

2. 狭义的饮食文化是指中华民族在长期的社会实践过程中以饮食对象为主要内容所创造的物质财富和精神财富的总称。(　)
3. 湖湘饮食文化是湖湘文化的重要组成部分，它融入湖湘文化的各个方面，深入湖湘大地每一个人的内心。(　)
4. 马王堆出土竹简菜谱和烹食内容是湖湘菜肴起源于西汉以前的直接证明。(　)
5. 澧县彭头山遗址发现了距今约8000年的大量稻田实物标本，有人工栽培痕迹，有原始灌溉系统，是现存灌溉设施完备、世界上最早的水稻田，号称“天下第一田”。(　)
6. 沅陵县虎溪山一号汉墓发掘出土陶器、漆木器铜镜、玉璧等近500余件，竹简近千支计3万余字，其中有300多支关于饮食的竹简，被称为《美食方》。(　)
7. 长沙铜官窑主要生产青瓷，大多是生活用具，釉色有青、黄、白等色。(　)
8. 盛唐时，湘菜的独特风味基本成型，湖湘饮食文化发展日趋完善，成为中国八大菜系中具有鲜明特色的一支菜系。(　)

二、思考题

1. 为什么说湖湘饮食文化是湖湘文化的重要构成?
2. 简述湖湘饮食文化的特征。

任务二

湖湘饮食文化的起源与发展

学习目标

1. 素质目标

（1）爱国守法、崇德向善、文化自信。

（2）爱岗敬业、诚实守信、团结协作。

（3）热爱劳动、积极进取、精益求精。

（4）家国情怀、工匠精神、创新精神。

2. 知识目标

（1）了解湖湘饮食文化的原始启蒙。

（2）了解湖湘饮食文化的初步形成。

（3）熟悉湖湘饮食文化的丰富发展。

（4）熟悉湖湘饮食文化的渐趋成熟。

（5）掌握湖湘饮食文化的全盛发展。

3. 能力目标

（1）查阅和收集湖湘饮食文化发展历史的相关资料，能对湖湘饮食文化各个阶段的发展情况进行分析总结。

（2）认识考古发掘中汉代湖湘饮食文化在墓葬中的表现形式，并研读相关文献资料。

任务导入

中华传统文化包孕万千、博大精深，要说生命力最持久、影响最深、传播最自觉的，当属传统饮食文化。在漫长的封建帝制时期，不管江山如何易主、无论王朝怎样更迭，始终坚定不移地流传于世的一定是饮食文化。饮食文化不仅反映了一个地区、部族的地理位置、生活习性、社会风貌和民族性格，我们甚至可以从其饮食文化中发现宗教文化、国际交流、国力兴衰等更深层次的历史文化特质。以饮食文化作为突破口去研究一个部落、民族、国家的历史变迁过程，无疑是更具纪实性、说服力和创造性的研究角度。但除了口耳相传的代际传承，饮食文化的传承并没有更好的传承方式，作为与高雅艺术截然并行的俚俗文化，无论在教育体系还是正经的历史文献中，关于饮食文化的记载并不多，中华饮食文化之所以能够跨越数千年而仍旧兴盛不减，主要是借助口耳相传的民间教育实现的。

——节选自刘飞．中国古代文学和饮食文化的主流与特点——评《饮食文化十三讲》[J]．中国酿造，2021，40（08）：237

在距今200万年前的旧石器时代，长江流域就有了人类活动的痕迹。我们的远古祖先开始劳动、生息、繁衍，他们依靠群体的力量协作，饮食生活来源于大自然赋予的飞禽走兽、蚌蛤鱼虫和果实根茎等。距今170万年左右，人类开始食用火烹熟食。《礼含文嘉》云："燧人始钻木取火，炮生为熟，令人无腹疾，有异于禽兽。"燧人氏钻木取火，结束了部落和族人茹毛饮血的生活，食物由生食变为熟食，人类有了烹饪的开始。

远在50万年前，湖南的虎爪山遗址就有古人类活动。"古代长沙大约在距今二十万年前出现了最早的原始人类，他们茹毛饮血、刀耕火种、披荆斩棘、开拓着古老的长沙。""洞庭湖流域自远古时代就有我们的祖先生活、繁衍，以致创造了独具特色的原始文化，并在中华文明起源的历史过程中，占据了重要地位。"湖湘饮食文化源远流长，我们以历史为线索梳理出一条清晰的湖湘饮食文化发展脉络。

一、湖湘饮食文化的原始启蒙

湖湘饮食文化的起源受南方亚热带、温带气候与环境的影响，相对中原，甚至北方都更早，有很多的野生产物和食用方式比中原地区还要早，并且多为南方原始土著部落占据，没有得到开发和利用，直到中原部落南迁才有所改观。

（一）旧石器时代

距今约12万年～8万年前，道县福岩洞遗址已经有人类在繁衍生息，他们学会了打制石器，制造出了种类较多，类型明显，更加适用于狩猎、切割、刮削的石器。在生产领域，他们开始驯化南方的野生稻。在福岩洞遗址不远的玉蟾岩洞穴遗址附近，发现了约2.1万年前制作的陶器。陶器的出现是真正意义上烹饪的开始，人类的饮食方式也变得丰富多样。碗、钵、盆、瓮、罐、瓶的出现为盛水、食用、储藏带来了方便。

距今2万年前左右，洞庭湖区的湖水完全干枯，连接着云梦泽和江汉平原，成为沃野千里的南方平原，湖底的淤泥肥沃，雨水充沛，最适宜水生植物和南方谷物的生长。

从道县玉蟾岩洞穴遗址发掘可见，距今约1.5万年前，原始先民过着采集、渔猎生活，发现了植物种子、果核、根、茎、叶等40余种；梅花鹿、水鹿等鹿科及哺乳动物20余种；鲤鱼、草鱼、螺等水生动物；石片、石刀、切割器等大量的石器，还发现了水稻谷壳，开始培养人工水稻。他们的生活资料比过去大为丰富，渔、猎、畜牧业有了进一步的发展。

可见，湖湘大地的居民选择平原上的肥沃之地，耕田而食，聚族而居，他们学会了磨制石器、烧制陶器、驯化动物、种植水稻、定居村落。

（二）新石器时代

到了新石器时代，长江流域在中国文明起源形成中的地位和作用日益凸显。长江流域文明萌芽的中心地区有两个：一是中游的洞庭湖平原、江汉平原和鄱阳湖平原及它们的周围地区；二是下游的太湖地区及其周边地区。

距今一万年左右，长沙开始从旧石器时代进入新石器时代。人们掌握了石器的磨制和钻孔技术，能够制造出各种用途的石器和骨角器等。部落内部开始进行分工，壮年男子外出狩猎、捕鱼和防御猛兽，妇女负责采集植物、看守住所、烤炙食品、加工皮毛、缝制衣服、养老育幼等，妇女们在住所附近用木棍挖洞点种，栽培一些植物的幼苗和种子，开始了原始的农业。

进入新石器时代，三条腿的炊具，即灶的雏形开始出现，由鼎（图6-7）、釜演变而来的锅也开始出现，人类的烹饪进入蒸煮阶段。距今约9000年前，澧阳平原的族群开始壮大，他们也学会了稻作种植。牛、羊、猪等开始人工饲养，成为主要的肉类食物。距今约6500年前的澧县城头山遗址发现了世界上最早的农耕田，湖南先民开始定居生活。大溪文化遗址发现大量的家畜遗骸，表明家畜饲养业已经相当发达。鸡叫城遗址发现了大量碳化谷糠和完整的灌溉系统。

图6-7 彩绘陶鼎

（三）三皇五帝时期

新石器后期中原地区农业已经相当发达，部落甚多。

蚩尤部落在湖湘区域迅速繁衍，族群不断壮大，深入雪峰山尾椎的河网，建立起自己的家园。在部落发展到一定程度时开始驯养大量的熊、象等猛兽，还驯养了牛、猪、狗等动物，财富逐渐聚集。大约距今5000年前，云梦泽平原的洞庭湖区域开始发生变化，受长江水位的影响，出水口被封闭，地势出现下沉，大片平原地区进入水底，形成现在洞庭湖的雏形。洞庭湖的再次出现，给原有部落带来毁灭性的灾难，他们开始大量迁徙，南迁的部分强行渡过西海、西迁的深入雪峰山、北迁的想再次进入中原，他们把从洞庭湖及雪峰山获得的岩蜜、土蜜、岩盐、茶叶、酒酿等战略物资带入中原，拿着露天青铜矿石磨制的武器，一路疯狂北迁，很多远途小部落归顺。在现在河南境内，蚩尤部落一直在寻找机会与黄帝部落决战，准备抢回曾经在黄河流域的地盘。

距今4680年的时候，黄帝部落联合神农部落分化出来的炎帝部落，在涿鹿与蚩尤部落进行最后的决战，蚩尤部落战败。黄帝部落的首领轩辕为了肃清隐患，联合黄帝部落南下，有了“黄帝登湘熊”的记载。轩辕吩咐一同南下的炎帝部落的一支驻扎在西海周边监视蚩尤部落。由于炎帝部落对南方水土不服，他们尝试着使用南方的植物，成为后来的“神农尝百草”。炎帝部落在罗霄山脉、五岭山脉、招摇山、熊耳山等地遇到的食材和药物，安排族人记录下来，形成《神农本草经》的雏形，在部落里流传。炎帝部落向蚩尤部落的遗民学习耕种，学会了农业工具“耒”“耜”的使用。轩辕见炎帝部落与蚩尤部落和睦相处，并且相互交流农耕技术，轩辕不太放心，便派火官祝融南下，在衡山点火为界，不允许蚩尤部落北迁。

黄帝部落在南边安定之后，轩辕开始在中原进行建设和休养生息，他们造釜、造灶、造甑，把去壳的谷物蒸熟成饭。《周书》云：“教民烹饪，燔肉为炙，民始得遂养生之道。”轩辕与岐伯、素女探讨医学、饮食以及汤、液、醪、醴，把酒曲、酒酿等应用到医药里，并且记录下来，有了《黄帝内经》的雏形。蚩尤部落四处躲避黄帝部落的追杀，他们的足迹遍及南方的每座山脉和每条河流，并且记录下来，进行测量与绘制，形成了最早的军用地图《山海经》。为了让部落族群更加方便使用，了解各座山脉的物产、猛兽、植被、武器、金银、河流发源等情况，他们标记了符号，补充了文字记录，后来成为《山海经》文字版本的雏形。蚩尤部落遂为三苗，《战国策》记载：“昔者，三苗之居，左彭蠡之波，右有洞庭之水，文山在其南，而衡山在其北”，包括湖南的大部分地区。

尧时代的农业和畜牧业生产水平还很低。《韩非子·五蠹》记载，尧为王的时候，他的食物是糙米饭，灰菜豆叶汤。三苗在尧舜时期，势力一度较大，不同意让位于舜，在江淮、荆州为乱，杀害其首领，部落往西南迁。三苗的迁徙，还是保留了他们祖先最原始的茹毛饮血习惯，与当地食材结合，在湖南形成了梅山原始饮食和湘西原始饮食。

舜帝摄政，五月南巡，征沅、湘，到韶山，奏韶乐，游衡山，带来了中原饮食文化，并让其弟象定居道州。舜帝晚年在南方各地巡游，安抚三苗蚩尤部落。舜用禹治水，禹继承父业，带领百姓凿山挑土，历经13年，终于完成了治水大业。百姓在被水淹过的土地上耕种，农业生产渐渐恢复，百姓重新过上了安居乐业的生活。

二、湖湘饮食文化的初步形成

湖湘饮食在经过原始启蒙时期之后，开始了自己的发展征程，随着环境、气候和技艺的稳定，经过夏商周三代的发展，湖湘饮食文化逐步丰富，农作物种植技术的发展，丰富了食物原料；畜牧业的发达，满足了饮食中肉类的需求，到秦汉时期，湖湘饮食文化初步形成。

（一）夏商时期的湖湘饮食

夏商时期，湖湘属于荆州部落，有蚩尤、神农、有熊氏等大部落和无数的小部落。商周时期，湖湘先民对食物制作加工日趋进步，开始出现青铜祭祀、饮食器具。夏朝，湖湘已经大面积种植水稻，并用橘子和柚子作为贡赋。陶制的尊等酒器说明湖湘地区已经初步掌握了利用微生物酿酒技术，也出现了从事烹饪工作的厨师，烹饪技艺已经发展到相当专业化的程度。

商朝的甲骨文有“大米”“圃”“牢”“燃”等象形文字，已经种植和栽培各种谷类和野菜，有专业化经营的菜圃；牛马羊猪已经驯养，开始实行人畜分居，畜牧驯养；烹饪和饮食器具已经相当精美、齐备；烹饪方法除了烧、烤、煮、蒸之外，还出现了炸、煎、炒等；饮酒之风盛行，酒器（图6-8、图6-9）越来越多，酿酒技术和工艺已经达到了相当高的水平。

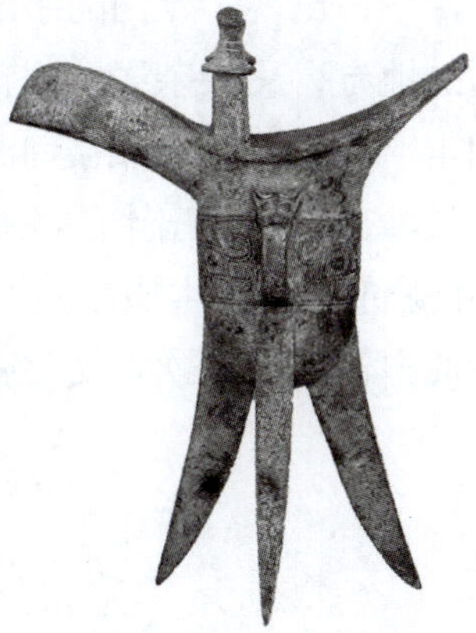

图6-8　父乙铜爵

图6-9　商周青铜酒器夔凤纹爵杯

湘江、沅水、澧水流域及洞庭湖湖滨等地的商周遗址出土了许多造型奇特、制作精美的陶食器、青铜餐宴祭祀器具、酒器等，最有代表性的是宁乡县月山铺出土的商代四羊方尊、宁乡县黄材寨子山出土的商代人面纹方鼎、醴陵市狮形山出土的商代象尊（图6-10）、华容县出土的商代牺首兽面纹圆尊、湘潭县青山桥出土的西周青铜觯（图6-11）和爵等。说明湖湘先民开始注重烹饪之术，其肴馔已有相当水平。

夏、商和西周时代，湖南为荆州南境。湖南是南方发现商代晚期青铜器较多的省区之一，这些青铜器以体型高大厚重，纹饰优雅秀丽，造型雄奇，铸造精良而闻名于世，在中

图6-10　铜象尊

图6-11　青铜云雷纹觯（zhì）

国青铜文化宝库中占有较高的地位。

（二）春秋时期湖湘饮食

春秋时期湖湘属楚国。湖湘以“其畜宜鸟兽，其谷宜稻”著称于世。《史记·楚世家》有“芋尹申无宇”的记载，表明芋的栽培已经比较专业，出现了专门的芋园和从事芋头种植的芋尹。春秋时期，湖湘大地是楚人和越人生活的地方，民族杂居，饮食风俗各异，祭祀之风盛行。墓葬中出土饮食器具的形制种类更加丰富多彩，如湘潭县荆洲乡出土的动物纹提梁卣（yǒu）、益阳赫山出土的春秋龙耳尊缶、长沙市砚瓦池出土的战国云纹铜樽等。湖湘饮食是华夏饮食系统的一个分支，食谱内容和烹饪手法与中原华夏饮食系统基本一致，吸收和融合了南蛮、吴越、巴蜀饮食风俗，形成自己独特的饮食文化，即楚国饮食文化范畴。

（三）战国时期湖湘饮食

战国时期湖湘的烹饪理论、烹调技术、烹调工序等方面都有了进一步发展。调味品增多，除了盐外，还有酱、醋、酒、香料等，烹饪方法更加多样化，并重视火候，饮食更加多样化。湖湘先人祀天地、享祖先、庆婚嫁、办丧事、迎宾客的场面都非常隆重。楚国诗人屈原流放到湖湘，足迹遍及洞庭湖沿岸及沅水、资水、澧水、湘水和雪峰山脉，其作品《招魂》记录了吃的菜肴丰富多彩。《大招》提到楚式奶酪、小猪肉酱、蒸野鸡、蒸鲫鱼等菜肴。湖湘先民的饮食生活已有烧、烤、焖、煎、煮、蒸、炖、卤、酱等十余种烹调方法，所用食材具有湖湘特色。

湖湘先民的饮食生活丰富多彩，烹调技艺相当成熟，形成了以酸、咸、甜、苦为主的南方风味。楚国名菜肴有数十种之多，鱼类、蔬菜、瓜果类都非常丰富，另外还有调味的生姜和小茴香等。日常主食有稻、粱、豆、麦、黍、粟等，主要是稻米。盛器品种齐全、精致雅观，包括陶器、青铜器、铁器等。湖湘先民已经用冷冻的方法来丰富食物的味道，将酿制的美酒冰镇冷冻，压榨滤渣后饮用更加清醇凉爽。用苦、咸、酸、辛、蜜等调味品来调味使食物芳香清爽、五味俱全。

《吕氏春秋·本味》记载的很多优质食材都产自于湖湘地区，有“醴水之鱼”“云梦之芹”“阳朴之姜”“招摇之桂”“江浦之橘”“云梦之柚”等。它们极大地丰富了这一时期湖湘地区的饮食内容。

（四）汉代时期的湖湘饮食

秦统一中国后，郡县行政区划确立，湖南作为一个政治、经济、文化独立地区逐渐定型。湖湘地区烹饪技术发展至此，逐渐从荆楚菜系中独立出来，形成从用料、烹调方法到风味风格都比较完整的体系，逐渐发展成为具有独立风格品位的荆湘菜。

汉代湖南饮食文化比战国时期有了进一步的发展，湘菜的烹调技术渐趋成熟，已经完全从附庸于楚菜中分离出来，形成了自身独立的品位风格，烹调技术发展到羹、脍、炙、煎、蒸、脯、腊、炮、醢、菹等，调料有盐、酱、豉、曲、糖、蜜、酒、梅、桂皮、花椒、茱萸等，湘莲成为贡品。西汉时期，湖湘为长沙国，农、渔、牧和食品加工业等方面都有了很大的发展。

长沙、常德、湘乡、益阳等地考古发掘的大量楚墓，出土了许多与饮食文化有关的实物，其中最有特色的是长沙马王堆汉墓和沅陵吴阳汉墓。马王堆三号汉墓出土了一批帛书、简书，其中有一半文字是介绍食物、养生、医学的。饮食已经分饭、膳、馐、饮四大类。湖南饮食喜欢食羹，将数种肉类拼在一起合烧，讲究调味。膳分热膳、冷膳。腌、腊手法制作成的冷膳主要用肉类加香料制成干肉和肉酱。饮类包括各类酒、浆、水、稀粥。酒的种类很多，香茅酒是最具特色的一种酒，还有瑶浆、琼浆、酒、清酒等，已酿制和饮用含酒精浓度的酒。马王堆一号汉墓出土实物及312枚遣册中记录的随葬食品，一半以上都是记载食物的，主要有肉食、调味品、饮料、主食、果品、菜肴六类150余种，其中仅菜肴品种就多达77款，完全可以视为是湘菜经历夏、商、周三代发展的总结。

三、湖湘饮食文化的丰富发展

湖湘饮食文化的发展，在魏晋南北朝时期，凸显出独特的优势，特别是丰盛的物产、稻谷、酃酒。进入唐五代时期，湖湘成为南蛮之地，中原士子的贬迁之所，文人墨客“不到潇湘岂有诗”的精神圣地，湖湘大地的纯天然食材，被中原世子所认知，他们把中原、皇家的烹饪技术运用到湖湘饮食，烹调技术不断创新，菜式品种更加丰富。

（一）三国时期湖湘饮食

三国时期，湖湘属吴国荆州，为荆南五郡。刘备借荆州，诸葛亮亲自统领零陵、贵阳、长沙三郡。赵云为贵阳太守，庞统在耒阳任县令，关羽进兵益阳，以湘江为界，长沙、桂阳、江夏、荆州归孙权，武陵、零陵、南郡归刘备，湖湘大地流行吴地和蜀地的饮食习俗。

孙吴采取薄税政策，长沙走马楼出土的大批竹简可为印证。如一佃田租税券书记载，某农民种官田21亩，其中旱田15亩免税，熟田6亩，每亩仅收米2斛，税率甚低。湖南是武陵蛮、莫徭蛮分布的地区，农业开发历史悠久，魏文帝曹丕在给友人的信中盛赞长沙米饭“五里闻香”。《与朝臣书》：“江表惟闻长沙名，有好米，上风炊之，五里闻香。”长沙米质优，产量大，所产大米是当时军粮的主要来源之一。

（二）晋代湖湘饮食

西晋时期，将荆州的长沙郡、衡阳郡、湘东郡、零陵郡、邵陵郡、营阳郡、建昌郡和江州的贵阳郡组成湘州。西晋太康元年，开国皇帝司马炎“荐酃酒于太庙”，祭祀司马氏的祖先和犒劳西晋的功臣、元勋。西晋辞赋家张载的《酃酒赋》、左思的《吴都赋》、潘岳的《笙赋》都有诗句歌颂酃酒。东晋官至长沙相的耒阳人罗含热心史地研究，有代表作《湘中山水记》，记录了湖湘山川、特产、民俗、古迹。东晋文学家、官员庾阐到永州任零陵太守，把中原饮食文化传播到湘南。

（三）南北朝时期湖湘饮食

六朝时，长沙的粮食产量相当大，并大量外调，成为全国重要的粮食生产地和供应地。南齐时，豫章王萧嶷都督八州军事、领荆湘二州刺史，湘州是其资费的主要来源地。南北朝兴建灌溉田万顷的著名水利工程，粮食作物产量大大提升。农业的发展，促进了牲畜饲养业的发展。长沙六朝墓出土的大量陶制牛、马、猪等，表明长沙有相当兴旺的牲畜饲养业。柑橘栽培也较为普遍，鲍照咏橘诗：“橘生湘水侧，菲陋人莫传。逢君金华宴，得在玉几前。”说明六朝时长沙种橘之风盛行，橘是当时宴请宾客的最佳果品。此外，由于米好、水好，酿酒业也得到大力发展。

北魏末年，贾思勰著农书《齐民要术》，内容十分丰富，涉及农作物栽培、畜牧兽医、食物加工、烹饪技术等各个方面，其中有专述酿造、烹饪、食谱的内容，在素菜篇中，记述了11种素菜的烹调方法，其中对湖南地区的饮食烹饪也有不少记述。郦道元的《水经注》记述了洞庭湖和湘、资、沅、澧四大水域的山川景物、民情风俗和风物特产等。《荆楚岁时记》中记载了湖湘大地最早用植物腌制酸菜的选料和制作方法。

（四）隋唐时期湖湘饮食

唐代，长沙已经成为文化名城。岳阳楼、橘子洲、爱晚亭、洞庭湖、君山等地成为名人雅士、权臣大贾的宴游之地。他们把情思放入诗词、酒肴，他们带来了中原饮食文化，结合湖湘饮食文化，倡导自己的口味。一方面促进了湖湘文化的繁荣和发展，另一方面丰富和活跃了湖湘饮食行业，使湖湘的烹饪技术有了长足的进步。

唐代经济繁荣，交通便利，文人墨客畅游天下，湖湘成为他们理想的目的地。唐代初年，水芹菜最为流行，价格低廉，人们用坛子里的酸水即古水醋制作成美味的醋芹，为魏征等士大夫所酷爱。永州东安芦洪市附近的村民，用自己养的三黄鸡加古水醋烹制了陈醋鸡，即现在的东安鸡（图6-12）。

图6-12 东安鸡

唐中宗时，李峤有《橘》歌颂湖湘柑橘之美。唐肃宗乾元二年（759）春，李白在岳阳遇到族叔刑部侍郎李晔，两人泛舟洞庭湖，开怀畅饮，享受岳阳从汉代以来就有的美酒，题有《陪侍郎叔游洞庭醉后》。大历三年（768）冬，杜甫乘舟从湖北公安来到岳阳城下，溯湘水南去，经晚州、乔口、铜官渚，第二年正月抵达潭州（长沙）。杜甫在长沙以舟为家，在小西门外的湘江边租佃了一个简陋的楼房栖住，自取名“江阁”，虽处境艰难，却也钟情于湖南的山水，吟诗会友，作诗近百首，并写下了不少诗篇记述湖湘饮食。长沙人怀素流落到永州绿天庵出家做和尚，食性不改，喜吃肉和鱼，移居西安，留有《食鱼帖》传世。李商隐《洞庭鱼》载：“洞庭鱼可拾，不假更垂罾。闹若雨前蚁，多于秋后蝇。”岳阳市的鱼肴已负盛名，并有“洞庭天下水，巴陵天下鱼”的美誉，后来慢慢演变为今天的巴陵全鱼席。

唐代，湖湘地区的瓷器已经达到了最高水平。陆羽在《茶经》中鉴定六大名窑的茶碗时说“越州瓷、岳瓷皆青，青则益茶”。岳州窑的青瓷（图6-13）在《茶经》中列于青瓷名窑第四位，它与浙江越窑、河北邢窑齐名，为唐代三大出口瓷窑之一。铜官窑（图6-14）在岳州窑的基础上受唐三彩等艺术的影响，逐渐演变成一种独具特色的釉下彩陶瓷工艺，成为世界釉下彩陶瓷的发源地。

图6-13 青瓷茶杯

图6-14 铜官窑出土瓷器

四、湖湘饮食文化的渐趋成熟

宋、元、明时期，湖湘地区经济得到一定的发展，烹饪技艺有了很大的进步，烹饪原料增多，饮食行业兴隆，烹饪科学日益丰富，烹饪著作增加，湖湘饮食文化进入一个新的水平，迈入了黄金时代。湘菜在官府衙门颇为盛行，达官显贵雇用高级烹调师精制湘菜供其享用。湘菜质量迅速提高，饮食业迅猛发展，湘菜的独特风格初步形成。

（一）宋代时期湖湘饮食

北宋和南宋，湖湘地区有充足的烹饪原料为饮食业和烹饪技艺的发展提供了有利条件。粮食除原有的稻谷之外，还引进越南和占城稻进行种植，产量有了明显的提高。家畜、河鲜、蔬菜、瓜果、调味料等进一步发展和丰富。

宋神宗年间，朝廷派大军围剿大梅山，大梅山归附朝廷，蚩尤部落后裔保留下来的原始饮食走出梅山，在宝庆、衡阳、长沙、武陵等地流传；梅山的茶叶也成为朝廷的军需物资，并建立茶马司等机构进行管理。

著名文学家欧阳修、黄庭坚、秦观等贬官南蛮，途经长沙、衡阳、郴州都留下了不少湖湘饮食诗词和逸事。寇准贬为道州刺史，对道州饮食多有品尝。滕子京知岳州，邀范仲淹做《岳阳楼记》，岳阳的饮食得到外来食客的认可。刘挚贬官衡阳，兼衡阳盐仓，对衡阳饮食多有诗词记述。南宋的陆游、胡宏等流落湖湘，对湖湘的饮食、食俗、节庆等多有诗词文赋描写。湖湘本土文士陈田夫撰写《南岳总胜集》，记录南岳及湖湘的物产、风俗、饮食习惯。朱熹、赵藩等到衡山访问张栻，与张栻同游南岳，品茶赋诗。后任潭州知府，与张栻论学岳麓书院，并游历潭州，尝遍盘中饮食。

（二）元代时期湖湘饮食

元代主要是宫廷菜，少数民族菜有了较大的发展。民族压迫政策使文人旅游活动减少，戏剧家白朴，散曲作家张可久、李伯瞻来湖南旅游过。梅山饮食结合游牧民族的马牛羊，制作自己的食物。金代诗人张楫在尝到“心清犹带小荷香”的新白莲后，曾发出“口腹累人良可笑，此身便欲老江乡”的感叹。

（三）明代时期湖湘饮食

明朝内阁首辅李东阳辞官后回到故乡，钟情于诗书、旅游，写有以《茶陵竹枝歌》为代表的大量诗作。袁宏道偕其弟袁中道及友人游常德德山、桃花源，有《游德山记》《游桃源记》，编入他的人文地理学专著《广游志》《广志绎》。旅游家徐霞客从江苏出发，经浙江、江西来到湖南，考察了茶陵的麻叶洞、灵岩，游郴州苏仙岭后溯湘水而上，考察游览了九嶷山、三分石、香炉石，《徐霞客游记》对湖南的风土人情作了详细的描写。

这一时期，湖南的人们开始从沿海的福建、广东引进海参、鲍鱼、鱼翅等干货，用于湖湘饮食，并在餐饮业里形成干货涨发的专门工种。

五、湖湘饮食文化的全盛发展

清代、民国和改革开放后这三个时期是湖湘饮食飞速发展的全盛时期，也是湖湘饮食文化与湘菜迅速崛起的发力时期。

（一）清代时期湖湘饮食

清代，资本主义萌芽有了新的增长，商业较繁荣，湖湘的饮食文化发展非常旺盛。湖湘旅游活动仍然以文人墨客为主，许多饮食文化著作都收录有关湖湘饮食文化的内容。湘菜发展进入全盛时期，逐步形成全国八大菜系中具有鲜明特色的湘菜系。制作精致的菜肴必须要有一定的经济实力和物质条件，还要有食客品尝的闲情雅致，湘菜品味质量的高度发展，烹饪技术的长足发展是在富裕之家以及官宦衙门中兴起的，最早的湘菜厨师大多是官衙贵族的内厨中培养起来的。这些厨师携带着他们所掌握的烹饪技术和熟知的湘菜菜品走向社会、走向民间，从而推动整个湘菜制作品质的飞跃提升。

长沙作为湖南的首府，湘菜发展状况尤其具有代表性。清代中叶，长沙城内陆续出现了轩帮和堂帮两种湘菜馆，轩帮以经营菜担为主，堂帮以经营堂菜为主，装饰门庭，开市招客，逐渐形成了长沙的十大菜馆，称为“十柱”，有试燕堂、旨皆堂、先垣堂、菜香圃、菜根香、嘉宾乐、庆星园、同春园、六香园、烧香居。随着社会政治、经济、文化、交通的不断发展，南来北往的官宦商贾、文人墨客日益增多，堂帮菜馆的生意日益兴隆，更多的湘菜馆应运而生，又陆续开设了天居乐、天然台、玉楼东（图6-15）、曲园、燕琼园、登瀛台、裕香阁等菜馆酒家。

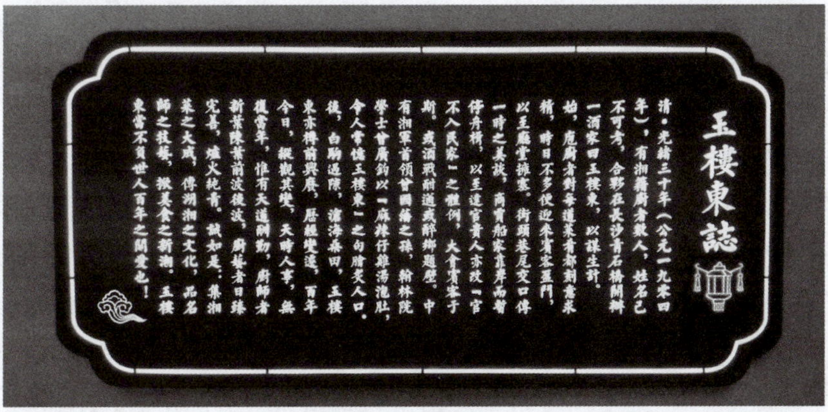

图6-15　玉楼东志

湖湘地区自康熙开始大力奖励垦荒，乾隆时有“湖广熟，天下足”的说法，当时包括长沙在内的湘北地区已是全国重要的粮食生产基地，长途贩运粮食量剧增，全国各地之间形成了固定的粮食供应关系，出现了许多著名的粮食市场，长沙成为著称于全国的米市。

明朝末年，辣椒传入湖湘地区。康熙二十三年（1684），《宝庆府志》和《邵阳县志》有了海椒的记载。湘西地区清初已经正式吃辣椒，湘东和湘南在嘉庆年间食用辣椒，左宗棠还把辣椒带到了新疆。湖南人终年吃辣，三餐吃辣，无辣不菜，无辣不欢，几乎达到没有辣椒就吃不下饭的程度。

清朝末叶，堂帮的经营范围越来越广，从业人员越来越多，一些商贾和官员的厨师相继开设菜馆，各自以拿手的招牌菜招揽生意，招徕食客。餐饮业的同行们为了交流研究烹饪技术，便组织同业人员聚会。在聚会中他们不断交流经验，相互切磋烹饪技艺，收徒传艺，研制出一些特色名菜，经研讨初步形成湘菜烹饪的技术理论。

晚清时期，湘菜走出湖南。曾国藩带领湘军南征北战，大批湘籍官宦遍布全国，他们惦记家乡的饮食习惯，随行的厨师将湘菜带到所到之处，使湘菜声名远播；同时，湘菜厨师吸收其他地区菜肴的烹制技艺，丰富湘菜的内涵和品位，促进湘菜进一步发展。

（二）民国时期湖湘饮食

民国时期，长沙的餐饮企业承袭清代末年的繁荣，各名企都有自己的特色菜。马明德堂的红烧肘子，玉楼东酒家的麻辣仔鸡、汤泡肚尖对顾客的吸引力非常大。孙中山的《三民主义》《建国方略》对国人影响较大，华新会、同盟会的湖湘会员最多，他在《建国方略》中谈道："烹调之术本于文明而生，非深孕乎文明之种族，则辨味不精；辨味不精，则烹调之术不妙。中国烹调之妙，亦是表明文明进化之深也。"书中有关中国饮食、医学、卫生类论述对湖湘餐饮业影响较大，湖湘饮食开始科学化发展。

湘菜烹饪技术的迅速发展，使得大师辈出，各种流派的菜式争奇斗艳，异彩纷呈。民国早年著名的流派有戴阳明派、盛善斋派、肖麓松派和祖庵菜派等。每个流派各擅其长，戴派博采众长，稳健充实，集湘菜之大成；盛派改革宴席餐具，率先采用长筷、大盘，使桌面的气势更为疏朗美观；肖派不拘泥于师骨，着意创新；祖庵菜派以雄厚的经济实力和宽裕的时间精力为后盾，广纳天下奇珍，别出心裁地推陈出新，研制出一道又一道品味全新的名菜佳肴，祖庵鱼翅享誉三湘，成为高级宴会必备的佳肴。

1938年，长沙沦陷，餐饮从业人员迁往重庆、贵阳、云南等地，开设曲园、潇湘、盟华园等湘菜馆，既服务了迁徙他乡的湘籍人士，又使当地的食客品尝到了正宗湖湘风味的菜肴，弘扬了湖湘饮食文化，使湘菜闻名遐迩。抗战胜利后，湘菜名馆的厨师纷纷返乡，重振家业，迅速将湖南的餐饮行业恢复起来。为了开拓湘菜市场，应湘籍在外人士和非湘籍人士对湘菜的品尝需求，有些从业人员到南京、上海、北京等大城市开设曲园、新曲园、奇珍阁、潇湘等酒家菜馆。湘菜风味独特，食客趋之若鹜，以致门庭若市，湘菜名声大振，驰名全国。

（三）改革开放后的湖湘饮食

20世纪80年代初，年逾七十的舒桂卿、周子云、袁国卿等经典湘菜传人，虽然已至暮年，依然壮心不已，云集玉楼东恢复时的前身实验餐厅带徒传艺，在这一蓬勃向上的学习氛围中，长沙全市餐饮界掀起学技术热潮。许菊云、王墨全、谭添三、张力行、聂厚忠等湘菜大厨群雄而起，成为复兴湘菜的中坚力量。传统湘菜在他们身上得到了继承、发展和传播。1985年，为了扩大经营，振兴湘菜，终于更改实验餐厅这一名号，恢复玉楼东这一老字号，与老辈湘菜不同的是，玉楼东不墨守成规，既对历史文化有考究，又对现代社会有观察，在继承传统优秀湘菜文化的基础上加入了现代元素，在继承中创新，除了供应麻辣仔鸡汤、汤泡肚尖等传统名菜数百种，保留玉楼东的传统风味，同时也采取外部移植、内部创新的办法，推出海味、汽锅、火锅、罐焖、铁板、牛百叶、甜菜、素菜八大系列160多个品种。

随着改革开放的进程，20世纪90年代，湖湘饮食文化开始发生裂变，迅速形成酒店餐饮、社会餐饮、快餐与家常饮食等类别，并开始了全国范围的连锁经营和品牌经营。从长沙开始向外省扩展，在北京、上海、广州等地密集开花，在全国30多个省份同时铺开，在长沙周边城市和经济、旅游基础好的城市发力，强化湘人食湘的意识，也形成了菜品挖掘、菜品研发、菜品提升、菜品预制、菜品推广的有序进行，湘菜厨师开始流动性作战，实行学习本土、集中输送、回顾湖湘、带出湘菜的战略，在全国树立了大批湘菜名店、湘菜名菜的典型。

当时间进入21世纪，在科技智能化、媒体移动化、消费个性化的大背景下，湘菜发展与时俱进，打造出了一系列具有湖湘饮食文化特色的网红品牌店，受到广大消费者的青睐，形成了新的饮食业态发展和品牌传播方式。如长沙本土网红品牌“文和友”，成立于2011年，致力于湖湘传统民俗餐饮文化的研究，挖掘地域民间小吃，并结合时尚潮流文化，形成了文和友“老长沙油炸社”，文和友老长沙龙虾馆，文和友大香肠（图6-16），文和友臭豆腐等品牌系列，并在品牌内涵建设上结合具体消费场景，突出湖湘地域特色，将湖湘文化、“老长沙”等人文文化元素融入企业品牌构建活动中，丰富了湖湘文化的想象空间。“文和友”已然成了湖湘文化的一大输出地。“茶颜悦色”（图6-17）通过茶饮输出历史和湖湘文化，湖湘文化以饮食的方式诠释，成为湖湘文化传承的重要方式之一。

图6-16　文和友大香肠

图6-17　茶颜悦色

任务小结

1. 收集湖湘饮食文化发展的相关资料，了解湖湘饮食文化的发展历程。
2. 收集湖湘饮食文化元素“辣椒”的相关资料，了解辣椒对湖湘饮食文化的影响。

课后练习

一、判断题

1. 在距今200万年前的旧石器时代，长江流域就有了人类活动的痕迹。(　)
2. 人类烹饪的开始始于燧人氏钻木取火，结束了人类茹毛饮血的生活，由生食变为熟食。(　)
3. 距今8000年左右，长沙开始从旧石器时代进入新石器时代。(　)
4. 炎帝部落在罗霄山脉、五岭山脉、招摇山、熊耳山等地遇到的食材和药物，安排族人记录下来，形成了《黄帝内经》的雏形。(　)
5. 战国时期湖湘地区的小吃有油煎蜜糖糯米粑粑、蒸熟蜜饼酒。(　)
6. 沅陵县虎溪山一号汉墓中发掘出近千支竹简，计3万余字，其中有300余支关于饮食的竹简，被命名为《美食方》，人称湘菜第一食谱。(　)
7. 宋朝湖湘的政治、经济、文化、交通发展，市场繁荣，湖南的烹饪技术进入黄金时代。(　)
8. 金代诗人张楫在尝到“心清犹带小荷香”的新白莲后，曾发出“口腹累人良可笑，此身便欲老江乡”的感叹。(　)
9. 清代，资本主义萌芽有了新的增长，商业较繁荣，湖湘饮食文化发展非常旺盛。(　)
10. 明朝末年，辣椒传入湖湘地区。(　)

二、思考题

1. 湖湘饮食文化从什么时候开始走向成熟?
2. 湖湘饮食文化的全盛时期有哪些表现形式?

任务三

湘菜的三大流派及其特色

学习目标

1. 素质目标

（1）爱国守法、崇德向善、文化自信。

（2）爱岗敬业、诚实守信、团结协作。

（3）热爱劳动、积极进取、精益求精。

（4）家国情怀、工匠精神、创新精神。

2. 知识目标

（1）了解湘菜三大流派的地域范围。

（2）掌握湘菜三大流派的特色。

（3）认识常见的湘菜菜品。

3. 能力目标

（1）查阅和收集湘菜三大流派的菜系内容，对菜品的特色和创新进行分析总结。

（2）感受湘菜不同流派的特点，增强对湖湘饮食文化的内涵探索。

（3）制作常见的家常湘菜。

任务导入

这些年湘菜在全国受到欢迎，吃上地道湘菜，成了很多外地朋友的心愿。作为有着50多年工龄的湘菜从业者，我既为湘菜的辉煌而骄傲，也希望每一位厨师兢兢业业做好每一道菜，以得到广大顾客的认可，那么什么菜才算得上好菜呢？早在2010年我就讲过，“垂涎三尺，拍案叫绝，回味无穷，流连忘返。”意思是：菜一端上来，大家垂涎三尺，看了就想吃；吃的时候拍案叫绝，“哎呀，这个菜真好吃”；吃完后回味无穷，老想着这个菜；以后回忆起来觉得意犹未尽，流连忘返。

全国各地的湘菜都因地制宜，并以其独特手法烹饪出不少好的味道，但要集中地、成系统地感受湘菜的魅力，不能不来湖南，不能不来长沙。作为湘菜的大本营，长沙的湘菜是全国各地湘菜的发动机，有着绵绵不绝的好滋味，感受长沙的味道，等于触摸到湘菜的本色。

——节选自王墨泉．湘菜本色［M］．长沙：湖南人民出版社，2013

湘菜又名湖南菜，因湖南简称“湘”，故名湘菜，湘菜以其独特的文化底蕴和品位风格闻名于世，与鲁菜、粤菜、川菜、苏菜、浙菜、闽菜、徽菜并称为中国八大菜系。根据地域、物产与风格特色，湘菜菜系大致可分为湘江流域、洞庭湖区及湘西山区三大流派。

一、湘江流域湘菜流派及其风味特色

湘江流域以长沙、湘潭、衡阳为中心，长沙为代表。这一地区因政治、经济、文化相对发达，交通便利，物产丰富，餐饮业比较发达，湘菜大师辈出，湘菜中的特色酒宴大菜大都出自这一地域流派。

湘江流域湘菜流派及其特色

（一）湘江流域湘菜流派的特点

湘江流域湘菜流派的特点是菜肴取材广泛，品种繁多，制作精细，特别注重刀功火候，所烹制的菜肴浓淡分明，色彩清新，官府菜和民间菜巧妙结合；口味则以酸辣、软嫩、香鲜、清淡、浓香为主；烹饪常用煨、炖、腊、蒸、炒、溜、烤、爆等方法，煨则软糯汁浓，炖则浓鲜醇香，汤清如镜，炒则干爽利索，油亮鲜香。

（二）湘江流域湘菜流派的代表菜品

湘江流域湘菜流派的菜肴品种丰富、口味多样，经典菜品主要有“毛氏红烧肉”（图6-18）、“辣椒炒肉”“麻辣仔鸡”“鸭掌汤泡肚”“炒细牛百叶”“红煨鲍鱼”“酱汁肘子”等。随着时间的变迁，结合大众口味的变化需求，湘菜在传承中不断发展和创新，湘菜传统名菜“剁椒蒸鱼头”（图6-19）呈现了“双拼剁椒鱼头”“湘潭九龙鱼头”等不同风味的创新菜品。

图6-18 毛氏红烧肉

图6-19 剁椒蒸鱼头

1. 麻辣仔鸡

麻辣仔鸡创制于清代同治年间，首创于长沙玉楼东酒家。以湖南特产的嫩仔鸡为原料，配以辣椒、黄醋、大蒜和多种调料烹制而成，菜品色泽红亮，具有麻辣鲜香、外焦里嫩的独特风味，是佐餐下酒之佳肴。

2. 鸭掌汤泡肚

鸭掌汤泡肚又名“口蘑汤泡肚”，以猪肚尖和鸭掌为主料，以口蘑、豆苗为配料，用多种调料精心烹制而成，菜品肚尖鲜嫩爽滑，汤清鲜美，和麻辣仔鸡同为长沙百年老店玉楼东的名菜，至今，长沙还传诵着“麻辣仔鸡汤泡肚，令人常忆玉楼东”的民谣。

3. 发丝牛百叶

发丝牛百叶（图6-20）选用牛肚内壁褶皱部位，制作精细，切配讲究，形如发丝，色泽白净，品味香辣，酸辣脆嫩，极为爽口，源自长沙百年老店“李合盛”，传为该店掌勺名厨黄维安在19世纪20年代创制，被誉为“湘菜异苑中别具一格的佳肴”，它与“红烧筋蹄”和“烩牛脑髓”并称“牛中三杰”。1938年，田汉曾向外地来长沙的文化名人们介绍过这三道菜，称它们是长沙最有韵味的三道美食。

图6-20 发丝牛百叶

4. 酱汁肘子

清光绪年间，马明德在长沙马王街开了一家熟肉店起名为“马明德堂”，以家传秘方专做肘子、卤肉为主的熟食，其中以酱汁肘子（图6-21）最为有名，制作方法是以猪前肘子、卤汁为主料，用70多种香料熬成的卤水先卤后煨精制而成，成菜丰盈饱满，肉香清纯，肥而不腻，入口即化。

图6-21 酱汁肘子

5. 东安仔鸡

在湘菜名肴中，有史可查最早有文献记载的菜目就是“东安仔鸡”，远在唐代玄宗年间（约712—741年），湖南东安人就开始烹制极有特色的东安鸡，至今已有1300余年的历史，后在清末民初引入长沙，经过官宦食客的传播，成为酒宴名肴。此菜造型美观，色泽鲜艳，营养丰富，具有香、甜、酸、辣、脆、嫩的特点，令人闻之生津，食之不厌，以其独具一格的风味久负盛名，是湘菜的风味当家菜目之一。

6. 祖庵鱼翅

祖庵鱼翅（图6-22）又名红煨鱼翅，始创于清代光绪年间，为光绪进士、民国国民政府主席谭延闿（字祖庵）的家厨曹敬臣所创，其制作方法是将红汤煨鱼翅的方法改为与鸡肉、猪肘肉、鱼翅同煨，使配料中的蛋白质等营养物质渗透到鱼翅中，具有软糯柔滑、醇厚鲜美的独特风味。民国十九年，曹敬臣在坡子街开设健乐园，将祖庵鱼翅等菜肴以“祖庵菜”的名牌烹制入市。祖庵菜品种多达200多种，以祖庵鱼翅、祖庵豆腐、祖庵笋泥、全家福等最为著名。

图6-22 祖庵鱼翅

二、洞庭湖区湘菜流派及其风味特色

洞庭湖区以常德、益阳、岳阳等地为中心，俗称“鱼米之乡”，水产品资源特别丰富，鱼馔源远流长，以鱼待客蔚然成风，以烹制家禽、野味、河鲜最为拿手，《岳州府志》里记载“湖湘间宾客燕集，供鱼清羹”，《桃花源记》中“武陵人捕鱼为业”，道出了常德悠久的食鱼文化。唐朝元和年间，柳宗元被贬往永州任司马，经安乡时曾留下“此湖之鱼甜鲜嫩兼俱之，乃平生所尝之最也”的感叹。

洞庭湖区湘菜流派及其特色

（一）洞庭湖区湘菜流派的特点

洞庭湖区湘菜流派的特点是烹制多用炖、烧、腊、煨、蒸、氽（烫）的方法；菜品往往色重、芡大、油厚，口感以咸辣香软为主。

（二）洞庭湖区湘菜流派的代表菜品

1. 蝴蝶漂海

蝴蝶漂海（图6-23）又名“才鱼漂海”，是岳阳传统的大众化名菜，也是“巴陵全鱼席”上不可缺少的一道佳肴，由炖钵烹煮鱼鲜的民间传统演变发展而来。“蝴蝶漂海”主

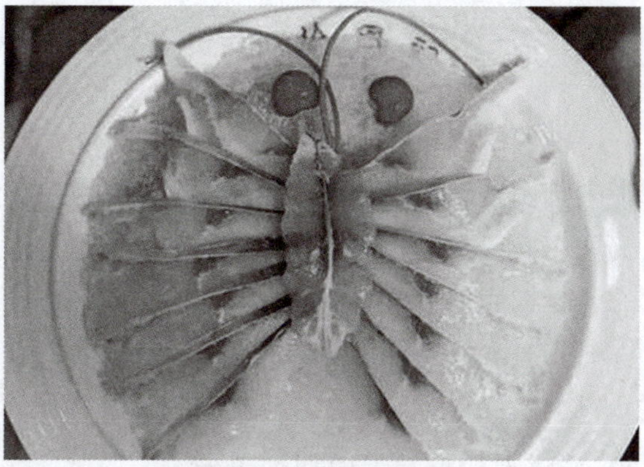

图6-23 蝴蝶漂海

料是洞庭湖特产的才鱼，剔除皮、内脏、鳍、刺、头、骨，留下身段的纯肉，采用横刀法切成薄片，鱼片便自然形成蝴蝶状；再将所剔除的皮、头、骨、刺等煨汤，然后取精汤入炖钵，放入豆芽、香菇、火腿片、银鱼等，再加入姜末、酱油、精盐、味精、香油、葱花、辣椒等调味品，放置在小火炉上煮沸，将生鱼片从一边投入，稍涮后再从另一边迅速捞出，沸腾时鱼片形状如蝴蝶，就好似蝴蝶双双漂洋过海，故名“蝴蝶漂海”。菜名风雅别致，汤清肉白，鲜嫩无比，为席上佳珍。湘籍作家周立波在《山乡巨变》里说，一条才鱼，可以做成“蝴蝶过河”“飞燕下海”，说的就是这道湘菜名品。

2. 常德钵子菜

常德钵子菜和四川的火锅、潮州的砂锅有异曲同工之妙，既是炊食合一的器具，又是一种烹调方法。常德地处湘南北部，特殊的地理位置以及潮湿的气候为常德钵子菜的出现奠定了基础。澧县城头山出土了5000年前的陶釜和陶鼎就是钵子的原始形态。“钵子菜”又称“炖钵菜”，是将预先烹制好的菜肴，放在带有砂锅的小炉子上，供客人边煮边吃，它保留了我国古代“击钟列鼎而食”“烹于斯，食于斯”的古朴遗风。有民谣曰“不愿朝中为驸马，只要炖钵炉子咕咕嘎”更是表达出人们对钵子的热爱。常德地区也流传着“常德钵子是个筐，什么都可装”的俗语，表明钵子菜的取材很广，烹制方便，从鸡、鸭、鱼等荤菜类到蔬菜等素食，都是钵里的常客。“无钵不成席”更是说明了钵子菜在常德人餐桌上的地位。“常德钵子菜”既是一种餐饮形式，又是一种美味佳肴，也传承着一种古老的饮食文化。

3. 巴陵全鱼席

巴陵全鱼席是最能够全面反映湖区水乡特色的菜肴，相传清代乾隆皇帝游江南时，路经岳阳，品尝了巴陵民间厨师以鱼为主要原料烹制的宴席后赞不绝口，故赐名“巴陵全鱼席”。全鱼席采用洞庭湖出产的各种鱼类湖鲜精心搭配烹制而成，备选菜品有90余种，一般精选十至二十道菜肴组成。每道菜和点心都以鱼和其他水产品为原料，其主料精细考究，多为细嫩肥腴的各种淡水鱼及泥鳅、乌龟、水鱼、鳝鱼等；辅料是当地所产的藕、莲、笋、蘑菇、百合等；更有姜、葱、蒜、干椒、胡椒、酱菜等30多种佐料调味。烹制方法有蒸、焖、煎、炒、煨、烩、酥、熘、炸等20多种。烹饪技艺在色、香、味、形上别出心裁，注重形态、色彩、味道、技法各不相同而能趋于和谐统一，其中某些菜品还要做到使人食鱼而不见鱼，品其味而不见其形。全鱼席造型千姿百态，栩栩如生；其色色彩斑斓，赏心悦目；其香浓醇厚美、风味隽永；其味鲜嫩适口、回味无穷，充分展示了洞庭湖区湘菜流派菜肴的风味特色，是湘菜技艺中的一颗璀璨明珠。

三、湘西山区湘菜流派及其风味特色

湘西山区湘菜流派以张家界、吉首、怀化等地为中心，还包括湘南山区。这里属亚热带内陆山区，重峦叠嶂，气候湿润。苗族、侗族、土家族、白族、瑶族等50多个少数民族聚居于此，形成了典型的多元山乡饮食文化。这些地区的物产多为山珍野味，民间习惯制作各种烟熏腊味和腌制肉品，烹制的菜肴也大都以此为主。

（一）湘西山区湘菜流派的特征

湘西山区湘菜流派及其特色

1. 山珍野味，原料纯天然

湘西地区为亚热带季风性湿润气候，盛产的野味构成湘西饮食文化一道独特的风景线。野猪、田鸡、泥鳅、岩蛙、鹌鹑、竹鸡等利用山区地理条件已有部分品种实现人工繁殖。枞菌、罐罐菌等野生食用菌类品种丰富，营养价值高。野蔬野果更是不胜枚举，野竹笋、野胡葱、椿树芽、葛根、篙菜、地菜等都是口味独特的家常食材。

2. 熏腊腌酸，储存方法奇特

湘西气候湿润，且气温较高，食物保存多依赖烟熏和腌制发酵的方法。腊猪肉、腊牛肉、腊泥鳅、腊鱼、腊田鸡等肉食经天然木材熏制而成，不仅可以长期保存，还形成烟熏味浓香、质地柔韧的独特风味。猪的全身从头到尾，由外及内，均可熏制成腊品。此外，肉食也可腌制成酸肉，如小米酸鱼、酸肉。烹食时鲜味依旧，微酸不腻。保存各种果蔬的方法主要是腌渍。按腌渍方法可分为醋酸菜、泡菜、干酸菜等。醋酸菜包括吉首地区的醋萝卜、醋莴笋。泡酸菜包括永顺的甜酸藠头、麻阳的甜酸仔姜。还可将蔬菜晒成酸菜，利用陶瓷坛保存，如保靖的酸茄干、龙山的酸大头菜。此外，粮食作物也常腌制成酸菜，如苞谷酸、糯米酸辣椒。霉豆腐、豆豉等豆制品则是利用独特的发酵方法制成的。

3. 咸香酸辣，烹法神秘独特

湘西饮食具有鲜明的山乡特点，在湘菜流派中独树一帜。吉首特产乾州板鸭，早在清代就远销东南亚，享誉海内外。香气四溢、酸辣可口的苗家酸汤鱼是凤凰苗乡独步天下的宴中名菜，也是湘西土家苗汉同胞的待客名菜。此外，湘西的名菜还有湘西血粑鸭、麻阳烧鹅、芷江炒鸭、新晃黄牛肉等。

4. 民族聚集，饮食文化多元

饮食具有强烈的民族属性，独特的饮食习惯和口味能够维系和强化民族认同感。湘西地区多民族聚集，各民族饮食文化交汇融合。“三天不吃酸，走路打蹿蹿”形象地描述了苗族人民嗜酸的饮食习惯。侗族中元节有食“桐粑”的习俗。瑶族人民用桂皮、山姜等煎茶，喜打油茶，每逢清明节，家家户户都要做染色花饭。

（二）湘西山区湘菜流派的代表菜品

1. 腊味合蒸

腊味合蒸（图6-24）现在已成为湖湘各地区、各流派菜系的特色菜肴之一，但其产生的时空源头是在远古的山区。处于亚热带气候的湖南，空气湿度非常大，一般的食物如果不及时加工处理，则容易发霉变质，在当时自然经济的农业社会条件下，商品经济不发达，人们的日常食物大都自给自足，多在年底杀猪，俗称“杀年猪”，这些荤菜往往要吃上一年，因而必须迅速处理以利保存。最普通的加工处理方式就是将其用盐或者酒糟等进行腌制，再经烟熏成为腊制品。所谓“腊”是指腊月，因腊月时入寒冬，气温较低，空气湿度相对较小，此时烟熏制作肉食，加工时不易腐败，且熏制后的成品可久存而不变质，因此在腊月，家家杀猪宰羊腌鸡熏鱼的热闹场景成为山区民间年节风俗的一大景观。

图6-24 腊味合蒸

“腊味合蒸”就是这一社会文化的产物。腊肉多于冬至前后熏制，产地遍及三湘四水。传统制作方法是：取鲜猪肉用盐腌渍后，以锯末屑、谷壳、花生壳、芝麻壳、秸秆等燃料，利用炉灶余温冷烟熏制，成品表皮黄黑，肥肉似腊，瘦肉橙红，肉质紧实，肉松皮脆，熏香浓郁，风味独特，回味无穷，以湘西的腊肉最香。民间流传着“三年腊肉好待客”的说法，腊味合蒸所配用的肉类并无一定，一般腊猪肉是不可缺少的，再配以腊鱼、腊鸡、腊鸭等，加上豆豉、辣椒一起同蒸，多种肉类腊制品的香味融合，颜色深红，柔软不腻，腊香浓郁，咸甜可口，是家常酒宴皆宜的湖湘传统风味名菜之一。

2. 重阳寒菌炖肉

寒菌是湖南山区特产，是与马尾松等松类树种共生的一种菌根性美味食用菌。每年农历九月，气温渐寒，林间肥嫩的蘑菇纷纷破土而出，因民间有“九月重阳，移火进房”的谚语，故名“寒菌”，寒菌肉质嫩滑，营养丰富，无论是红烧或者炖汤，都是湘菜中独有的山珍美味。

3. 芷江鸭

怀化芷江鸭（图6-25）是湘西地方特色美食，历史悠久，色香味俱佳。相传，爱国诗人屈原流放至沅水流域，因品尝当地百姓为其盛情准备的鸭肉后，写出了“沅有芷兮澧有兰”的名句。清乾隆皇帝南巡途经芷江，闻到芷江鸭肉香而神清气爽，品尝后盛赞其为天下名馔。菜品制作选用产自怀化市芷江侗族自治县的麻鸭，其肉色红润，皮薄骨软，肌肉发达。芷江鸭剁成大块后配以老姜、辣椒爆炒至鸭子皮成

图6-25 芷江鸭

金黄色，加水小火慢炖两个小时后加入大葱就可以了。芷江鸭鸭肉酥软，色泽亮黄，肉汁酥香，油而不腻，营养滋补，被誉为湘黔名馔。

4. 湖南熏腊烤全席

最能够全面反映山区风味特色的是大型地方风味宴席"湖南熏腊烤全席"，席面包括湖南山区（小部分其他地区）的主要风味菜肴美点，以熏、烤、腊特色著称。

湖湘山区还有许多传统特色风味菜肴，尤其是少数民族的家常风味佳肴，如土家族的酸鱼、酸辣凤翅等，在当今回归自然、贴近乡土、返璞归真等社会思潮的影响下，引进这些特色风味乡土菜品，成为城市餐饮业中一道亮丽的风景线。

任务小结

1. 收集湘菜的相关知识，熟悉湘菜三大流派的地域范围及其特征。
2. 收集不同流派湘菜代表菜品的制作工艺及其风味特征。

课后练习

一、判断题

1. 湘菜中的特色酒宴大菜大都出自湘江流域湘菜流派。（ ）
2. 麻辣仔鸡创制于清代同治年间，首创于长沙火宫殿。（ ）
3. 发丝牛百叶源自长沙百年老店"李合盛"。（ ）
4. 酱汁肘子的制作方法是以猪前肘、卤汁为主料，卤水用70多种香料熬制，先卤后煨精制而成。（ ）
5. 在湘菜名肴中，有史可查最早有文献记载的菜目就是"麻辣仔鸡"。（ ）
6. 《桃花源记》中"武陵人捕鱼为业"，道出了常德悠久的食鱼文化。（ ）
7. 常德钵子菜既是炊食合一的器具，又是一种烹调方法。（ ）
8. 湘西山区湘菜流派以张家界、吉首、怀化等地为中心，还包括湘南山区。（ ）
9. 临武鸭鸭肉酥软，色泽亮黄，肉汁酥香，油而不腻，营养滋补，被誉为湘黔名馔。（ ）
10. 湘江流域派系的菜肴品种丰富、口味多样，经典菜品主要有毛氏红烧肉、麻辣仔鸡、鸭掌汤泡肚、蝴蝶过海等。（ ）

二、思考题

1. 湘菜的主要风味有哪些？
2. 湘菜三大流派的特征及其代表菜品有哪些？

任务四

湘菜名人、名店、老字号

学习目标

1. 素质目标

（1）爱国守法、崇德向善、文化自信。

（2）爱岗敬业、诚实守信、团结协作。

（3）热爱劳动、积极进取、精益求精。

（4）家国情怀、工匠精神、创新精神。

2. 知识目标

（1）了解湘菜名人与湖湘美食之间的故事。

（2）熟悉湘菜名店的代表及其发展。

（3）掌握湖湘餐饮老字号代表名店。

3. 能力目标

（1）查阅并收集湖湘饮食中官府湘菜、民间湘菜的代表菜品，了解其制作过程和菜品特色，并具有概括、总结、介绍的能力。

（2）通过对收集到的资料进行分析，了解湘菜名店的品牌文化，湘菜名店的代表菜品及其制作工艺。

（3）向友人介绍并推荐合适的湘菜名店和湘菜名品。

任务导入

再往前行几步，马路对面是赫赫有名的德园。其实，该店的全称是德园茶厅。因为包子做得好，大家就亲切地称它德园。该店持续百十年来的热闹，早晚却不一样，早晨门前排着两条买包子的长龙，安静有序往前挪移，厅堂里坐满高谈阔论的茶客，人人沏上一大杯茶，叫上一糖一菜两个包子或一屉小笼包，一边大口喝茶吃包子，一边大声谈生意言时事，为了让听者听得清楚，说话的人往往要扯起喉咙把声音提高八度，喧嚣之声，直振屋宇；到了晚上，茶厅变成了酒菜馆，三酉之徒们在彩灯照射下，脸色微醺，一边吃菜，一边喝酒，划拳之声此起彼伏，又是另外一番喧嚣景象。

一直朝南走，你还可以品尝“强民”的狗肉、“双燕楼”的馄饨、“柳德芳”的汤圆、“黄春和”的粉。欸！要记得喔！团圈四围还有奇峰阁（徐长兴烤鸭店），又一村，和记粉馆……

今天，因为经济社会发展的需要，黄兴路上这一出湘菜大戏早已落下帷幕。各家名店也另觅新址，继续开张营业。湘菜的发展更是如日中天，在八大菜系中已跃升到第三位。但是，我们应该永远记住黄兴路上演出的这台百年大戏。我们在记住湘菜那些老店名、老品牌和老味道的同时，还要记住在这台大戏中先后登台的湘菜大师们。正是他们辛勤的劳作，刻苦的钻研，为我们提供了一道道湘式美味，为湘菜的发展打下了坚实的基础。我们还应该记住那些为湘菜文化做出贡献的美食家们，没有文化的湘菜不可能香飘天下。当然，我们更应该记住三湘大地，她是我们湖南人的母亲，是她孕育了三湘万物，孕育出了湘菜三大流派，为湘菜的发展，为新菜品的创作提供了取之不尽，用之不竭的泉源。

——节选自范命辉．湘菜谱［M］．长沙：湖南科学技术出版社，2012

湖湘饮食由民间食谱、宗教祭祀菜、宫廷菜肴等综合而成，以其独特的地方风味自成体系。西汉时，湖湘烹饪技术已发展到较高水平。马王堆汉墓出土文物竹简中提到的精美肴馔就有百余种。长沙开埠后与海外往来增多，各餐馆、酒店以拿手菜肴招揽顾客。湖湘烹饪技术得到长足发展，湖湘名人、湘菜大师对湖湘饮食的发展起到了一定的推动作用，从而诞生了许多名菜、名点，品种趋于多样化，不少名菜流传于世。

一、湘菜名人与美食

湘菜发展至今已经有几千年的历史，创造的经典名菜数不胜数。一道普通的传统民间特色菜众口相传后流传至今，在传承与发展中不断创新，除去菜品本身的美味因素外，名人的影响力也不可忽视。一道道大众耳熟能详的湖南名菜，与湖南名人有着密切联系。

湘菜名人与美食

（一）田汉与“牛中三杰”

田汉，长沙人，剧作家，戏曲作家，中国现代戏剧三大奠基人之一。他创作歌词的歌曲《万里长城》的第一段后来成为《义勇军进行曲》的歌词。李合盛牛肉馆开设于清光绪年间，以经营卤制五香牛肉和清炖牛杂起家。李合盛牛肉馆是湖南长沙一家传统的清真餐馆，新中国成立前就已经四海闻名。该馆特色为“牛中三杰”，田汉在长沙时，经常去李合盛品尝美食，有一天，田汉与湘乡名士邓攸园共饮时，邓酒酣之际脱口说出一联，“穆斯林合资开牛肉餐馆”，田汉应声对出：“李老板盛情款湘上酒徒”。正好嵌入李合盛三字，李大喜，拿了笔砚，请田汉书赠留念，传为美谈。1938年2月，郭沫若来长沙，田汉邀请郭老上李合盛牛肉馆用膳，由田汉点菜，有五香牛肉、发丝牛百叶、红烧牛蹄筋，松鼠鳜鱼，东安仔鸡等，其中发丝牛百叶要了两份。

（二）齐白石与珍宝“菌油”

齐白石，湖南湘潭人，中国绘画一代宗师。寒菌是每年农历九月出产的一种体厚肥嫩的蘑菇，因民谣中有“九月重阳，移火进房”一说，故名寒菌（图6-26）。每到寒菌生长的季节，家里条件好的，都会自家熬制菌油，留着自家享用或作为珍品馈赠亲友。

图6-26 寒菌

（三）曾广钧与麻辣仔鸡

曾广钧，曾国藩长孙，光绪十五年中进士，任翰林编修。据《长沙市志·饮食服务》记载，麻辣仔鸡为传统名菜，其制作方法是将嫩仔鸡肉切成方丁，走油两遍，再与红椒片、花椒粉、蒜段等煸炒，成菜颜色金黄，芡汁油亮，质感外焦里嫩，味道麻、辣、香、咸、鲜，为众人所喜爱。在19世纪50年代后期，长沙餐饮名店辈出，麻辣仔鸡就是当时的流行菜品，长沙玉楼东酒家因烹制“麻辣仔鸡”名气较大，曾广钧闻此名而登楼用膳，留下了“麻辣仔鸡汤泡肚，令人常忆玉楼东”的赞语流传至今。

（四）彭玉麟与“玉麟香腰”

彭玉麟，祖籍湖南衡阳县，清朝著名政治家、军事家，晚清中兴名臣，湘军水师创建者，中国近代海军奠基人。官至两江总督兼南洋通商大臣、兵部尚书。“玉麟香腰”，又名“宝塔香腰”，其原料丰富，制作复杂，是衡阳的特色传统名菜。“宝塔香腰”从下至上分别码上红枣虎皮蛋、滑肉、锅烧丸、黄雀肉、鱼丸、蛋卷、腰花，菜分七层，形似宝塔，美观大气，寓意官运亨通、步步登高。彭玉麟为衡阳渣江县人，自幼就喜欢这道地方风味小吃，因彭玉麟为官刚正不阿，清正廉洁，为世人所敬仰，衡阳县人遂将宝塔香腰命名为“玉麟香腰”，成为衡阳地方风味酒宴席面上必不可少的一道菜品，在盛大节庆喜宴上往往作为“头碗菜”，以取其开门大吉，蒸蒸日上的美好寓意。

（五）何绍基与酱油拌饭

何绍基，湖南道州人，晚清著名诗人、书法家。何绍基离京赴四川任职时，因顺道便回道县省亲，途中路过湘潭，县令设宴接风洗尘，何绍基在宴饮时突然想到了鼎鼎大名的湘潭酱油，于席间闲聊中提及，县令即命厨下送上一碟，何绍基稍加端详，汁浓香鲜美，便朝碗中热饭上浇下数滴，用筷子拌匀后便觉酱香扑鼻，一时间馋涎欲滴，一口下去便觉沁人心脾，食欲大增，一连吃了四碗酱油拌饭仍意犹未尽，抚腹而叹，令座间主客瞠目结舌。自此以后，湘潭酱油拌饭（图6-27）成为代表性食物，并留下了“三餐人永寿，一滴味无穷”的著名诗句。

图6-27　酱油拌饭

二、湘菜名店

（一）57度湘

57度湘（图6-28）是长沙57度湘餐饮管理有限公司创建的湘式铁板烧全国连锁品牌，公司成立于2004年，历经多年的自主经营、品牌创新，目前已成为一家多品牌跨区域的全国性餐饮连锁企业。旗下品牌主要有好食上、海食上、我爱鱼头等。

图6-28　57°湘

（二）江南公社

湖南省江南人民公社餐饮连锁有限公司（图6-29）是一家以经营湖南湘菜为主的特色餐饮全国连锁管理机构，其前身“人民公社大食堂”，开创于1998年，华中地区知名的餐饮连锁品牌。近年来，公司在保持原料原汁原味的基础上勇于创新，开创了新派湘菜系列，把单纯的菜品与营养美学、湖湘文化与各地域文化巧妙结合，成功开发了“公社佛跳墙”“一品刁子鱼”等一系列招牌菜品，受到广大食客的喜爱和认可。

图6-29　江南公社

（三）湘西部落

湘西部落（图6-30）成立于2002年3月，致力于弘扬湘西民族特色饮食文化，创建民族特色餐饮品牌，是集湘西美食经营、湘西文化传播与原生态食品生产于一体的大型餐饮连锁企业。湘西意指湖南的西部，地界巴山楚水，风光灵秀，人杰地灵，景色旖旎，福地洞天，历史悠久，文化灿烂。名胜古迹与自然风光交相辉映，独特的民风民俗与丰富的特产资源有机结合，悠久的历史让这一方水土披上一层神秘的面纱，吸引着无数人的目光与期待。神秘的湘西也成就了湖南湘西部落餐饮品牌，以其浓郁的湘西民俗文化、独特精美的菜式、优质的服务，赢得了广大消费者的青睐，在激烈的竞争中不断发展壮大，现已成为特色湘西餐饮品牌之一。

图6-30　湘西部落

（四）炊烟时代

炊烟时代小炒黄牛肉（图6-31）始创于1998年，是国内规模较大的餐饮连锁品牌，华中地区知名湘菜代表，旗下菜品小炒黄牛肉以香辣、鲜嫩、多汁的特点深受消费者欢迎。湖南现炒湘餐饮管理有限公司，作为湖南本地著名的湘菜老品牌，目前已经建立了完整的产业链和现代信息化管理系统。公司坚信品质铸就品牌，致力于发展传统地道的湘菜饮食文化，以“让湘菜产业造福社会”为责任和使命。

图6-31　炊烟时代

（五）费大厨辣椒炒肉

费大厨辣椒炒肉（图6-32）创建于2003年，国内新派湘菜知名品牌，以新鲜、实惠、快捷的经营理念而受到广大消费者的青睐，辣椒炒肉、砂锅豆腐等产品为其特色招牌菜，费大厨品牌源自“中国正宗小炒之乡”湖南衡阳。创始人费良慧出身大厨世家，1997年随父辈入行，2003年创建餐饮品牌，其中湘菜头牌“辣椒炒肉”每桌必点。多年的积累，传承而不守旧，2016年品牌更名为“费大厨”，食材升级，开创了辣椒炒肉带火上桌的先河。

图6-32 费大厨辣椒炒肉

（六）彭厨

彭厨（图6-33）创立于2010年，是专业经营地道本土湘菜的特色餐厅，以个性的菜式和家常的服务著称，是湘菜新文化的新生代主力军。作为新派湘菜美食的发起者，一直坚持“求精、创新、美味、服务”的原则，探索和提高烹饪的味道含量、文化韵味和服务理念。

彭厨隶属于湖南彭厨餐饮管理有限公司，创始人彭大炮，湖南长沙人，本名彭树维，祖上几代都是厨师。彭大炮年幼时就显示出了做厨师的天赋异禀，善辨五味，凡是品尝过的佳肴摸索模仿就能做出来，后拜于湘菜名门之下，因其刻苦钻研，谦逊恭谨，师傅倾囊以授，五年后便技艺精湛。2010年在岳麓山下创立“彭厨”本味菜馆，价格亲民，精品层出，餐厅经营秉承“一起分享彭友的味道”。

图6-33 彭厨

三、湖湘餐饮老字号

老字号企业是一个约定俗成的概念，通俗理解为历经多年的经营，在一定区域内获得了良好声誉与口碑的企业。商务部在中华老字号评定中，明确老字号企业的成立时间一般应于1956年以前。翻开长沙“中华老字号”，名

湖湘老字号

图6-34 火宫殿

图6-35 甘长顺

录中就有火宫殿（图6-34）、玉和醋、三吉斋、德茂隆、甘长顺（图6-35）、杨裕兴、玉楼东、九如斋、黄春和等。

湖湘餐饮老字号是湖湘饮食文化与历史文脉的重要组成，它们在长期的历史经营中，产生了许多名菜名点，湘菜的烹饪技艺也随之不断成熟，还有许多湖湘名人与美食的故事流传至今，积累了丰厚的湖湘饮食文化底蕴。

湖湘老字号的形成大多在清朝后期，清咸丰年间（1851—1861），省城长沙就有了专门经营酒席的大型餐馆，如“试燕堂”“旨皆堂”“菜根香”“嘉宾乐”等。民国时期到光绪三十四年（1908），长沙面店、粉馆以及甜酒、酥食、汤点店多达60余家。1912年后，据《长沙地方志》记载，长沙饮食服务业有学官街喻家巷的挹爽楼、李合盛，西牌楼的洞庭春，鱼塘街的天然台，青石桥的五芳斋，南正街的德园，金家码头的集贤楼等。1922年有酒席馆49家，其门店排场十分讲究，湘菜烹饪技艺自成流派。以“曲园酒家”为代表的餐饮企业先后进入南京、上海、重庆等地的饮食市场，广开湖南菜馆。

湖南餐饮老字号店按主要经营内容分为三类：

第一类是餐饮酒店，有天然台茶楼、玉楼东酒家、德馨斋酒楼、奇珍阁酒家、挹爽楼、天然居与半仙乐、健乐园、燕琼园、三和酒家、李子泉饭铺、石三盛饭铺、萧石鹏营养餐厅、飞羽觞酒楼、远东酒楼、南国酒家、潇湘酒店、清真李合盛餐馆（图6-36）、徐长兴烤鸭店、小桃源酒家、曲园酒家、奇峰阁酒家、许宏茂饭店、又一村饭店、长沙饭店、龙聚福和园等。

图6-36 清真李合盛

第二类是粉面小吃店，有火宫殿、杨裕兴面馆（图6-37）、甘长顺面馆、和记粉馆、新华楼削面馆、马明德堂、柳德芳汤圆店、双燕楼馄饨店（图6-38）、衡阳杨裕兴面馆、

图6-37　杨裕兴

图6-38　双燕楼馄饨店

津市牛聋子牛肉粉馆等。

第三类是酱业老字号，有德茂隆酱园、玉和酱园、湘潭吴元泰、吴恒泰酱园、浏阳一品香豆豉坊、双峰蔡广益、蔡广祥酱园等。

如今，湖湘老字号传承至今的企业越来越少，许多湖湘老字号面临着生存与消失的危机，2018年，民国红极一时的湖湘餐饮老字号“天然台”茶酒楼在长沙重新开业，主营湘菜。湖湘老字号代表的不仅是一种信赖与文化，更是通过不断地传承与创新湘菜技艺，以优质的食材与地道的滋味满足食客们的物质与精神需求。

任务小结

1. 收集湖湘餐饮企业发展的相关资料，了解其发展历程和企业特色。
2. 收集湘菜名人与湖湘饮食文化的相关资料，了解湖湘名人在湖湘饮食文化发展和传播中的作用。
3. 收集湖湘餐饮老字号的相关资料，并了解其分类。

课后练习

一、判断题

1. 湖湘饮食由民间食谱、宗教祭祀菜、宫廷菜肴等综合而成，以其独特的地方风味自成体系。(　)
2. 李合盛牛肉馆是湖南长沙一家传统的清真餐馆，新中国成立前就已四海闻名，该馆的特色菜品是“牛中三杰”。(　)
3. 湘籍作家沈从文是湖南凤凰县人，其代表作品有《边城》《长河》《呐喊》等。(　)
4. 曾广钧登长沙玉楼东用膳后，留下了“麻辣仔鸡汤泡肚，令人常忆玉楼东”的赞语并流传至今。(　)
5. “玉麟香腰”，又名“宝塔香腰”，其原料丰富，制作复杂，是邵阳的特色传统名菜。(　)

6. 商务部在中华老字号评定中，明确老字号企业的成立时间一般应于1949年以前。( )

二、思考题

1. 第一个进入国宴的湘菜是哪个？其主要特点是什么？
2. 湖湘餐饮老字号有哪些？如何进行分类？

知识链接

1. 雅舍谈吃　　作者：梁实秋
2. 至味中国：饮食文化记忆　　作者：王仁湘
3. 湘菜本色　　作者：王墨泉
4. 湖南卫视纪录片：傲椒的湘菜（第二季）
5. 纪录片：探索发现　家乡至味
6. 故事湖南：儿时的味道
7. 湖南卫视纪录片：湘西　固守的韵味

参考文献

[1] 张岱年，方克立．中国文化概论［M］．北京：北京大学出版社，2004．

[2] 王驰，刘鸣泰，刘克利．湖湘文化大观［M］．长沙：岳麓书社，2003．

[3] 聂荣华，万里．湖湘文化通论［M］．长沙：湖南大学出版社，2005．

[4] 文选德．湖湘文化古今谈［M］．长沙：湖南人民出版社，2006．

[5] 杜纯梓．湖湘文化要略［M］．2版．北京：北京大学出版社，2017．

[6] 王松平，赵伟，李洪源．湖湘文化概论［M］．北京：中国轻工业出版社，2020．

[7] 周秋光．湖湘文化宏观研究［M］．长沙：湖南师范大学出版社，2001．

[8] 湖南师范大学文学院．湖湘文化论集（上、下册）［M］．长沙：湖南师范大学出版社，2000．

[9] 张作功，古夫．湖湘文化与湖南教育［M］．北京：教育科学出版社，2006．

[10] 罗莹，盛金朋．湖湘饮食文化概论［M］．北京：中国轻工业出版社，2019．

[11] 郑焱．近代湖湘文化概论［M］．长沙：湖南师范大学出版社，2008．

[12] 罗宏，许顺富．湖南人底精神——湖湘精英与近代中国［M］．北京：新星出版社，2017．

[13] 蔡栋．湖湘文化访谈［M］．长沙：湖南人民出版社，2006．

[14] 全国导游资格考试统编教材专家编写组．地方导游基础知识［M］．北京：中国旅游出版社，2021．

[15] 财富地理杂志社．天下湖南之旅［M］．长沙：湖南地图出版社，2009．

[16] 中共中央文献研究室．毛泽东诗词集［M］．北京：中央文献出版社，2003．

[17] 吴荣臻，吴曙光．苗族通史［M］．北京：民族出版社，2007．

[18] 赵玉燕，吴曙光．湖南民俗文化［M］．长沙：湖南师范大学出版社，2010．

[19] 周兴旺．湖南人凭什么［M］．北京：新华出版社，2002．

[20] 郑大华，邵华．近代湖湘文化精神及其当代价值［M］．长沙：岳麓书社，2017．

[21] 姚文凭，罗惠．湘西南少数民族非特质文化遗产及活态传承［M］．青岛：中国海洋大学出版社，2019．

[22] 钟敬文. 中国民俗史 [M]. 北京：人民出版社，2008.
[23] 胡幸福. 湖湘旅游文化 [M]. 长沙：湖南大学出版社，2004.
[24] 王毅，廖卓娴. 湖南文化产业创新发展研究 [M]. 长春：吉林大学出版社，2020.
[25] 冯雪燕，杨汉瑜. 中国传统文化 [M]. 济南：山东大学出版社，2018.
[26] 庾建设. 湖湘文化论坛 [M]. 长沙：湖南大学出版社，2002.
[27] 文选德，田伏隆. 湖湘文化读本 [M]. 长沙：湖南教育出版社，2013.
[28] 胡遂，谭仲池. 湖湘文化名著读本 [M]. 长沙：湖南大学出版社，2013.
[29] 叶梦. 行走湖湘 [M]. 长沙：岳麓书社，2005.